感恩怀德——感恩读本

华宪成　主编
郭　娜　副主编

内 容 提 要

"感恩"是人类社会所积极倡导的传统美德,是现代社会中每一个人都应具有的道德品质。本书从引导大学生正确理解和把握"感恩"概念入手,介绍了中、西方感恩思想的形成与演变,让大学生从历史的回顾中懂得学会感恩是人生的必修课。本书还联系大学生的成长经历,通过对感恩祖国、感恩父母、感恩师长、感恩朋友等深入浅出的分析,让大学生在学习、生活中懂得感恩、学会感恩、善于感恩,在社会生活中怀揣一颗善良的心、感恩的心,努力做关爱社会的善事,成为品行高尚的人。

图书在版编目(CIP)数据

感恩怀德:感恩读本/华宪成主编. —天津:天津大学出版社,2017.7(2022.8 重印)

ISBN 978-7-5618-5126-5

Ⅰ.①感… Ⅱ.①华… Ⅲ.①大学生—品德教育—高等学校—教材 Ⅳ.① G641.6

中国版本图书馆 CIP 数据核字(2014)第 160269 号

出版发行 天津大学出版社
地　　址 天津市卫津路 92 号天津大学内(邮编:300072)
电　　话 发行部:022-27403647
网　　址 publish. tju. edu. cn
印　　刷 廊坊市海涛印刷有限公司
经　　销 全国各地新华书店
开　　本 169mm×239mm
印　　张 14
字　　数 299 千
版　　次 2019 年 7 月第 3 版
印　　次 2022 年 8 月第10次
定　　价 39.00 元

当代大学生明德教育系列丛书

编审委员会

《感恩怀德——感恩读本》

编写委员会

（按章节顺序）

华宪成　郭　娜　聂　瑜　肖捷飞
姜　飞　周　莉　李林霞

总序

一所大学道德教育的使命与责任

改革开放以来，中国从计划经济向市场经济转型，经济建设和社会发展取得了巨大的成就。进入21世纪，经济全球化、信息网络化、价值多元化给正处于转型中的中国社会带来新的冲击。财富利益的分化与侵蚀、行为观念的多元与错位、经济社会的发展与阵痛，使我们的道德体系面临着前所未有的复杂社会生态。在持续多年的经济高速增长的背后，一些领域道德失范、诚信缺失的现象，部分社会成员人生观、价值观扭曲的现象日益暴露出来。食品、药品、交通、建筑等重大安全问题撼动了社会的道德底线，人们疾呼“道德重建”“诚信工程”“人性良知”；与此同时，张丽莉、郭明义、吴菊萍、吴斌、沈星等一批道德模范，又用其良知和善举，不断感动和震撼着每一个人的心灵。

作为教育界人士，在观察社会道德的同时，我们应当反思当前的道德教育。当今社会道德滑坡的状况反映了我们的家庭教育、中小学教育乃至大学教育中存在的现实问题。作为高校校长，我们更需要思考大学教育在面对这种现状时应当采取怎样的举措。

大学教育的根本目的在于培养人才。如何培养人才？《关于进一步加强和改进大学生思想政治教育的意见》中就明确指出：“学校教育要坚持育人为本、德育为先，把人才培养作为根本任务，把思想政治教育摆在首要位置。”

道德是一种意识形态，是人们共同生活及其行为的准则和规范。它往往代表着社会的正面价值取向，是判断行为正当与否的标准之一。它是一门做人的学问，也是一门待人接物的学问。所谓德育，就是对学生进行品格和道德的教育，即人之所以为人的教育。所以，学校的道德教育是一种立人、树人、成人的教育。

那么，德育的目的是什么？就是培养学生形成良好的道德意识、道德品质和道德行为，树立正确的责任、义务、荣誉、正义和幸福感等观念，使其做一个道德纯洁、人格高尚、对社会和人民有贡献的人。因此，道德教育首先是使学生做一个好人，继而做一个贤人（贤德之人),最高层次则是做一个“圣人”。

什么人叫作好人?做到孟子所说的,有“恻隐之心、羞恶之心、辞让之心、是非之心”的人是好人;“做人有底线,做事有常识”的人是好人。两岁女童小悦悦两次被车碾压,在18名路人视而不见的情况下挺身而出救人助人的拾荒阿婆陈贤妹是好人;20年献血6万毫升,10多年为希望工程和灾区群众等捐款12万元,先后资助180多名特困生的普通采场公路管理员郭明义是好人;三十年如一日,义务赡养6位无任何血缘关系的孤寡老人,在自家创办的企业安置20名农民职工的普通农民林秀贞是好人;20多年捐款40多万元,坚持用80%收入做慈善的96岁老将军张玉华是好人;用一套房换灾区孩子一幢教学楼的“上海奶奶”沈翠英是好人……而时时处处做好事、全心全意为人民服务的雷锋更是全社会学习的好人楷模。所以,做好人的教育就是挖掘人性中最美好部分的教育。其最终目的,就是要通过教育,在全社会形成一种学好人、敬好人、做好人的良性循环。

什么人叫作贤人?按孔子的标准,耐得住清贫、以快乐的心态坚持做学问的学者颜回是贤人,所以他说:“贤哉,回也!一箪食,一瓢饮,在陋巷,人不堪其忧,回也不改其乐。”按孟子的标准,“贫贱不能移,富贵不能淫,威武不能屈”的人是贤人。按中国传统的标准,做到舍生取义、杀身成仁的人是贤人,精忠报国的大将军岳飞、赤胆忠心的民族英雄文天祥都是这样的人。按中国当代的标准,不远万里来到中国帮助中国抗战的加拿大大夫白求恩和印度医生柯棣华是贤人;身患肝癌、坚持同全县干部和群众一起,与深重的自然灾害顽强斗争的“人民的好公仆”焦裕禄是贤人。还有汶川地震中用自己的身躯保护学生而牺牲的谭千秋等英雄教师们,用一颗大爱无畏的心锻铸出不朽的师魂;黑龙江省佳木斯市女教师张丽莉关键时刻舍生忘死,勇敢地以自己的血肉之躯救出两个学生,此谓大贤人也。按毛泽东同志的说法,他们每个人都是一个高尚的人、一个纯粹的人、一个有道德的人、一个脱离了低级趣味的人、一个有益于人民的人。他们都是能够为国家、为民族、为社会、为人民奉献毕生精力和智慧的人,毫不利己、专门利人的人,这就是贤人。

为实现上述德育的目标,四川大学锦城学院构建了以社会主义核心价值体系为指导,以“三讲三心”明德教育为重点的大德育教育体系。这个大德育教育体系就是“一个统领、三个倡导、六个方面、八个结合”。

一个统领,就是以社会主义核心价值体系统领全局。它是兴国之魂,是社会主义先进文化的精髓,决定着中国特色社会主义的发展方向。

三个倡导,就是党的十八大报告中对社会主义核心价值体系的新阐述,即:倡导富强、民主、文明、和谐,倡导自由、平等、公正、法治,倡导爱国、敬业、诚信、友善。这24个字是对原有的社会主义核心价值体系的进一步精简和凝练,是从国家、社会和公民三个层面对社会主义核心价值体系进行的精辟阐述。

六个方面,即"三讲三心",讲诚信、讲礼仪、讲感恩;对国家、人民尽忠心,对父母、长辈尽孝心,对同学、同事尽爱心。这"六个方面"结合了当代社会主义的道德要求,继承了中华民族的优良道德传统,强调培养学生的社会责任感、历史使命感和个人道德感。

八个结合,一是道德教育的民族性与世界性相结合,二是道德教育的历史性与现实性相结合,三是道德教育与政治教育相结合,四是道德教育与思想教育相结合,五是道德教育与心理教育相结合,六是道德教育与法律教育相结合,七是道德教育与公民教育相结合,八是道德教育与知识教育相结合。

第一,道德教育的民族性与世界性相结合。

不可否认,道德是具有民族性的。不同民族、国家或阶级的人群有不同的道德观念和道德标准。中华民族传统伦理讲究"仁、义、礼、智、信、温、良、恭、俭、让",西方现代伦理道德观念认同"自由、平等、人权、博爱"。但是,在不同民族、不同道德观念中总是存在一个共同的、赖以互相沟通的因素,那就是要使人成为一个人、一个好人的基本要求。德国人拉贝在南京沦陷时期先后保护了20多万难民;印度诗人泰戈尔为和平正义而赋诗声援中国抗战;我国新疆维吾尔族大叔阿里木江·哈力克靠卖羊肉串谋生,以微薄收入资助数百名贫困学生。尽管这些人国籍不同、民族不同,但他们是大家都认同的好人。所以,我们既要发扬以中华文明为基础的民族传统美德,发扬现代革命传统美德,又要以开放、开明的心态向世界其他文明学习,学习其他文明当中有益、有用的部分,采用审慎的态度,做到"洋为中用"。道德本身不但具有民族性,也具有世界性。我们通常说的各国、各民族之间要"求同存异",这个"同"就是大家都认可的共同的道德理念和价值标准,其具有普遍性、包容性、基础性和开放性的特点。如果道德只有民族性没有世界性,在经济全球化背景下,人们如何交往?各国之间若没有共同的价值观念,如何谈判沟通?因此,我们要把世界文明的共同成果和价值共识作为德育的重要资源之一,促使学生在中华民族传统美德和世界先进文明的熏陶中成长、成人、成才。

第二,道德教育的历史性与现实性相结合。

任何一个民族的道德都有其产生的历史过程。在这个历史过程中,道德观念不断融入人们的血液中,形成心理文化积淀。道德的传承是道德发展的基础。正如马克思所说的历史"是在直接碰到的、既定的、从过去承继下来的条件下创造"的。当然,道德是发展的,不是一成不变的。但是总有一些古今相通的要素,它们具有跨越时空的价值。我们权且称其为永世价值。例如:古代讲公忠体国,现在讲爱国主义;古代讲舍生取义、杀身成仁,现在讲舍生忘死、见义勇为;古代讲仁者爱人,现在讲团结友爱;古代讲"不独亲其亲,不独子其子",现在讲尊老爱幼;古代讲"和而不同",现在讲"求同存异"、构建和谐社会,等等。这些无疑是可以继承的。只有积极传承历

史发展过程中的优良道德传统，才能站在一定高度，为道德的持续发展做出新的贡献。所以，在构筑大学生的道德观和价值观时，历史与现实是不可或缺的两个维度。德育既要发扬我国优秀文化传统，又要关注社会现实，彰显时代特色。正如胡锦涛同志所说，要“弘扬传统美德，倡导新风正气”。

第三，道德教育与政治教育相结合。

道德教育不同于政治教育，它有一套相对独立和完整的教育体系。在政治教育中，突出用马克思主义的立场、观点和方法来分析现实问题，阶级、政党、政权、政治制度和政治理念居于中心地位。在道德教育中，培养具有完整人格的人是其主要任务，更注重人的存在和精神追求，道德信念、道德品质和道德规范居于中心地位。新中国成立后，有一段时期道德教育出现泛政治化的倾向。1995 年，钱伟长在《切实解决教育发展中的几个紧迫问题》中就指出，“在德育工作中，往往以政治教育代替道德教育……以至流于形式”。但是，如果只有道德观念，没有正确的政治信念和追求，不关心国家的前途和命运，显然不妥。因此，我们的大德育是在强调道德教育的同时，结合政治教育，帮助学生树立正确的政治方向。这其中，爱国主义无疑是当前经济全球化时代必须要强调的主旋律之一。一直以来，爱国主义就是中华民族的光荣传统和崇高美德，也是中国各民族大团结的政治基础和道德基础。存有爱国之心，才有报国之行；对祖国的成就和文化感到自豪，具有强烈的民族自尊心和民族自信心，才会竭尽全力，为中国屹立于世界民族之林做出应有的贡献。

第四，道德教育与思想教育相结合。

持不同思想观念和宗教信仰的人，不决定其道德水平的高低。道德是一个对任何国家、民族、人群更普通的东西，而理论、思想、信仰是因人或人群而异的。我们不能要求所有人都信仰马克思主义，也不能要求都信仰某种宗教，但应要求人们遵循人类文明的道德底线。获得诺贝尔和平奖的特蕾莎修女信奉天主教，但是作为慈善工作者，她的一生主要替印度加尔各答的穷人服务；南丁格尔奖章将荣誉赋予来自全世界各个国家秉持人道原则、胸怀慈善美德的慈善人士，不论其信仰和身份，这充分说明不同思想和信仰的人群中都有好人。但是，道德教育与思想教育是紧密相连的。二者结合，有助于良好道德观念的树立和形成。因为道德是基础，思想信仰是更高层次的追求，是对终极价值的判断，具有巨大的能动作用。道德教育与思想教育相结合，使学生了解和领会马克思列宁主义、毛泽东思想、邓小平理论、“三个代表”重要思想、科学发展观及习近平新时代中国特色社会主义思想，学习和掌握历史唯物主义和辩证唯物主义的思想方法，才能够更好地帮助大学生树立正确的世界观、人生观和价值观，从而提升其道德观念和道德水平。

第五，道德教育与心理教育相结合。

道德教育关注个体人格的完善和行为的规范，侧重对人的世界观、人生观和价值观进行教育；心理教育关注个人合理的心理需求和对良好的心理素质的培养，侧重对动机、情绪、兴趣、意志等心理品质的教育。近年来，面对多元文化冲击和社会转型时期的复杂环境，学生的心理健康教育日益成为其全面发展不可或缺的要素之一。马加爵杀人、留学生刺母、刘海洋硫酸伤熊等事件，都反映了个别大学生严重的心理问题与道德问题。当前，学业问题、情绪问题、情感问题、人际关系问题、环境适应问题和特殊群体问题是大学生中普遍存在的心理健康问题。道德的形成有赖于心理结构中认知、情感、意志、行为的全面发展，而成熟、稳定的心理状况是科学世界观、人生观、价值观确立的保证，是良好道德素质形成的基础。因此，道德教育与心理教育有机结合，才能培养出学生高尚的道德情操，促进学生健康心理品质的形成。

第六，道德教育与法律教育相结合。

道德是自身观念对个体行为的内心约束，是一种自发自律；法律是从外部对人的行为进行约束，是一种外发他律。道德来源于人类社会发展过程中的人文自觉，总体而言是先于并高于法律的，因此是一种更高层次的追求。所以，道德是法律的外延，法律是道德的底线。但是，道德和法律作为维持社会秩序的两种手段，二者缺一不可。道德通过扶正和扬善伸张正义，法律通过压邪和惩恶匡扶正义。中共中央印发的《公民道德建设实施纲要》就强调：“把法制建设与道德建设、依法治国与以德治国紧密结合起来。”因此，在大学生教育中，道德教育要与法律教育相结合。一方面，引导学生加强自身道德修养以健全人格；另一方面，教育学生了解法律制度以规范行为。最终，就是要形成自律和他律的统一。

第七，道德教育与公民教育相结合。

道德教育主要是对人的道德意识、观念和行为进行教育。公民教育一词来源于西方民主社会，特别是美国，“做合格的公民”一直是美国价值教育的一个目标。中国过去的德育更多地是培养“臣民”，自五四运动后才兴起公民教育。公民教育相较于道德教育，更注重形成现代公民的公民意识和公民行使权利与义务的能力，更加强化国家认同和身份认同。公民教育的基本使命，是使学生对中国特色社会主义政治制度、政党、政府的运作机制以及民主与法制加深了解，学习参与社会公共事务的知识和技能，明白公民的权利和义务，培养学生积极参与社会事务、为国家和社会服务的责任意识。把道德教育与公民教育相结合，就是在健全人格和价值判断的基础上，教会学生参与国家事务、肩负社会责任、承担相应义务。我们不仅要培养行得正、走得直、坐得端，重品行、明是非、讲礼仪的有德之人，也要培养“先天下之忧而忧，后天下之乐而乐”的合格公民。

第八，道德教育与知识教育相结合。

有知识不代表有道德，考分高不等于品德好。美国纽约大学心理学教授海姆·吉诺特是纳粹集中营里的幸存者，在他写给老师的一封信中说道：“我亲眼目睹了一般人看不到的事情：毒气室由有学识的工程师建造；孩子们被受过教育的医生毒死；婴儿被训练有素的护士谋杀；妇女和孩童被受过高中或大学教育的毕业生射杀。”所以，我们的教育不应当培养“学识渊博的野兽、身怀绝技的疯子、受过教育的纳粹”。相反，拾荒阿婆陈贤妹救起小悦悦，获得“第三届全国道德模范”荣誉的普通村民刘兴元、刘贺龙父子和舍己救人、营救落水儿童的胡文传，这些平民英雄没有渊博的知识，但是他们有高尚的道德。所以，知识不等于道德。当然，广大人民勤劳向善的风貌是优良的历史传统和清正的社会风气“风化”的结果。对大多数人来说，受教育程度高，道德水平也相应高一些。新中国成立初期，钱学森、华罗庚、梁思礼、朱光亚、邓稼先、钱三强等著名科学家，放弃在国外优厚的工作待遇和生活条件，冲破重重困难回到祖国，报效国家，展现了爱国知识分子的高尚情操和道德水平。因此，一切知识，只有用在把学生教育得更有人性时，才更为重要；只有道德教育和知识教育统一协调发展，才更有利于培养德才兼备的人才。

在大学阶段，无论什么教育都是以知识教育为基础的，德育也不例外。我们说，德育要回归生活，绝不是否认道德知识教育的重要性和必要性。我们一定要明白，学习道德知识对于稳定品德的形成、树立正确的思想观念、养成良好的道德品质是必不可少的。作为培养人才、传授知识的大学，培养“有理想、有道德、有文化、有纪律”的四有新人，应当是高校一项重要的研究课题。鉴于此，我们编著了这套“当代大学生明德教育系列丛书”。它在总结四川大学锦城学院大德育教育体系和实践的基础上，进一步归纳、整理，形成了一套挖掘传统文化之精髓、把握当今时代之脉搏、联系学生现实之问题、注重理论联系实际的大学生德育教材用书。其有效地解决了上述“一个统领、三个倡导、六个方面、八个结合”的问题。本套丛书共六册，包括《忠义千秋——忠义读本》《孝悌力行——孝悌读本》《大爱仁心——仁爱读本》《以礼立人——礼和读本》《知诚讲信——诚信读本》《感恩怀德——感恩读本》，将为培养好人、贤人发挥重要的作用。同时，该丛书有幸由天津大学出版社出版，也是我对母校“天大”多年来培育教导表示的感恩。

我衷心希望大学生们学习好、应用好这套丛书，修身明德，止于至善，使自己在个人品德、职业道德、社会公德方面都有提升，做一个有理想、有思想、勇担当、负责任、德才兼备的优秀公民！

四川大学锦城学院
党委书记、院长 邹广严

前言
Preface

感恩对于我们每一个人来说，不仅仅是人的一种本能，更应是一个人良好的个人品质、修养和道德行为。我们每一个人从来到这个世界那一天开始，就在享受着父爱、母爱，享受着长辈们的呵护和关爱，享受着小伙伴们的友善和帮助，享受着老师的谆谆教诲和耐心指点，享受着领导的精心培养和委以重任，享受着朋友、同事们的热情支持和鼎力相助。这一切无时不在，这一切无处不在，正因为有了这一切，才有了我们今天每一个人的生活，才有了我们对当今生活的热爱，才有了我们对未来生活的憧憬，才有了我们今天的事业，才有了我们明天更辉煌的成就。因此，知恩图报，感恩为自己成长进步付出辛劳的人，自觉地为社会进步和人们的幸福快乐奉献出自己的力量，是每一个有良知、有良心、有社会责任感的人都应有的一种行为。

但在今天的社会生活中，由于改革开放的不断扩大和深化，受外来思想的冲击，人们价值取向出现了多元化。同时受不良社会风气影响，人们社会思想道德认识出现了混乱，有的人感恩思想越来越淡漠，甚至丢失了作为人必须有的感恩之心。在他们当中，有的不感激父母的养育之恩，却总抱怨自己的父母无权无钱无地位，恨自己不是“官二代”或“富二代”，恨父母不能给自己带来所想要的生活；在他们当中，有的人不懂得人与人之间需要一颗感恩之心，在他们的心里只有自己，不尊重他人，不关爱他人，不帮助他人，即使是对那些曾热情相助，特别是自己在人生路上遇到困难、挫折之时，曾给以鼎力支持的朋友、领导和老师，也无感激之情和感恩之心，与任何人交往都是那样冷漠、那样无情。由于缺乏感恩之心，五彩缤纷的世界，在他们的眼里只剩下了黑色，人世间友善、互助、和谐的美好生活，在他们的眼里却只剩下了钩心斗角、尔虞我诈、相互残杀；这些不懂得感恩的人，在现实生活中，总是处处斤斤计较，总觉得生活亏待了他，他们只想索取，只会索取，不知回报，也不愿回报，在他们的心中只有因为索取未能得到满足而产生的烦恼、沮丧、痛苦、悲哀，自然也就无法体验到人世间的美好与快乐。

擦拭被个人物欲和贪婪所蒙蔽的心灵，重拾感恩之心，是当前加强我国思想道德建设，构建和谐社会的一项重要工作，也是搞好高校大学生思想道德教育，培养有社会责任感的高素质人才的迫切要求。四川大学锦城学院针对当代大学生的思想道德现状，特别是针对一些大学生感恩思想缺失，不会识恩、不懂知恩、不愿记恩、不善谢恩的状况，开展了“三讲三心”明德教育，专门开设了感恩教育的明德课程。通过教学，引导大学生不仅要识恩、知恩、记恩、谢恩，知恩图报，更要勇于承担责任，施恩不图报。本书就是为了适应这一需要而编写的系列丛书中的一本。

本书内容继承了中华民族的传统美德，引导大学生从中华民族上下五千年的文明史中，深刻感受到感恩是中华民族传统美德的基本元素，让大学生懂得“乌鸦反哺，羔羊跪乳”“衔环结草，以谢恩泽”“滴水之恩，涌泉相报”…… 从古至今代代相传，深深滋润着中国人的心灵，是中国人品德养成的重要基础。本书还从拓展大学生的视野，增进大学生对西方文化的了解出发，介绍了西方文化中的感恩思想的产生和演化。本次修订还特别针对大学生思想认识转变和感恩行为模式形成的需要，从知和行相统一出发，对感恩父母、感恩师长、感恩朋友、感恩母校、感恩祖国等一些重要问题做了专题探讨。通过对这些问题的探讨，不仅让大学生要逐步懂得学会感恩、学会做人，才能塑造完美人生和造福人类社会，怀着感恩的心去生活才能让自己幸福，更让他人感到快乐，而且要让大学生更懂得如何去感恩，在学习生活中努力实践，养成自觉的感恩行为，多做一些关爱社会的善事，把自己塑造成品行高尚的人。

编　者
2018 年 6 月 19 日

目　录 Contents

第一章
感恩：人生的必修课

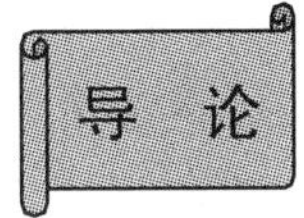

一般人认为“感恩”是现代社会所提倡的思想情操和行为素养，其实中国古代就有“滴水之恩当涌泉相报”“投之以桃，报之以李”“鸦有反哺之义，羊有跪乳之恩”的感恩观念。西方社会也一直推崇感恩的美德，如希腊谚语中就有“忘恩的人落在困难中，是不能得救的”一说，英国谚语也有“感恩是美德中最渺小的，忘恩负义是品行中最不好的”一说。在21世纪的今天，感恩对于个人的健康成长和顺利成才、对于和谐社会的构建都具有至关重要的作用。感恩是人生的必修课，更是人生不可缺少的美德。感恩的含义是什么？感恩的起源在哪里？感恩有什么意义？本章将带你从这三个方面来探讨感恩、认识感恩和了解感恩。

第一节　感恩的内涵

歌曲《感恩的心》来自这样一个真实的故事，这个故事让我们对感恩的内涵有了直观的理解。

有一个天生失语的小女孩，爸爸在她很小的时候就去世了。她和妈妈相依为命。妈妈每天很早出去工作，很晚才回来。每到日落时分，小女孩就开始站在家门口，充满期待地望着门前的那条路，等妈妈回家。妈妈回来的时候是她一天中最快乐的时刻，因为妈妈每天都要给她带一块年糕回家。在她们贫穷的家里，一块小小的年糕都是无上的美味啊。

有一天，下着很大的雨，已经过了晚饭时间了，妈妈却还没有回来。小女孩站在家门口望啊望啊，总也等不到妈妈的身影。天，越来越黑，雨，越下越大，小女孩决定

顺着妈妈每天回来的路自己去找妈妈。她走啊走啊,走了很远,终于在路边看见了倒在地上的妈妈。她使劲摇着妈妈的身体,妈妈却没有回答她。她以为妈妈太累,睡着了。就把妈妈的头枕在自己的腿上,想让妈妈睡得舒服一点。但是这时她发现,妈妈的眼睛没有闭上!小女孩突然明白:妈妈可能已经死了!她感到恐惧,拉过妈妈的手使劲摇晃,却发现妈妈的手里还紧紧地抓着一块年糕……她拼命地哭着,却发不出一点声音……

雨一直在下,小女孩也不知哭了多久。她知道妈妈再也不会醒来,现在就只剩下她自己。妈妈的眼睛为什么不闭上呢?她是因为不放心她吗?她突然明白了自己该怎样做。于是她擦干眼泪,决定用自己的语言来告诉妈妈她一定会好好地活着,让妈妈放心地走……

小女孩就在雨中一遍一遍用手语做着这首《感恩的心》,泪水和雨水混在一起,从她小小的却写满坚强的脸上滑落……"感恩的心,感谢有你,伴我一生,让我有勇气做我自己……感恩的心,感谢命运,花开花落,我一样会珍惜……"她就这样站在雨中不停歇地做着,一直到妈妈的眼睛终于闭上……

据《说文解字》:"感,动人心也。从心咸声。恩,惠也。从心因声。"①据《现代汉语词典》,感恩是"对别人所给的恩惠表示感激";据《牛津词典》,感恩是"乐于把得到好处的感激呈现出来且回馈他人"。在这里,"恩"不仅仅限于实惠性的帮助和好处,"恩"可以是父母的悉心照顾、师长的苦心栽培、朋友的默默相伴,"恩"也可以是大自然的山清水秀、祖国的地大物博,"恩"甚至可以是对手的竞争压力、社会的生存法则。现在普遍认同的"感恩"指对他人、社会和自然给予自己的恩惠和方便在心里产生认可并希望回馈的一种认识、情怀和行为。感恩包括两层含义:第一层是因为受恩,所以感激;第二层是因为感激,所以施恩。第一层含义是感恩情怀,是浅层次的感恩;第二层含义是感恩行为,是深层次的感恩。第一层次的感恩是第二层次的感恩的基础和前提,第二层次的感恩是第一层次的感恩的进步和延伸。

感恩是一种生活态度,经常怀着感恩之心的人必定心胸开阔、心地坦荡,也会自觉自愿地助人为乐,这样的人是快乐的人。感恩是一种处世哲学,从挫折中看到光明的一面、从施恩中得到助人的快乐,感恩带来的收获将比你想象的更多。感恩是一种美德,感恩是对自己的尊重,也是对他人、对社会、对自然的尊重,感恩使得大家相互尊重、和谐共处,感恩是一种不可或缺的人生美德。

① 许慎:《说文解字》(现代版),宋·徐铉,校,王宏源,勘,北京,社会科学文献出版社,2005。

一、感恩是一种生活态度

名言警句:父兮生我,母兮鞠我。拊我畜我,长我育我。顾我复我,出入腹我。欲报之德,昊天罔极。

——(中)《诗经》

感恩是一种生活态度,是随时随地发现美、感受美、欣赏美,是随时随地感谢平凡生活中的幸福。街边一朵绽放的小花、田间一片茁壮的菜苗、地上一只活蹦乱跳的小猫,都值得我们欣赏;家人的一番叮嘱、友人的一句问候、路人的一个微笑,都值得我们感谢;对乞讨者的一次施舍、对小摊贩的一次光顾、对老弱病残的一次礼让,都值得我们行动。只有以随时感恩的心态面对生活,才能让内心变得温暖、健康和积极,才能随时感受到这个世界的温暖、健康和积极。正如英国作家萨克雷所说,"生活是一面镜子,你笑,他也笑;你哭,他也哭"。你感恩生活,生活将赐予你灿烂阳光;你怨憎生活,生活将回报你黑暗阴霾。

在洛杉矶的一家旅馆,一位华人女士遇到三个在餐桌上埋头写字的黑人孩子。她从与他们的交谈中知道,这三个孩子是三兄妹,和母亲暂时住在这家旅馆,因为他们正在搬家,新房还没安顿好。当问他们正在做什么时,老大一副理所当然的表情说他们正在写感谢信。"写给谁呢?""写给妈妈。""为什么?""我们每天都写,这是我们每日必做的功课!"女士看了看三个小孩信中的内容,全是"路边的野花开得真漂亮","昨天吃的比萨饼很香","昨天妈妈给我讲了一个很有意思的故事"之类的简单语句。女士忽然明白,原来他们写给妈妈的感谢信不是专门感谢妈妈给他们帮了多大的忙,而是记录下他们幼小心灵中感觉很幸福的一点一滴。他们还不知道什么叫大恩大德,只知道对于每一件美好的事物都心存感激。他们感谢母亲辛勤的工作,感谢同伴热心的帮助,感谢兄弟姐妹之间的相互理解……

这三个小孩子的故事很好地诠释了感恩的生活态度,他们在母亲的引导下,从小就学会感谢他人、感恩生活,他们的人生必定是乐观积极多于悲观消极的。相信无论他们以后成为什么样的人,从事什么样的职业,由从小知恩感恩带来的内心的宁静平和,都会一直伴随他们。对于我们每一个人来说,失意在所难免,幸福也随处可见,何不忘却无法改变的失意,幸福俯拾皆是。感恩不一定是感谢大恩大德,感恩不一定是倾力而为,感恩是一种生活态度,更是一种健康心态。

以感恩的态度面对生活,首先是对自己的肯定,是善于发现生活的幸福和快乐;以感恩的态度面对生活,是对他人的欣赏,是善于看到他人的优点和可借鉴之处;以感恩的态度面对生活,是积极的人生,是善于从生活中找到平衡、从所失中看到所得。

(一)感恩是对自己的肯定

首先是乐于肯定自己。每个人都是独特的个体,每个人都是自己故事的主角,正是无数个"个人"才构成了这个五彩缤纷的社会,正是无数个"个人"才谱写了一段段轰轰烈烈的传奇。你可以感叹自己出身贫苦,也可以感恩自己从小就懂得自强与自立;你可以感叹自己受挫太多,也可以感恩自己积累了足够多的经验与教训;你可以感叹自己压力过大,也可以感恩自己面对强大的动力和激励。人的一生不可能一帆风顺和一路平坦,也不可能没有挫折和失意,关键在于要肯定自己、永远不放弃自己,走好每一步,以感恩的心面对人生、走出属于自己的精彩。感恩,是珍惜自己、爱护自己、善待自己,感恩,是对自己的肯定。

其次是善于发现幸福。很多人总在抱怨自己失去的和没有的,却从未看到自己拥有的;很多人总是看到人生的遗憾和痛苦,却忽视了原本拥有的幸福和快乐。人生短暂,时光匆匆,当时间被消极的人耗费在哀叹和抱怨中时,积极感恩的人早已乘风破浪起航远行。感恩让你发觉自己的优点和长处,感恩让你发现生活的幸福和快乐,感恩让你看到前方的机会和希望。感恩自己所拥有的,你会是个幸福的人;肯定自己并做出更多的努力,你总会得到应有的回报。

案例链接

有一位青年,总是抱怨自己运势不佳,发不了财,终日愁眉不展。一天,一位白发老人走来问他道:"年轻人,你为什么看起来不快乐呢?"

"我不明白,为什么我总是这么穷?"

"穷?你很富有嘛!"老人说。

"富有?你看我有什么呢?"年轻人问道。

老人反问:"假如现在斩断你的一根手指头,给你一千元,你愿意吗?"

"当然不愿意。"年轻人答道。

"假如斩断你的一只手,给你一万元,你愿意吗?"

"不愿意。"

"假如让你双眼瞎掉,给你十万元,你愿意吗?"

"不愿意。"

"假如让你马上变成80岁的老人,给你一百万元,你愿意吗?"

"不愿意。"

"假如让你马上死掉,给你一千万元,你愿意吗?"

"不愿意。"

"这就对了,你已经拥有了超过一千万元的身价了,干吗还感叹自己穷困呢?"

年轻人无言以对,突然什么都明白了。

点评:在老人的循循善诱和步步引导下,小伙子从对立的观点和相反的角度来看待自己的人生,换来的是对自己人生的肯定和对生活的感恩。

(二)感恩是对他人的欣赏

首先是乐于欣赏他人。眼光不同,眼里的世界便不同:面对同一棵树,有人看到了绿叶,有人看到了毛毛虫;骗子眼中的世界只有欺骗,而真诚的人能轻易感知他人的真诚;缺乏善心的人觉得所有的善举都是做作的,而善良的人总会被别人的善举感动和激励。欣赏他人的人才会得到他人的欣赏,感恩生活的人才会得到生活的感恩。感恩,不是心胸狭隘、患得患失、戒备提防,而是善于欣赏他人,善于以赞美的眼光肯定他人的成绩、以豁达的心态分享他人的成功。

其次是善于施恩他人。对他人的欣赏有时是一种施恩,但不经意间也会收获来自他人的感恩。台湾作家林清玄去一家羊肉馆吃羊肉,见到了老板,老板对他说:“你还记得我吗?”林清玄说:“记不起来了。”老板拿来一张20年前的旧报纸,那里有他的一篇文章,那时林清玄在一家报社当记者,这是一篇关于小偷的报道,“小偷手法高超,作案上千次,次次得手,最后栽在一个反扒高手上”。他在文章中感叹道:“像心思如此细密,手法如此灵巧,风格如此独特的小偷,做任何一件事情都会有成就的吧!”老板告诉他:“我,就是那个小偷,是你的这段话引导我走上了正路。”如今他开了好几家羊肉馆,成了那里颇有名气的大老板。林清玄以独到的眼光对小偷予以欣赏,而正是这独到的欣赏引导这个小偷成为事业有成的老板,并对林清玄由衷地感恩。

案例链接

季羡林先生是我国著名的语言学家、文学家、历史学家和翻译家。季老的文章出色、学问一流,这是有目共睹的,他的感恩之德、报恩之举,也特别令人称道。

俗话说“一个篱笆三个桩,一个好汉三个帮”,一个人在成才之路上必定会得到许多人的帮助。季老的一生有过许多机遇,尤其是在学术道路上,受过众多师长的恩惠。季老对恩人们的感激之情,是永志终生的。他说自己不是一个“混人”,依据就是“极重感情,绝不忘恩”。

季羡林和胡适相差一个辈分。1946年,季羡林回国到北京大学任教,这时的北大校长正是胡适。当时北大录用教师的门槛很高,还有一个不成文的规定:拿到外国学位的留学生回国进校任教,只能担任副教授。然而,胡适十分欣赏季羡林的人品和学问,季羡林只当了两个星期的副教授,就被提为正教授兼东方语言文学系主任。如此“礼遇”,可谓破了北大的“天荒”。季羡林把胡适的器重当成动力,更加努力地学习和工作。

1985年左右，季羡林偶见一家报纸发表文章全面否定胡适，觉得有失公允，毅然写了《为胡适说几句话》。当时胡适还是个“反面教员”，人人谈“胡”色变，无人敢涉足这一“禁区”，有朋友劝他不要发表这样的文章，风险太大。季羡林却认为，无论于公于私，自己都有必要站出来说话，把真相告诉大家，还胡适以真面目。他的文章发表后，得到学界的普遍肯定和响应，开启了重新评价百年学术史的先河。季羡林经常公开称赞胡适，著文怀念老校长。安徽教育出版社出版《胡适全集》，他担任主编，还写了长达17 000字的总序。1999年季羡林访问台湾，特意去拜谒胡适陵墓。他热泪长流，在墓地向胡适雕像敬献鲜花，行三叩大礼，回到北京又做了感人至深的长文《站在胡适之先生墓前》……

季老与胡适先生的交往堪称一段佳话。季老为胡适“喊冤”、写作《为胡适说几句话》一文，在当年这样做需要极大的勇气。季老应允做《胡适全集》的主编、写长序以正视听、在胡适墓前行三叩大礼，这些都可视为知恩图报之举，而他却认为这些只是“报知遇之恩于万一”。季老这种对恩人心怀敬重与感激并尽力回报的行为，得到了广泛的赞誉。

点评：胡适先生器重季羡林先生的品德才华，季羡林先生敬重胡适先生的学问品行，两人可谓惺惺相惜。出于对胡适人格的欣赏以及知遇之恩的感激，季羡林先生才会“冒天下之大不韪”为胡适先生“说话”并为之做出后来的一系列事情，却还谦虚地认为只是“报知遇之恩于万一”。

（三）感恩是积极的人生

感恩，使人乐观面对不幸。我们经常看到这样一些自认为不幸而经常抱怨的人：“真不幸，今天下大雨了却没有带伞”，“真倒霉，被老师骂了一顿”，“真悲惨，丢了钱包又丢了饭卡”……对他们来说，这个世界的不顺心太多，需要埋怨的事情太多。其实，这些生活中的小事情，比起流离失所的人、发生严重车祸的人、身处战争之中的人，不幸程度怎能相提并论？会感恩的人是明智的人，他能看到不幸之中的幸运，他会感恩雨后更加美丽的晴天，他会感恩蕴含在批评之中的期盼，他会感恩经历丢失之后的小心和谨慎。有些事情无法避免，有些事情无力改变，我们要做的就是或尽力挽回、或坦然接受，最重要的是，以感恩乐观的心态面对不幸。

感恩，使人宽容对待他人。人在一生中不可避免地要与各种各样的人打交道，其中一些人或尖酸刻薄、或飞扬跋扈、或斤斤计较，这些人惹人憎恨，你却必须强颜欢笑与之合作，而厌恶之情难以下咽，徒增痛苦。但如果你换一个角度看问题，首先感恩自己的家人和成长环境没有把自己培养成这类人，其次宽容这些人的所为、理解他们的想法，你的心态也平和，你的收获也更多，岂不乐哉？以感恩生活的心，宽容他人的无礼冒犯、宽恕他人无意的伤害、宽谅他人理性的批评，以德报人，以理服人，以情感人，这样的人生将更加广阔。

当我们以感恩的心态乐观面对不幸时，我们的生活已经有一半的积极；当我们以感恩的心态宽容对待他人时，积极的生活已经充溢着我们的人生。

案例链接

有一位70多岁的老先生，携一幅祖传名画参加电视台组织的鉴定活动。

他对主持人说，父亲告诉他，这幅画可能价值数百万元，所以他总是战战兢兢地收藏着。自己不懂艺术，遇到这么好的机会，他便拿来请专家们鉴定。

鉴定结果很快就出来了，这幅画是赝品。主持人问老先生："这个结果让您很失望吧？"老先生憨厚地笑了："这样也好啊，至少以后不用再担心有人来偷这幅画了，我就可以把它挂在客厅里了。"

点评：在如此大的得失之前，有的人或许会痛哭流涕哀叹命运的捉弄，这位老先生却心平气和，对终于可以将这幅画挂在客厅表示欣欣然。可见经过时间的洗礼，老先生早已悟透感恩的真谛，看淡成败与得失，过着积极的生活。

二、感恩是一种处世哲学

名言警句：人家帮我，永志不忘；我帮人家，莫记心上。

——（中）华罗庚

感恩是一种处世哲学，感恩让人勇敢地面对失败，旷达地处理挫折。在失败和挫折面前，你可以选择一味埋怨、消沉低迷，你可以选择心怀感恩、从跌倒处爬起来。"我的手还能活动，我的大脑还能思维，我有终生追求的理想，我有爱我和我爱着的亲人与朋友，对了，我还有一颗感恩的心……"这段话若出自平常人不足为奇，但它却出自一位在轮椅上生活了三十余年的高位瘫痪患者——世界科学巨匠霍金。霍金的身体状态对常人来说再糟糕不过，但是他仍然感到满足，并对生活充满感恩之心。一根能活动的手指、一个能思维的大脑，能让高位瘫痪的科学巨匠心怀感恩，一切正常没有缺憾的我们还有什么可抱怨？还有什么可迟疑？感谢霍金给了我们这样一个感恩人生、精彩生活的例子。

感恩，是生活的大智慧，是现代社会成功人士健康性格的表现。感恩增强自身信誉，有助于提升自己在他人心目中的地位；感恩拓展交际圈子，以诚感人、以心动人最能交到知心朋友；感恩既提升自我又温暖他人，感恩在现代社会中扮演着温情的角色。

（一）感恩增强自身信誉

感恩增强自身信誉，否则自毁声誉、追悔莫及。在今天的社会主义市场经济条件下，很多大学生更多地关注如何享受生活、如何找好工作，却很少关注如何承担责任、感恩社会。一些大学生依靠社会资助和国家贷款完成了大学学业，工作后却不表感恩、不还贷款；一些大学生毕业后在工作岗位上获得出国深造的机会，学成后却毁约抛弃原来的单位到别处高就；一些大学生在工作一两年后离开为自己垫付学费的单位，却连单位垫付的学费都不予偿还……做人基本的诚信都没有了，还谈什么感恩社会？感恩这么基本的道德都抛弃了，还谈什么个人信誉？当贷款买房被银行拒绝时，当转移个人档案被单位拒绝时，追悔莫及的是他们自己。

当你以感恩的心态面对人生时，你的个人幸福感会增强；当你以感恩的方式为人处世时，你的自身信誉会增强。感恩让你处处为别人着想，感恩让你时时以大局为重，感恩让你赢得他人的信任和尊重，感恩让你成为受社会欢迎的人。

案例链接

在某企业的一次招聘中，有两个年轻人脱颖而出，最后主考官单独约见了他们，问了他们同一个问题："你觉得以前你工作的那个公司怎么样？"

一个面试者抱怨说："糟透了，同事像一群吵闹的母鸡，主管简直就是一头叫个不停的驴子！真难以想象我在那里是怎么度过两年的！"

另外一个面试者却说："虽然我原来所在的公司很小，管理也不是很规范，但在那里，我学到了不少东西。正因为如此，我现在才有勇气坐在这里。我很感激原来那家公司。"

毫无疑问，最后被录取的是后者。

点评：对后一个面试者自己来说，他是在以感恩的心态回顾过往的工作环境和工作经历。而在别人心目中，他这样感恩的人生态度，提升了个人的声誉，赢得了他人的尊重，并且为他带来了职业生涯的机遇和转折。

（二）感恩拓展交际圈子

感恩拓展交际圈子，感恩让人把生活看成一道模糊数学题，并不强求它种瓜得瓜、种豆得豆，而是不计较那么多的得失，以真诚赢得他人的真心，从而广交朋友、广结人缘。同是曾经大权在握的两位退休老局长，一个见到旧部下和老同事就称赞和感谢他们当初对自己的支持和帮助，毫无架子、毫不计较，每天总有人找他下棋、钓鱼或者是喝茶聊天，他的感恩心态让自己心情舒畅，同时也为自己营造了一个良好的交际圈子；而另一个却放不下局长架子，见到熟人就抱怨他曾经提携过的某某人、帮助过的某某人如今在他退休后一个个都消失得无影无踪，久而久之，经常看望他的熟人都受不了他的抱怨和倾吐而不再登门拜访，而他因为自己以前提拔起来的新局长见到他没有打招呼而气得生病数月，后来，退休没几年的他因病谢世。

怀着感恩之心,你的生活就会像前一个退休局长一样,高朋满座、有滋有味;忘却感恩、自怨自艾,你的生活就会像后一个退休局长一样,孤家寡人、郁郁而终。感恩拓展交际圈子,感恩让你的生命充满阳光,吸引着无数花儿一样的心灵向着你悄悄开放。感恩之心,就是一颗快乐之心;感恩之心,就是一颗集聚人气之心。

案例链接

怀特先生是个买卖人,他的人生目标就是赚钱,只要能赚钱,手段永远是次要的。为了钱他曾出卖过朋友、欺凌过弱者,甚至牺牲过儿女的幸福。几十年下来,他虽然赚了几十辈子都花不完的钱,却成了一个孤家寡人。

怀特先生家门口有个小邮箱,由于长年不用,早已锈迹斑驳,用钥匙也打不开生锈的锁,因为没有谁会给他这么一个唯利是图的奸商写信。不过对此怀特先生可一点也不在乎,他很清楚自己的财富时刻都在以令人瞠目的速度增值,何况还有那么多人为了钱拜倒在他脚下,有这些就够了。

有一天,怀特先生家的隔壁搬来了一位新邻居,赶巧的是那位新邻居竟也叫怀特。听说他曾在国外当医生,刚退休到伦敦。据怀特先生观察,这位怀特医生不过就是个庸庸碌碌的小老头,平日靠摆弄庭院里的花草打发时间。

怀特医生来到的第一天,邮差在他家门口安了个邮箱,跟怀特先生家门口那个一般大小。信件紧跟着就源源而来了。由于信件很多,没过多久,邮差为他换了个更大的邮箱。随着信件的到来,怀特先生的麻烦也来了。一些寄给怀特医生的信被误投进怀特先生的旧邮箱里,而且寄来的不仅仅是信,还有礼品。这样,怀特先生的管家不得不换下那生锈的锁,把邮箱重新刷一遍油漆,而且还一趟趟地将误投的信、物还给隔壁的怀特医生。其实两个怀特有不同的名字,但偏偏那些信封上的收信人只写了"怀特先生",外加门牌相临,不误投才怪呢。

晴朗的午后,怀特先生偷偷站在窗口看着隔壁的怀特医生从自家邮箱里取出信件,然后乐滋滋地阅读那些远方来鸿。怀特先生心里不禁愤懑:凭什么是他?他算老几?渐渐地,这种愤懑变成懊恼。

一天,邮差带着一件邮寄包裹来到怀特先生家,那是件长长的挂号包裹,收信人写的是"怀特先生",但凭经验,怀特先生明白这又是个被误投的东西。他瞥了一眼包裹的地址,发现落款竟是纽约联合国总部。

怀特先生好奇地悄悄拆开包裹,看见里面装着一根桃木拐杖,手工做的,打磨得很光滑,但是式样一般,而且不是很值钱。包裹里还有一张照片,上面是一个穿国际救援组织制服的年轻黑人女孩站在一架货运飞机边,照片背面写着姓名、地点和一个14年前的时间。

怀特先生更加好奇了,他查了半天,最后才弄明白照片背面写的地点是非洲一个

很小的地方。但是,14 年前那里发生过什么？邻居和这个黑人女孩到底有什么关系？他不清楚。带着进一步探究的决心,怀特先生不动声色地将包裹照原样缝合,亲自登门去交给怀特医生。看着邻居很高兴地拄着桃木拐杖在屋子里试来试去,怀特先生就问:“这照片里的女孩是谁呀?”“不记得了。”怀特医生轻描淡写地回答。“可照片后写明了姓名地址呀?”怀特先生不解地追问。“我大学毕业就参加了国际卫生组织,其中有20 年是在非洲原野上度过的。我曾在那里救护过很多生命垂危的黑人孩子,怎么可能记得每个孩子的名字？何况他们现在都长大成人。”怀特医生答道。他又搬出厚厚一堆来自世界各地的书信给怀特先生看。其中不少信里附夹着照片,各种肤色、各种年龄的男男女女展露着笑容,而这一切都源于怀特医生的无私帮助。

怀特先生望着那些东西,又懊恼又羡慕。怀特医生没有察觉到怀特先生的懊恼,还一个劲儿地试着桃木拐杖。

回到家,怀特先生独自躲进书房,直到深夜也没出来。惊慌的管家只得叫来秘书和私人医生,当他们打开书房门,却看见怀特先生正搂着一堆拐杖泪流满面。那些拐杖有檀香木的,有上好象牙的,还有红木镶纯金手柄的,每一支都质地精良价格昂贵。可是怀特先生却像个孩子似的,伤心地哭着对下属说:“上帝,我多想像隔壁那个小老头一样拥有一根桃木拐杖啊。”不明就里的管家说:“那根桃木拐杖？我们可以掏钱买下来。”怀特先生却哭得更伤心了,因为他知道用自己所有的钱也买不来那根桃木拐杖。是啊,许多看似平常的东西却往往是无价的。

渐渐地,怀特先生的公司业务里多出一些公益项目,有时是公益捐助,有时是免费为一些慈善机构运送物资,这些举动从前简直是不可想象的。有一次,一个记者拿着话筒追问刚当选为城市慈善基金会顾问的怀特“大老板”:“您曾经说过自己的任何投入都要获得回报,现在做这些,是期望获得什么样的回报呢?”怀特先生面对镜头,笑着说:“我想有人会寄给我一根桃木拐杖的。”

日子一天天过去,怀特先生的身边又聚集起很多朋友,他与子女们也慢慢重新有了往来,而且他家门口的邮箱里也开始有了寄自四面八方的信件,而且是真正写给怀特先生的。

春天来临的时候,怀特先生收到一封信,寄自一个遥远国度的山区,那里刚刚经历了一次地震。写信的孩子说:“感谢您组织了一支庞大的义务船队,及时为我们运来药品和帐篷。我在院子里新种了一株樱桃,有一天我会送您一根樱桃木的拐杖,那是世界上最好的拐杖。”

点评:怀特先生有财富有地位却高傲刻薄,他不乏下属和伙伴,但是他赢得真心的朋友却是从他幡然醒悟并感恩人生、施恩他人开始的。是感恩让他重获新生,是感恩让他走出自己画的怪圈,是感恩让他拓展了交际圈子,是感恩让他领略了人生中无限的可能。

(三)感恩既提升自我又温暖他人

感恩既提升自我又温暖他人,感恩让人胸怀大度、处事豁达,最终利人又利己。有一个僧人,乘船渡江时因风大浪高而翻船,僧人在江中沉浮了很久才筋疲力尽地爬上岸来。他上岸的第一件事,不是责骂船家的无能让他丢失行李,也不是诅咒恶风险浪差点要了他的命,而是跪在岸边遥拜师父:"谢谢师父!"有人不解,僧人说:"原来我并不喜欢游泳,每次都是师父强把我拉入水中,教我学会的。不是师父,我命今日休矣!"在度过灾难之后,僧人第一个想到的是感恩师父,而不是责备他人,如此超然,他无疑在自我修行上又提升了一大步,而留给他人的温暖和感动也是相当之大。

感恩不是隔着有色玻璃看世界一片光明,而是有选择地看美好的事物,对于那些不美好的东西,我们会说"即便如此,还是有希望"。感恩是道义上的净化剂,感恩是道德上的原动力,感恩让你的心灵和你所企盼的事物联系得更为紧密,感恩助你提升自我的思想和精神境界,感恩温暖和激励他人与你同行。

案例链接

作家梁晓声曾讲过一段经历,描述了一段温暖的感恩故事。

有一个时期,我因医牙,每日傍晚,从北影后门行至前门,上跨街桥,到对面教育印刷厂的牙科诊所去。在那个桥上,我几乎每次都能看见一个残了双腿的瞎老头儿,卧在那儿伸手乞钱。其中有三次,看见一个老太婆,在给那瞎老头儿钱。照例是十元钱和一塑料袋包子。过街桥上上下下的人很多。不少人便驻足望着那一情形,但是没人掏出自己的钱包。有一天风大,将老太婆刚掏出的十元钱刮到了一个小伙子脚旁。他捡起,明知是谁的钱,却若无其事地往自己兜里一揣,扬长下了跨街桥。所有在场的人,都从桥上盯着他的背影看。我想他一定能意识到这一点的。

瞎老头问老太婆:"好人,你想给我的钱,被风刮跑了吧?那也算给我了!我心受了!"老太婆说:"是被风刮跑了。可已经有人替我捡回来了!给!……"

我认识那老太婆。她从早到晚在离桥不远的地方卖茶叶蛋。我想她一天挣不了几个十元钱的。

于是,几乎每个驻足看着的人,都默默地掏出了自己的钱包。

那一天我没去牙科诊所。因为我也把钱给了那个瞎老头儿。

后来那瞎老头儿不知去向了。

而那老太婆仍在原地卖茶叶蛋。

有一天我经过她跟前,不由自主地停下脚步买她的茶叶蛋。我不迷信,可我似乎觉得她脑后有光环闪耀。

我问她:"您认识那老头儿?"

她摇摇头,反问我:"可怜的老头儿,他哪儿去了?"

我也只有以摇头作为回答。

她长长地叹了口气。我心中顿时感到一种真真实实的善良，仿佛从那个卖茶叶蛋的老太婆心里作用到了我自己的心里。

点评：老太婆以实实在在的行动感恩比自己还要困难的人，以真真实实的善良感动从旁经过的路人。世间确实有不少像故事中的小伙子一样连乞丐的钱都要顺手牵羊的人，但是他将永远生活在别人的唾弃和鄙视中，而这样闪耀着人性光辉的老太婆，将永远被人铭记，被人歌颂，被人赞扬。

三、感恩是一种优良品德

名言警句：没有感恩就没有真正的美德。

——（法）卢梭

感恩是一种美德，在物欲横流的现代社会中，感恩更是弥足珍贵、不可或缺。感恩是人生品质的体现，感恩是生命美好的基础。2008 年 5 月 12 日，当地震袭来，灾区内的人们痛失家园，灾区外的人们心中牵挂。当电视画面中出现一幕幕悲壮的救人场景，随之响起的一曲《感恩的心》，让多少人落泪，让多少人感动，让多少人重新反省自我。“我来自偶然像一颗尘土/有谁看出我的脆弱/我来自何方我情归何处/谁在下一刻呼唤我/天地虽宽这条路却难走/我看遍这人间坎坷辛苦/我还有多少爱我还有多少泪/要苍天知道我不认输/感恩的心感谢有你/伴我一生让我有勇气做我自己/感恩的心感谢命运/花开花落我一样会珍惜……”

感恩是一种美德，感恩不仅是个人的思想品德修为，还是社会集体思维行动的指南。感恩推动个体关心他人，感恩者总能感化周围志同道合的人心系他人、帮助他人；感恩促进社会互助互持，感恩的力量汇聚成河，人与人之间的友善帮扶就永远不会停歇；感恩是不可或缺的人生美德，懂得感恩的人是心胸广阔的人，懂得感恩的人是心灵富足的人。

（一）感恩推动个体关心他人

2008 年，唐山的 13 位农民成立了一支应急救灾小分队，分别在当年 2 月份的湖南郴州雪灾和 5 月份的四川汶川地震中发挥了重要的救援作用。这 13 位农民最大的 62 岁，最小的 19 岁，其中有三对兄弟，两对父子，被亲切地称为“唐山十三义士”。他们自发组织起来的动机只有一个：感恩。他们说：“30 多年前唐山大地震时，全国人民都在支援我们，现在正是应该我们支援他们的时候。”在他们的感召下，一批又一批志愿者来到灾区参加救灾工作和灾后重建工作。是感恩的力量让经受过地震的唐山人民铭记恩情，是感恩的力量让“十三义士”自发组织起救援团队，是感恩的力量号召了后来一批一批的灾区志愿者。

唐山人民作为个体,曾经深刻体会"一方有难,八方支援"带来的慰藉和帮助,他们将感恩之情铭记于心,默默地凝聚成一股溪流,给郴州和汶川的灾区人民雪中送炭,并带动全国人民,汇成了温暖人心的志愿洪流。感恩让人关心他人,感恩让人伸出援手,当感恩转化为帮助他人的实际行动后,其强大的力量不可小觑。

案例链接

约翰是一个小偷,他的专业技术可以说已经到了炉火纯青的地步。在同出一门的师兄弟中,他是唯一一个没有被逮住的人。因此在这一行中,他的声望极高。他也曾口出狂言说,天下没有他拿不到的东西,也没有他进不了的房子。

这天,他正一个人在镇上的酒馆里喝酒,刚好遇上了他的朋友比尔,一个不久前从监狱里放出来的师弟。两人先是拥抱了一阵,然后一边促膝交谈一边喝酒。比尔告诉他,在这个小镇教堂对面的那条街的中间,有一户人家,家中有几万美元的现金,然后问约翰敢不敢去。约翰轻蔑地一笑,回答道:"为什么不敢去?"

"他家里可是养了一条很凶很凶的狼狗哦!"比尔提醒道。"这不是问题,我的朋友。"约翰对自己非常自信。

第二天晚上,约翰就带上了他的宝贝万能箱朝街心走去。很奇怪,整条街都是漆黑的,只有街心有户人家亮了门灯,而且这家就是他所要找的那户人家。他先把安眠药涂在肉上,然后扔在了狗的面前,不一会儿,狗便倒下去了。接着,他熟练地打开房门,发现外屋里的人还没有睡,但这并不影响他的工作。因为他知道,一个出色的小偷是不会在意工作时外界的环境是如何恶劣的。凭着过硬的技术,他很快便拿到了钱,确确实实是几万美金。他很奇怪,家里有这么多钱,可这户人家竟然没有采取任何防盗措施。这引起了他的兴趣,他把耳朵"伸"到了外屋门边,想一探究竟。

"我说,老头子,咱们是不是该花钱请个保姆啊!咱们两人的眼睛都要瞎了,总不能老这样过下去啊!"屋子里传出一个苍老女人的声音。

约翰的心一惊:既然是瞎子,为什么要整夜都亮着门灯呢?这就更加引起了他的兴趣。"是啊!老婆子,的确应该,可是现在的日子都不好过啊,哪来的钱请保姆呢?"一个老头子紧跟着回答。

"儿子空难后,航空公司不是赔给我们几万美金了吗?为什么不用这些钱?"约翰的心一沉,用牙齿咬了咬嘴唇,继续听下去。

"你疯了老婆子!你怎么忘了,我们不是说好用这些钱给镇子里的孤儿院盖一栋房子的吗?"

约翰的心一震。

"是啊!你看我这记性,都给忘了。老了,不中用了。可是,咱们也得花钱交电费啊！门口的灯整夜亮着，很耗电啊！”

“没关系，只要别人在这条街上走路不摸黑就行了。你也知道，这条街的路很难走的，又是夜里，万一行人跌了跤怎么办？还有咱们的‘儿子’克拉尔。虽然它每天都要喂骨头，但只要咱们每天多糊两个小时的纸盒就行了，这日子还是能过的啊！有了克拉尔，行人就不用担心这条街有强盗了啊！”

“是啊，也只好这样了，谁让我们年轻那会儿只养了一个儿子呢！早知道今天，还不如当初多养一个呢！”老妇人抱怨道。

当晚，约翰坐在门口流了一夜的泪。他也是个孤儿，也是被人领养的，但他不服新爸爸对他的管教，一怒之下偷跑出来，才干上这一行的。

第二天，老夫妇的门口留下来两样东西，一样是他们的几万美金，另一样则是一个很小巧、很别致的万能箱。

从此，这个小镇上就再也没人看见过约翰。约翰就此神秘地消失了，没有人知道他去了哪里。

点评：老夫妇生活虽然穷困，却始终以感恩的心对待别人，因空难失去了爱子，他们不是把航空公司赔偿的钱拿来改善生活，而是帮助孤儿院的孤儿；哪怕是从门口过路的陌生人，他们也不吝在不富裕的生活中多支出电费，来彻夜点亮门灯照亮他们。正是这样值得称赞的感恩行为，感化了“身怀绝技”的小偷约翰，促成了约翰的自省和转变。

（二）感恩促进社会互助互持

公交车上的一次让座，可能让整个车厢阳光灿烂；小朋友的一次捐款，可能让所有大人纷纷解囊。感恩会让人与人之间、人与自然之间、人与社会之间的关系变得更加协调，感恩是维系社会和谐的一个重要纽带。

2008年的汶川大地震，让全中国人民都体会和理解到了感恩的真正意义。当早已对人间疾苦表示漠然的我们纷纷伸出援手尽己所能，感恩之心在我们心中萌芽；当灾区民众在最艰难困苦的时候得到四方支援八方帮助，感恩之心在我们心中成长；当满目疮痍的灾区旧址逐渐被宽阔马路崭新高楼替代，感恩之心在我们心中成熟；感恩，是大地震对我们的集体洗礼。因为感恩，我们互助互持；因为感恩，我们人定胜天；因为感恩，我们增强民族凝聚力。

案例链接

在我们刚刚搬进新居时，心情非常好。送走了最后一批前来祝贺的朋友后，我和妻子便重重地躺在沙发上，遥想着今后的日子，自有一番甜蜜涌上心头。

就在这时，门铃响了。我开门一看，门外站着两位不认识的儒雅的中年男女，看上去是一对夫妻。我正感到疑惑,那位男子主动介绍他们是一楼的住户,特地上来祝贺乔迁之喜。

一听是邻居,我赶紧往屋里让。男子连忙摆手:“不麻烦了,不麻烦了,还有一件事情要请你们帮忙。”我说:“千万别客气,有什么事情需要我们效劳?”

男子说:“以后出入单元防盗门的时候,能不能轻点关门。我老父亲心脏不太好,受不了太大的声响。”说完,他静静地看着我们,眼里流露出一股浓浓的歉意。

我沉吟了片刻,很坚定地说:“这当然没有问题,只是怕有时候急了会顾不上。既然您父亲受不了惊吓,为什么还要住在一楼?”

他妻子接口解释道:“其实我们也不喜欢住一楼,既潮湿又脏,但是父亲腿脚不方便,住在一楼出去活动一下比较方便。”

听完后,我心里顿时一阵感动,便答应以后尽量小心。两口子千恩万谢,弄得我们倒有些不好意思了。

后来渐渐的,我发现我们单元与其他单元的确不太一样。人们在开关防盗门时,都是轻手轻脚的,绝对没有其他单元时不时“咣当”一声的巨响。一问,果然都是因这对夫妻所托。

时间过得很快,转眼一年过去了。一天晚上,这对夫妻又摁响了我家的门铃。一见到我和妻子,两人二话没说,先给我们深深地鞠了个躬,半晌,头也没抬起来。原来就在昨天晚上,老人在医院病故了。在临终前,他还对他儿子交代说:非常感谢大家这些年对自己的照顾,要儿子在自己死后好好感谢同楼的邻居,年纪大的给磕个头,年纪轻的去鞠个躬。

送走了这对夫妻,我发自内心地感慨道:“轻点关门只是举手之劳,居然换来了别人如此大的感激,真是想不到也担不起啊!”

老人虽然过世了,但我们这个单元仍然是动作轻轻、友爱互助的一个和谐单元。

点评:轻声关门,只是举手之劳,然而要坚持数年,并且一个单元的邻居都坚持数年,实属不易。是一楼的夫妻俩执意的孝顺和真诚的感恩打动了邻人,带动了邻人的助人热情,无意间营造了一个和谐的生活单元和活动空间。

(三)感恩是不可或缺的人生美德

感恩是做人起码的修养,感恩是每个人都应该具备的基本道德准则。可以让我们感恩的太多:感恩父母的养育,感恩师长的教诲,感恩社会的安定,感恩食之香甜,感恩衣之温暖,感恩爱之美好,感恩花鸟鱼虫,感恩苦难逆境。就连自己的敌人,也应该感恩——感恩伤害你的人,因为他磨炼了你的心志;感恩绊倒你的人,因为他强劲了你的双腿;感恩欺骗你的人,因为他丰富了你的智慧;感恩蔑视你的人,因为他觉醒了你的自尊;感恩遗弃你的人,因为他教会了你该独立。

感恩,是不可或缺的人生美德。感恩是一种责任意识、自立意识、自尊意识,是健

全人格的基本体现。不懂感恩的人是残缺的人，不懂感恩的人生是不完整的人生。

案例链接

远在千里之外的一场地震，震散了一段看似完美的爱情。

5月12日这天，她像往常一样，漫不经心地翻着电视频道，突然间目睹了四川汶川大地震的灾难场面，触目惊心。从未受过挫折、极少流泪的她，那几天，几乎是以泪洗面。是啊，全国人民都在流泪啊！有生以来，她第一次寝食难安，天天守在电视机旁边流泪，不梳洗、不化妆、不逛街，如果此时还像原来那样过着声色犬马的日子，她会有罪恶感，有种“商女不知亡国恨”之感，也没那心情。自出生以来，一直是顺风顺水，一切得来太容易，所以不大懂得感恩。自从目睹了这场灾难，她看到了全国人民的凝聚力，她有了从未有过的激情，她突然热爱起自己的祖国，为生长在这个国度而骄傲，更爱生活在这片热土上的人民，因为他们懂得了守望相助。

擦干眼泪，该为灾区人民干点什么，她拨通了他的电话。她是一个矜持的人，这是自相识以来，第一次主动打电话约他，他受宠若惊地接受了。她也要像电视里那对新婚夫妇那样，手拉手，共同献血，把生命之液献给灾区伤员，这是爱心的见证，也是爱情的见证。她想去捐款，共同献爱心，来一次浪漫的约会。

走到大街上，一排排的募捐箱像一簇簇红色的火焰，温暖而又醒目，捐款的人群如潮水般，有两三岁的孩童，耄耋之年的老人，残疾人……人们神情肃穆地把大小不等的钱币放进了箱子里，一阵暖流涌上了心头。她拉着他走近了捐款箱，说道：“我们也来捐一点。”他一下子还没反应过来，猝不及防，忙打开钱夹，谁知，钱夹里没零钱，忙四下翻找着衣服口袋，也找不到，他嘴里嘟哝着：“也不早说，我好准备点零钱……”最后在钱夹里拿出了十元钱，投进了募捐箱，嘴里还骂骂咧咧的：“真晦气，怎么就没零钱了！”她不动声色地从钱夹里掏出了五张鲜红的人民币塞进了捐款箱，他大声地叫道：“你怎么捐那么多，没名没姓的，尽点义务就行了！”不过他马上意识到自己失态了：“我回单位去捐。”自始至终，她一句话没说，后来，她推说身体不舒服，就独自回家了。

第二天，她就打电话要求分手了，他苦苦哀求，也无济于事。最后，他恼羞成怒地说：“就为这点破事，太小题大做了，你这莫名其妙的女人！”她也没反驳。

不明就里的父母骂她不懂得珍惜，她缄口不言。女友死缠烂打询问分手原因，烦不得，只好说了。女友大惊小怪地说：“这是哪门子的事啊，哪跟哪啊！只要对你好就行了！”她抢白道：“对于一个连最起码的爱心都没有的人，他还能爱谁？这次大灾，我看到了大爱，只有无疆的爱才是大爱，而我也看到了藏在了他光鲜外衣下的‘小’爱。国难当头，他那猥琐的样子，跟鲁迅笔下那群麻木的看客有什么两样！”女友又说了：“像他这样可多了，甚至还有人发国难财呢！”她说：“我不管别人怎么做，但是作为我的男朋友,他是过不了关的。”女友又劝导:“他前途一片光明,以后升官发财,你后悔都来不及!”她又说了:“但是心穷啊!”此话噎得女友一句话也说不出来……

点评:故事女主角因男友不懂感恩而与之分手,不是丢不下一时的面子,也不是瞬间的意气用事,而是在地震之后感恩人生进而心灵升华,但看似心心相契的男友却没有进行同步的变化,这让她无法接受。向灾区捐款多的人不代表他多懂得感恩,但是在捐款箱前支支吾吾的人一定没有感恩意识,一定不值得与他长久生活。

第二节　中、西方感恩思想的形成与演变

秦穆公尝出,而亡其骏马,自往求之,见人已杀其马,方共食其肉,穆公谓曰:“是吾骏马也。”诸人皆惧而起,穆公曰:“吾闻食骏马肉,不饮酒者杀人。”即以次饮之酒,杀马者皆惭而去。居三年,晋攻秦穆公,围之,往时食马肉者,相谓曰:“可以出死报食马得酒之恩矣。”遂溃围。穆公卒得以解难,胜晋,获惠公以归,此德出而福反也①。

该故事讲的是秦穆公曾经外出王宫,丢失了自己的骏马,他亲自出去找,看见有人已经把自己的马杀掉了,正在一起吃肉。穆公对他们说:“这是我的马。”这些人都惊恐地站起来。秦穆公说:“我听说吃骏马的肉但不喝酒的人会有杀人的念头。”于是给他们酒喝。杀马的人都惭愧地走了。过了三年,晋国攻打秦穆公,把秦穆公围困住了。以前那些杀马吃肉的人互相说:“我们到了已经可以以死来报答穆公给我们马肉吃、好酒喝的恩德的时候了。”于是就击溃了包围秦穆公的军队,穆公终于解决了困难,打败晋国,并抓了晋惠公回来。

马被人斩杀后,秦穆公不但不治罪,反而怕众人食马肉致死,亲手给他们斟酒喝。后来秦穆公遭晋国围攻,得到知恩图报的食马人的救援,解除危难,战胜了晋国。

很多人认为“感恩”这一观念是从西方传入的,其实我们的老祖宗几千年前就已经在讲“感恩”,只不过是以“知恩图报”的面貌出现,上面的这个故事就是中国较早的知恩图报、“德出福反”的故事,这说明感恩观念在中国古代思想中早已占有一席之地。影响中国传统思想甚深的儒家思想、佛教思想其实都在讲感恩,民间文化也包含不少感恩成分。此外,西方的感恩思想源远流长,西方思想的重要来源——基督教

① (汉)刘向:《说苑·复恩》,向宗鲁,校,北京,中华书局,1987。

就很讲感恩,西方的很多传统节日也都与感恩相关。中国与西方的感恩思想都有其形成与演变的脉络可循。

一、中国感恩思想的形成与演变

> 名言警句:恩欲报,怨欲忘;报怨短,报恩长。
>
> ——(中)李毓秀

在中国传统思想中占主导地位的儒家思想和对中国传统思想影响深远的佛教思想中,都有鲜明的感恩意识。儒家思想的三个最重要的观点孝、忠、仁,都可以说是某种形式的感恩:孝即感恩父母,忠即感恩国家,仁即感恩他人。在佛教思想中有“上报四重恩,下济三涂苦”之说,“报四重恩”中就包括报父母恩、报国家恩、报众生恩、报三宝恩。而中国民间的传统节日中,清明节和重阳节都可以说是某种形式的“感恩节”:清明节感恩过世的先人,重阳节感恩在世的老人。

(一)儒家的“知恩图报”观

“知恩图报”的典故是这样来的。鲁宣公二年(公元前607年),晋国正卿赵宣子在首阳山(今山西省永济县东南)打猎,住在翳桑。他看见一个人非常饥饿,就去询问他的病情。那人说:“我已经三天没吃东西了。”赵宣子就将食物送给他吃,可他却留下一半。赵宣子问他为什么,他说:“我离家已三年了,不知道家中老母是否还活着。现在离家很近,请让我把留下的食物送给她。”赵宣子让他把食物吃完,另外又为他准备了一篮肉和饭。后来,晋灵公(春秋时期著名暴君)想杀赵宣子,在搏斗中有一名武士突然反过来抵挡晋灵公的手下,使赵宣子得以脱险。赵宣子问他为何这样做,他回答说:“我就是在翳桑的那个饿汉。”赵宣子再问他的姓名和家居时,他不告而退。原来那名饿汉武士,名叫灵辄,是春秋时期著名的侠士之一。

在《论语·宪问》中,孔子说到要“以德报德”①,他认为别人对你有德或有恩,你也同样需要以德的方式来回报感恩别人。西汉的《战国策》中讲到:“人之有德于我也,不可忘也;吾有德于人也,不可不忘也。”②无感恩之词,有感恩之意:受恩记于心,施恩不望报。而感恩作为一个词组最早在中国典籍中出现,是晋代潘岳的《关中诗》:“观遂虎奋,感恩输力”③,意为“感怀恩惠”,后人取其“感恩戴德”之意。

儒家思想的三个最重要的观点孝、忠、仁,在一定程度上都可以说是感恩:孝即感恩父母,忠即感恩国家,仁即感恩他人。

---

① 孔丘:《论语》,张燕婴,译,北京,中华书局,2006。

② (汉)刘向:《战国策》,缪文远,译,北京,中华书局,2006。

③ (晋)潘岳:《潘岳集校注》,董志广,校,天津,天津古籍出版社,2005。

1."孝"即感恩父母

儒家讲"知恩图报",对个人而言,最大的恩情莫过于给予自己生命、养育自己成人的父母之恩。子女报答父母之恩即为"孝",而"孝"是儒家伦理道德之本、行为规范之首。人一生下来,最先接触的人就是父母,最先感受到人间的爱也是出自父母,这种爱能培养并生发出子女对父母以及对人类的爱,因此"孝"是一切道德的本源。《孝经》中说"夫孝,德之本也"①,又说"人之行,莫大于孝"②,还说"夫孝,天之经也,地之义也,民之行也"③,孟子也说"孝子之至,莫大乎尊亲"④,由此可见孔、孟对孝道非常看重与推崇。虽然孝道在孔孟之后被儒家的继承者发展成束缚人性发展的愚孝思想,但是感恩父母的基本原则是一直延续不变的。

感恩父母所以行孝,那么如何行孝呢?古人早已给出对于今天仍然适用的答案。《孝经》里面说到:"身体发肤,受之父母,不敢毁伤,孝之始也。立身行道,扬名于后世,以显父母,孝之终也。"⑤又有十跪父母恩之说:一跪:十月怀胎娘遭难,一朝落地娘心宽;赤身无有一根线,问爹问娘要吃穿;夜夜五更难合眼,娘睡湿处儿睡干。二跪:倘若有病请医者,情愿替孩把病担;东拜菩萨西拜仙,焚香抽签求仙丹;孩儿病情得好转,父母方才展笑颜。三跪:学走恐怕跌石坎,常防火与水边边;时时刻刻心操碎,行走步步用手牵;会说会走三岁满,学人说话父母欢。四跪:八岁九岁送学堂,望儿发奋赛圣贤,衣袜鞋帽都办全,冬穿棉来夏穿单;先生打儿娘心酸,拂袖掩面泪擦干。五跪:父母真情比海深,为孩花钱不心疼;早起晚睡赚钞票,自己不舍花分文;莫让孩儿差别人,恨把黄土变金银。六跪:儿女出门娘挂念,梦魂都在孩身边;常思常念常许愿,望孩在外多平安;倘若音信全不见,东奔西跑夜不眠。七跪:养儿养女一样看,十七八岁结姻缘;烧香问神求灵签,力出尽来汗流干;花钱多少难算尽,为了儿女把账欠。八跪:成家立业儿女安,父母操心仍不断;千辛万苦都受遍,父母恩情有千万;如若生儿娘不管,儿女焉能有今天。九跪:父母心系儿女身,操心操到病满身;满头青丝变白发,脸起皱纹肢变形;儿女回家笑常在,嘘寒问暖忙炒菜。十跪:父母年老得病患,谁请医来药谁煎;二老能活几多年,儿女团圆有几天;父母百年闭了眼,几多儿女在身边。感恩孝敬父母首先是爱惜自己的身体发肤,不自贬、不轻生;感恩孝敬父母的最高境界是扬名立万、为父母脸上争荣光。在孔子和孟子看来,对父母的感恩孝敬还需要"尊敬"和"奉养",如果对父母的行为不恭敬、言语不和逊、面色不恭顺,即使早起晚睡、辛苦挣钱来奉养父母,也还是不够的。

---

① 胡平生:《孝经译注》,北京,中华书局,1996。

② 胡平生:《孝经译注》,北京,中华书局,1996。

③ 胡平生:《孝经译注》,北京,中华书局,1996。

④ 万丽华,蓝旭:《孟子》,北京,中华书局,2006。

⑤ 胡平生:《孝经译注》,北京,中华书局,1996。

案例链接

仲由,字子路、季路,春秋时期鲁国人,孔子的得意弟子,性格直率勇敢,十分孝顺。早年家中贫穷,自己常常采野菜做饭,却从百里之外负米回家侍奉双亲。父母死后,他做了大官,奉命到楚国去,随从的车马有百乘之众,所积的粮食有万钟之多。坐在垒叠的锦褥上,吃着丰盛的宴席,他常常怀念双亲,慨叹说:“即使我想吃野菜,为父母去负米,哪里能够再得呢?”孔子赞扬说:“由也事亲,可谓生事尽力,死事尽思也。”①

图 1-2-1　百里负米

(图片来源:http://baike. baidu. com/view/455716. htm)

点评:仲由“百里负米”的故事已成为中国古代二十四孝经典故事之一,其感恩父母进而孝敬父母的情之切、意之真,令人感动,是中国古代的孝亲楷模,其示范作用在现代仍不落伍。

2.“忠”即感恩国家

在儒家观点中,孝发生在子女与父母之间,是子女出于血缘亲情对父母的一种天然情感;而忠发生在臣民与君主(国家)之间,是臣民出于感恩情怀对君主(国家)的一种政治道义(在古代,君主与国家很多时候是一体的、难以区分的,忠于国几乎是等同于忠于君,在这里就不做赘述)。用现代观点来解析,如果说孝是为报父母的生成养育之恩,那么可以说忠是为报国家的教育栽培之恩:国家为我们提供了自由生活的土地和安居乐业的环境,没有国哪有家,没有家哪有我,正如古人云“非国家无自存”。梁启超认为“忠于国,皆报恩之大义也”②,强调国家有恩于个人,忠于国家是报恩之举,是每个人应尽的义务。

《忠经》里讲“忠也者,一其心之谓也”③,忠即专心一意、绝无二心,古人常讲“精

---

① 王国轩,王秀梅:《孔子家语》,北京,中华书局,2006。

② 梁启超:《新民说》,//梁启超:《饮冰室合集:专集之四》,北京,中华书局,1989。

③ (汉)马融,陈才俊:《忠经全集》,北京,海潮出版社,2011。

忠报国”、“尽忠爱国”,即是一心一意感恩祖国、全心全意热爱并效力于祖国,也就是《礼记》所说的“苟利国家,不求富贵”①。忠一直是长期存在于中华民族意识中的强有力的民族精神,忠就是感恩国家、心系国家,忠就是在国家处于危难时,毫不犹豫、义无反顾地站在国家一边,为排除国家的危难尽心尽力、虽死不惜。

案例链接

图 1-2-2　诸葛亮鞠躬尽瘁

(图片来源:http://baike. baidu. com/view/85309. htm)

诸葛亮因为爱惜人才的刘备三顾茅庐而出山相助,为报刘备的赏识之恩,他心存感恩、忠心耿耿、不辞辛劳,东据吴魏、西定巴蜀、七擒孟获、六出祁山,为蜀汉政权南征北战,功勋卓著。即使刘备死后少主阿斗不成器,他仍然坚守着他的感恩情怀和忠义信念,“鞠躬尽瘁,死而后已”,为蜀汉尽忠到最后一刻。

点评:诸葛亮“鞠躬尽瘁,死而后已”的故事早已成为千古忠良的典范,而他为报知遇之恩而尽忠到底的事迹,同样可以说是中国古人知恩图报的典范。

3.“仁”即感恩他人

仁是儒家观点的重要组成部分,孔子讲“弟子入则孝,出则弟,谨而信,泛爱众而亲仁”②,又说“夫仁者,己欲立而立人,己欲达而达人”③,“仁”即是说博爱众人、尽自己的一颗赤诚之心为他人着想,“仁”即感他人关爱与协助之恩,“仁”即同情人、重视人、尊重人、关心人。孟子讲“仁者爱人”④,作为一个品德良好的人,我们应该爱人,

① 张树国:《礼记》,青岛,青岛出版社,2009。

② 孔丘:《论语》,张燕婴,译注,北京,中华书局,2006。

③ 孔丘:《论语》,张燕婴,译注,北京,中华书局,2006。

④ 万丽华,蓝旭:《孟子》,北京,中华书局,2006。

在接受别人的爱的同时要感谢并懂得他人的付出，因为存在于这个世界上的我们并不是孤立的，每个人的存在都是由另一个人的存在而产生的。用今天的话来解释，人之所以仁，并不只是因为受到特定的恩惠而感恩特定的某个人，还因为这个世界上所有人的存在为我们自己的存在创设了前提——强者使我们尊敬钦佩，弱者使我们怜悯同情，普通者使我们感知到自己的普通并非不公——因此感恩所有的"他人"。

仁并且爱是对自己道德生命的要求，仁人是体现了所有美好品德的人。仁强调人的内在道德修养，协调人与人之间的相互关系：要想自己立得住，同时也要使别人立得住；要想自己行得通，同时也要使别人也行得通；凡事推己及人，也即"己所不欲，勿施于人"。仁是对他人施以帮助而不求感谢，仁也是对别人的恩情回报以示感激。

案例链接

图 1-2-3　一饭千金

（图片来源：http://baike.baidu.com/view/32364.htm）

帮助汉高祖打天下的大将韩信，在未得志时，境况很是困苦。那时候，他时常往城外钓鱼，希望碰着好运气，便可以解决生活。但是，这终究不是可靠的办法，因此，时常要饿着肚子。幸而在他时常钓鱼的地方，有很多漂母（清洗丝棉絮或旧衣布的老婆婆）在河边做工，其中有一个漂母，很同情韩信的遭遇，便不断地救济他，给他饭吃。韩信在艰难困苦中，得到那位勤劳却又穷苦的漂母的恩惠，很是感激她，便对她说，将来必定要重重报答她。那漂母听了韩信的话，很是不高兴，表示并不希望韩信将来报答她的。后来，韩信替刘邦立了不少功劳，被封为齐王，他想起从前曾受过漂母的恩惠，便命从人送酒菜给她吃，更送给她黄金一千两来答谢她。

点评：漂母因仁而施恩，却不求回报；韩信受人恩惠，而一直不忘记。虽然韩信所受的恩惠很是微小,但在困难时,即使一点点帮助也是很可贵的;到他有能力时重重地报答施惠的人,合情合理,无可非议。

(二)佛教的感恩思想

佛教当中有非常明确的感恩思想,其感恩思想的理论依据是佛教基本理论之一的“缘起论”:“若此有则彼有,若此生则彼生,若此无则彼无,若此灭则彼灭”①, 这是说一切诸法都是由于因缘而生起的。简单地说,就是世界上一切事物、现象的生起都是相对的,都是互相存在的关系和条件。如果没有这个关系和条件,任何事物和现象都无法生起。由此,佛教思想认为人与自然、人与环境有着不可分割的关系。每个人在来到这个世界的时候就开始享受前人创造的一切文明成果,每个人的生存、生活和发展都是无数人辛勤劳动和密切配合的结果,每个人身心所依托的大地山川、国家社稷是生命赖以生存的环境,所以应该对一切事、一切人都有感恩的思想。

感恩思想在佛教当中有着重要的地位,很多经典当中都涉及“报恩”的内容,《大智度论》这样的经典当中专门说到感恩的重要性:“知恩是生大悲根本,开善业初门,人所爱敬,名誉远闻。死得生天,终成佛道。反之,不知恩人,甚于畜生也。”②佛法中还有“上报四重恩,下济三涂苦”之说,“报四重恩”即报父母恩、报国家恩、报众生恩、报三宝恩,具体说明了需要佛教徒报的四种恩德。

1. 父母恩:报父母养育之恩

佛经《大乘本生心地观经》中谈到母亲有十德:一名大地,于母胎中为所依故;二名能生,经历众苦而能生故;三名能正,恒以母手理五根故;四名养育,随四时宜能长养故;五名智者,能以方便生智慧故;六名庄严,以妙璎珞而严饰故;七名安隐,以母怀抱为止息故;八名教授,善巧方便导引子故;九名教诫,以善言辞离众恶故;十名与业,能以家业付嘱子故。这十德把母亲对孩子的怀胎、生养、教育、做人、立业等恩德系列地、全面地展示出来,使人认识到母亲的慈悲、无私和伟大,让人没有任何理由不报答父母的恩情。

案例链接

目犍连是佛陀释迦牟尼的弟子,目犍连的母亲青提夫人刘氏虽家中甚富而吝啬贪婪,儿子却极有道心且孝顺。刘氏趁儿子外出时,天天宰杀牲畜,大肆烹嚼,无念子心,更从不修善。母死后被打入阴曹地府,受尽苦刑的惩处。目犍连为了救母亲而出

---

① 中国佛教文化研究所:《中阿含经》,北京,宗教文化出版社,1999。

② 王丽芳,王海明:《大智度论》,杭州,浙江教育出版社,2004。

家修行，得了神通，到地狱中见到了受苦的母亲。目犍连心中不忍，但以他母亲生前的罪孽，终不能走出饿鬼道，给她吃的东西没到她口中，便化成火炭。

目犍连无计可施，十分悲哀，又祈求于佛。佛陀教目犍连于七月十五日建盂兰盆会，借十方僧众之力让母吃饱。目犍连乃依佛嘱，于是有了七月十五设盂兰供养十方僧众以超度亡人的佛教典故。目犍连母亲得以吃饱转入人世，生变为狗。目犍连又育了七天七夜的经，使他母亲脱离狗身，进入天堂。

点评：这个佛教故事以口口相传的方式从西晋流传到现在，虽然有“天下无不是者父母”的隐喻在里面，但其劝人弃恶向善、劝子感恩行孝的内涵，更具有持久性的魅力。

2. 国家恩：报国家栽培之恩

《大乘本生心地观经》说：“譬如世间一切堂殿，柱为根本，人民丰乐，王为根本，依王有故”，“王失正治，人无所依。若以正化，八大恐怖不入其国。所谓佗国侵逼、自界叛逆、恶患疾病、国土饥馑、非时风雨、过时风雨、日月薄蚀、星宿变怪。人王正化，利益人民，如是八难不能侵故”。大意是说人民的安居乐业源于国家的繁荣安定。这里以“王”代“国”，与儒家以“君”代“国”有相似之处，将“王”按“国”来理解，更符合现代观念。每个人都有自己的国家，每个国家都有壮丽的山河大地和独特的历史文化，这些都是人所安身立命的根本，国亡则家破、国泰则民安，每个人都应怀着感恩的心报效祖国。

案例链接

佛陀曾经讲述过鹦鹉王的故事：鹦鹉王原本与众多的子民住在恒河岸边的无花果树林里，后来无花果全被吃光了，所有鹦鹉因此离开树林，到别处去觅食，只有鹦鹉王留下来。但不管剩下来的食物是嫩芽、叶子还是树皮，只要可以填饱肚子，鹦鹉王都很满足感恩。

帝释天王知道这件事后，就想测试鹦鹉王的德行。帝释天王先运用神通力，使无花果树枯萎，然后与皇后一起变化成鹅，来到无花果树林。在见到鹦鹉王时，帝释天王就问他：“为何不离开年迈、枯萎，再也无法长出大量果实的无花果树呢？”鹦鹉王回答说：“我没有离开，是出于感恩的心，只要还有一点食物能维持生命，我就不会背弃这养育过我的树林。”帝释天王听后，大受感动，就恢复并且透露自己真实的身份，同时从恒河中取水来，洒在无花果树上，使它们恢复生机。

点评：鹦鹉王的无花果树林不就跟我们的祖国一样吗？祖国不仅给我们提供可供维持生命的食物，还为我们提供安身立命之所和精神文明之家，我们有什么理由不常存感恩呢?

3. 众生恩:报人事万物环境之恩

《大乘本生心地观经》认为"众生恩者,既无始来。一切众生,轮转五道,经百千劫,于多生中,互为父母,以互为父母故,一切男子即是慈父,一切女人即是慈母。昔生生中有大恩故,犹如现在父母之恩,等无差别"。即是说,按照佛教的轮回理论,一切众生在过去的轮回中可能互为父母兄姊、六亲眷属,因此要将所有的人都看作自己的亲人、时刻想着报答亲人的恩情。从生命的当下推向遥远的过去,与个人有关的众生不计其数,而正是众生之间相互依存的关系,使每个个体的生命有了存在的理由。同时,佛教里的"众生"不仅包括共同生活在一个社会当中的所有人,还包括了共同生活在一个星球上的所有动物、植物、山川、河流以及它们所构成的自然环境。自然环境是人的无机身体,没有这个无机身体,人的有机身体就无处安顿、无法生存,因此,人与自然是一个生命共同体,"报众生恩"也包括了报自然之恩、报环境之恩。

案例链接

赵朴初是我国著名作家、诗人和书法大师,也是著名的社会活动家和爱国宗教领袖,曾任中国佛教协会会长、中国佛学院院长。他把自己的书斋取名无尽意斋,意即报众生恩无尽。他曾大病一场,几乎离去,被医生抢救回来。历经生死,他口占了一首诗:"一息尚存日,何敢怠微躬。众生恩不尽,世世报无穷。"他是这么说的,也是这么做的。可以说,他用了自己的一生,来报众生恩,堪为知恩报恩的典范。

他做了一辈子的慈善事业,早年在上海,救济难民无数。许多流浪街头的孩童,被他收留,进入教养院读书,不但让他们安身立命,还把他们培养成才。他也总是教育他们:"人人为我,我为人人。"

到过他家的人都知道,他家的生活,可能不及一般普通百姓。他们夫妇的钱,大都拿出来做了慈善。仅在他的家乡,个人捐款就达几十万之巨。他总是说:"国家发给我们夫妇的工资,还有我的奖金,用不了,取之于民,还之于民吧,老百姓太苦了。"

他总是那么真诚而热情地对待着每一个人。无论见到谁,都是一脸笑容,鞠躬合十;他拿出自己的工资,年终给工作成绩突出的下属发"劳绩奖";别人找他写字,他尽量满足别人的要求;《赵朴初韵文集》里,有许多他写给医生、护士等的诗作,他用这种方式来感恩别人的照顾……

有一年,他到九华山,拜肉身殿。到殿是很陡的石级,佛协找了个抬篮,欲让人抬他上山。但他坚决不坐,说:"我怎么能让别人抬着我!"这年临近过年,他病在医院,他想起了太湖故乡,还有很多人缺衣少食,再次拿出自己的积蓄十万元,托安徽红十字会买成大米,专门送到太湖县寺前镇,发到乡亲们手中……

点评:人人有恩于我,我也有恩于人人,人人知恩报恩,我也知恩报恩。如果大家都怀着这种感恩之心去工作和生活,我们这个社会一定美好和谐得多,我们的生活一定会少了许多抱怨和不满。

4. 三宝恩:报佛、法、僧“三宝”之恩

在佛教中“三宝”指的是佛、法、僧——佛是人间的导师,法是真理,僧是修行佛法的人。佛教徒之间一直流传着“有佛出世人天喜,无僧说法鬼神愁”的说法。1930年,由太虚大师作词,弘一大师(李叔同)谱曲的《三宝歌》倾诉了佛教徒对“三宝”的感恩之情:“人天长夜,宇宙黮黯,谁启以光明?三界火宅,众苦煎迫,谁济以安宁?大悲大智大雄力,南无佛陀耶!……二谛总持,三学增上,恢恢法界身;净德既圆,染患斯寂,荡荡涅槃城!众缘性空唯识现,南无达摩耶!……依净律仪,成妙和合,灵山遗芳行;修行证果,弘法利世,焰续佛灯明,三乘圣贤何济济!南无僧伽耶!……”①佛陀释迦牟尼把觉悟的真理传播给众生,以普度众生的胸怀关怀众生,很多高僧大德以“我不下地狱,谁下地狱”的愿力,教导众生脱离苦海。因此,对于佛教徒来说,“三宝”的恩情是必须铭记的,否则就和世俗的报恩、感恩没有了区别。

案例链接

很久以前,有五百只狐狸及狮群同时住在雪山中,狐狸经常群聚一起,偷偷地跟在狮王后面,待狮王猎杀牛、马、鹿等鸟兽,饱餐一顿离开后,再一拥而上,抢食这些残食。

一天夜晚,狮王觉得肚子饿了,出来觅食,狐群亦步亦趋地跟在狮王之后,等着分食。可是天色太暗了,狮王一不小心掉落到一个深坑里,爬不出来。狐狸们看了,知道不可能吃到食物,都一溜烟地跑走了。

只有一只狐狸留在深坑旁,心想:“我每天吃着狮子所留下来的食物,才能维持生命。如今狮子遇到危难,我不能舍弃它,应该想办法救它出来才对。”

于是,狐狸思索各种营救办法,观察四周的状况后,看到了一旁的黄土堆。它马上对着洞里的狮子说:“我现在要将黄土慢慢地推下去,你先到一旁去,等黄土越堆越高时,再跃上黄土,设法跳出来。”狐狸开始用力地将黄土扒入洞里,等黄土渐渐地堆高了,狮子便依照指示,从洞里跳了出来。

狮子非常感激它的救命之恩。狐狸却谦虚地表示,自己只是报答狮子平日的关

---

① 李叔同:《李叔同说佛》(插图本),郑州,中州古籍出版社,2011。

照，还特别感恩狮子长久以来的帮助，令狮子感动不已。

点评：这只狐狸本着“他日狮王于我有恩，今日我应救之于难”的最朴素、最原始的感恩心态，将狮王救出深坑。这使得它成为佛教故事中知恩报恩的典型。

图 1-2-4 狐狸报恩

（图片来源：http://image.baidu.com/i? ct=503316480&z）

（三）中国传统“感恩”的节日

清明节和重阳节都是中华民族重要的传统节日。清明节最重要的习俗是祭祖扫墓，重阳节最重要的习俗是开展敬老活动，这两个重要习俗都蕴含着感恩的意思。如果说清明节祭祖是感恩已经去世的祖先，那么重阳节敬老就是感恩还在世的所有的长辈长者。清明节对于祖先和重阳节对于长辈的感恩之情早就已经融入了我们的日常生活习俗当中，并且已成为我们普遍的社会道德和伦理准则，反映出我们中华儿女知恩图报、报本反始、慎终追远的理念。

1. 清明节感恩祖先

清明节是在隋唐时期形成的，由日期接近的三个节日清明节气、寒食节、上巳节融合而成。清明节有多种多样的习俗，如祭祖扫墓、放风筝、荡秋千、蹴鞠、斗鸡、踏青、插柳、植树等，其中祭祖扫墓是清明节最重要的习俗。祭祖扫墓意在表达对已故亲人的思念以及对祖先功绩的怀念，即是说，表达对祖先的感恩之情。

清明节习俗具有丰富的历史文化内涵。踏青、插柳和各类体育娱乐等习俗，意在表达春天来临万物复苏、农作物适宜耕种的情况下，人们开始走出寒冷的冬天而拥抱温暖的春天的欣喜之情，这其中蕴含了强烈的生命意识，表现了中华民族对生命的热爱和关怀。当然最重要的还是祭祖扫墓这个习俗。一直延续下来的平常百姓自觉地以家庭或家族为单位的扫墓，是立足于对家族祖先的感恩；直至今日仍在进行的以官方号召、集体出席、大众参与的清明节黄帝陵公祭活动，则是体现了民族感恩的意义。对于中华民族来说，黄帝是我们的始祖，每当我们处于危难的时刻，用黄帝来号召大家都能起到一呼百应的作用，因此中华民族最需要感恩的祖先就是黄帝。可以说，感恩是清明祭祀的灵魂，清明节文化的精义在于感恩。

案例链接

传说春秋时期,晋文公重耳曾流亡列国,他的属下介之推一直忠心耿耿地随他流亡,并且在他饥饿难耐时割下自己大腿的肉做成食物供他充饥。后来重耳复国成为晋文公,介之推不愿夸功争宠、不求功名利禄而带着母亲隐居于绵山之中。晋文公亲自到绵山请介之推出山,介之推因不愿意做官而躲藏到山里不出来。于是晋文公下令放火烧山,想把介之推逼出来,不料介之推坚决不从,最后抱着一棵大树死去。晋文公后悔莫及,将介之推葬在绵山中并且修祠立庙纪念他,然后下令在介之推死去的这一天禁止生火做饭、只吃冷食寒食,以纪念这位义士。这即是寒食节的由来。

图 1-2-5　晋文公报恩（图片来源:http://image. baidu. com/i? ct =503316480)

点评:晋文公报恩心切,介之推辞官意决,于是造成了这场悲剧,然而晋文公知恩报恩、介之推以死明志的故事却因此流传千古,并且开启了中国古代的传统节日之一“寒食节”。

2. 重阳节感恩长辈

重阳节是魏晋以后兴起的节日,在每年的农历九月初九,根据儒家阴阳观的“六阴九阳”之说,“九”是阳数,所以重九即“重阳”,这就是“重阳”得名的由来。重阳节主要有五种传统习俗:登高望远、遍插茱萸、饮酒赏菊、食重阳糕、开展敬老活动,其中开展敬老活动最为重要。因为九月初九中“九九”的谐音是“久久”,所以古人取“长长久久”之意,在这一天开展敬老活动,有时候重阳节也被称作“老人节”。

敬老爱老是中华民族的传统美德,早在春秋时期,孟子就号召“老吾老以及人之老”,让大家在赡养孝敬自己的长辈时不忘记尊敬爱护其他与自己没有亲缘关系的老人。敬老爱老,不仅在于报答自己的血缘长辈抚育教导之恩,也在于感恩“他人”的长辈辛苦劳作一生、为我们的社会创造价值之功。因此,重阳节这个专门孝敬老人的“老人节”蕴含了深厚的中华文化内涵,可以说它是孝敬长辈、感恩长辈的传统节日。

案例链接

相传在东汉时期,汝河有一个瘟魔,只要他一出现,家家都有人大病,天天都有人丧命,这一带百姓受尽了瘟魔的蹂躏。一场瘟疫夺走了青年恒景父母的生命,他自己也因此差点丧命。病愈之后,他辞别了心爱的妻子和父老乡亲,决心出去访仙学艺,为民除掉瘟魔。恒景四处访师寻道,访便各地的名山高士,终于打听到在东方有一座最古老的山,山上有一个法力无边的仙长,恒景不畏艰险和路途的遥远,在仙鹤指引下,终于找到了那座高山,找到了那个有着神奇法力的仙长,仙长为他的精神所感动,终于收留了恒景并且交给他降妖剑术,还赠他一把降妖宝剑。恒景废寝忘食苦练,终于练出来一身非凡的武艺。

这一天仙长把恒景叫到跟前说:"明天是九月初九,瘟魔又要出来作恶,你本领已经学成,应该回去为民除害了。"仙长送给他一包茱萸叶,一盅菊花酒,并且密授辟邪用法,让他骑着仙鹤赶回家去。

恒景回到家乡,在九月初九的早晨,按仙长的叮嘱把乡亲们领到了附近的一座山上,发给每个人一片茱萸叶、一盅菊花酒,做好了降魔的准备。中午时分,随着几声怪叫,瘟魔重出汝河,但是瘟魔刚扑到山下,突然间嗅到阵阵茱萸奇香和菊花酒气,便戛然止步、脸色突变,这时恒景手持降妖宝剑追下山来,几个回合就把瘟魔刺死剑下。

从此,九月初九喝菊花酒、插茱萸、登高避瘟的风俗年复一年地流传下来。

点评:喝菊花酒、插茱萸、登高这样的习俗流传下来,有纪念这些避瘟习俗的意义,也有感恩恒景为民除害的意义,传说的故事里有真情,有恩义。

二、西方感恩思想的形成与演变

名言警句:感恩是精神上的一种宝藏。

——(英)洛克

对于西方的感恩思想,我们知道其影响广泛、意义深远,甚至觉得这是西方人的专利,然而其中的来龙去脉我们未必清楚。西方人最重要的节日——圣诞节的来历也是与感恩有关:圣诞老人是因感恩而诞生。以"感恩"这个名字冠名的节日"感恩节",已成为北美国家最重要的节日之一,其缘起与确立都有着十分生动有趣的故事。最早设立于美国而又被普遍接受的母亲节和父亲节也都是以"感恩"为主题的节日。

(一)感恩节的由来

感恩节(Thanksgiving Day)是美国和加拿大共有的节日,原意是为了感谢上天赐予的好收成。在美国,感恩节是在每年11月的第四个星期四;在加拿大,感恩节是在每年10月的第二个星期一。在感恩节这天，美国人和加拿大人像中国人过春节一样，不管多忙都一定要和自己的家人团聚，一起共享火鸡等传统美食。感恩庆祝始于17世纪初第一批抵达美洲大陆的英国清教徒的秋收庆祝，而感恩节的确立是由美国南北战争期间的总统林肯于1863年下令签发的。

1. 感恩庆祝的开始

公元1620年9月，102名因不堪忍受英国国内宗教迫害的清教徒乘坐“五月花号”轮船，经历了65天航行，在11月抵达美洲新大陆。由于当时航行的偏差，轮船先在现在美国的弗吉尼亚州靠岸，后来他们转往到现在马萨诸塞州的普利茅斯港，那时已经是当年的12月26日。这年的冬天，天气特别寒冷，这包含了老人和小孩的102人因为水土不服、食物的缺乏、天气的恶劣，死掉了一半，只剩了50多人。当地友善的印第安人给他们送来了生活必需品，并教授他们狩猎、捕鱼和种植玉米、南瓜等适宜于当地的生存方法。到第二年秋天时，他们的耕作有了好的收成，这些清教徒们认为他们受到了上帝的恩典和祝福，为感谢上帝，他们举行了三天的感恩庆祝，并邀请了90个印第安人来参加，以表示对他们的谢意。

从此，每年的感恩庆祝就延续下来。

2. 感恩节的确立

感恩节的确立是由美国一位名叫莎拉·梅尔的女士以无比的决心和毅力呼吁和争取下来的。1827年，莎拉·梅尔已是五个孩子的母亲，为了养家，她以从事职业作家为生，这在当时还很少有女性成功的例子。在她的努力下，她身为编辑的女性杂志成为全国性的期刊，每期发行量高达15万份。为了使全国能有一个永久的感恩节，她把杂志当作一个强大工具不断地呼吁。差不多有36年之久，她不断地写信，把她的那个梦告诉历任总统和各州的州长。

1861年，南北战争的爆发给了莎拉·梅尔一个绝佳的机会，能把她的看法告诉全国人民。在1863年10月份的杂志上，她呼吁道：“如果我们能永久明订一天为感恩节，岂不是对信仰、国家、社会有很大的好处？让我们全国人在那一天忘掉国家分裂的痛苦，让我们停止战斗，一同向上帝献上由衷的感恩，谢谢他在过去一年之中的保守和赐福，这样岂不更显示我们的高贵和是个真正的美国人吗？”她同时还写了一封信给林肯总统，由国务卿转呈。林肯认为全国每个家庭都能有一天全家团聚是个极为正确的观念，在4天之后，明令于1863年11月最后一个星期四为国定感恩节。

从此这个节日就沿袭至今。这全是莎拉·梅尔这位女士锲而不舍的精神，加上有效运用媒体所产生的说服力所致。

案例链接

图 1-2-6　感恩节游行
（图片来源:《传统感恩节》）

一位中国人亲身感受现代美国家庭如何度过感恩节。

一个周三的下午,我跟一群朋友去新罕布什尔州的一个度假营地,和几个美国家庭共度感恩节。岁月经年,感恩节已经演变为美国社会最重要的节日,取代圣诞节与新年,成为美国家庭团聚、互相表达心意的日子。在感恩节这天,他们会准备丰盛的大餐,一家团聚,并邀请客居此处的朋友一起过节。除了像我这般首次在美国被邀请过节的朋友之外,几个家庭一起过节已经成为传统。于是,连感恩节的活动都有了例行的安排。

当天晚上,大家一起围在壁炉边,读林肯的感恩节公告,讲述自己的感恩。第二天上午,男主人们带着大家去爬山、划独木船,女主人们准备感恩节的烤火鸡、玉米面包、南瓜派、土豆泥、红莓酱等,小朋友们帮忙做南瓜派并给蜡烛灯贴上彩纸、刷上金粉银粉。然后,感恩节晚餐出炉,大家围坐在装饰着南瓜和蜡烛的围桌旁,每个人都讲述自己过去一年中遭遇到的困难,如何得以克服并从中感悟了怎样的生活体验。每个人讲完之后,所有人共同举杯,为人生感悟,为此刻的温馨相聚。感恩节的晚餐有香甜的食物、温馨浪漫的氛围、一家团聚的喜悦,还有所有人分享彼此故事与记忆的美好。

吃过晚餐,大家一起聚在壁炉起居室,一起看动画片《查理布朗的感恩节》。这个动画片的主角是那只喜欢哲学的小狗史努比。围坐炉边的众人看到史努比将查理布朗骗到奶奶家过感恩节、自己则对着烤好的火鸡大快朵颐时,都捧腹地哈哈大笑。

据说,这是美国孩子从小看到大的动画片。也许剧情本身早已熟稔,而即便是如

此熟悉的剧情和老调重弹的故事,仍让人喜悦欢畅、笑声连连。或许只是因为这一刻,我们都因着心怀感恩,感谢生活带给我们的所有美好,而从灵魂里感到幸福,并将这种由衷的幸福散播给身边的人们。

周五,坐上公交车从新罕布什尔回到波士顿的时刻,我感到感恩节对我而言,已经不仅仅是一个表达浮于表面的谢意的时刻。我深深浸润其中,并真正被这种因为感恩所以满足的心情所袭染。我想,美国人珍而重之的感恩节,也必是因为如此才如此受人称道。或许可以说,林肯总统的智慧与远见,穿越160年的历史,见证了今天的美国。①

点评:这位中国同胞在美国亲身经历的感恩节,让我们近距离窥见美国感恩节的感恩意义所在,家人朋友团聚、感恩公告宣读、感恩际遇交流、感恩动画重温,每一个行为都在诉说"感恩"的主题,每一个活动都在庆祝"感恩"的美好,每一个细节都说明了"感恩"的深入人心。

(二)无处不在的感恩文化

基督教思想在西方思想中占据重要地位,基督教讲"人类的一切幸福都是来自于上帝的恩赐",可以说感恩节、母亲节、父亲节这些强烈表达感恩的节日都是这一理念的产物,而渗透于生活方方面面的感恩文化和婚礼、葬礼上的感恩仪式,更是彰显了感恩文化的无处不在。

1. 渗透于生活方方面面的感恩文化

由于深受基督教感恩文化的影响,西方人出于对上帝和他所创造的世界的感恩之情,已将感恩化为他们的普遍生活习惯和群体文化:正式的聚会上总会有饭前感恩祈祷,大小集会几乎都会组织感恩仪式,而商界普遍会定期不定期举行"感恩"为主题的慈善活动。

饭前感恩祈祷有很多种,而每一种都表达着感恩之情,如"我们会食同心感谢,一粥一饭来处不易,上帝恩赐同胞汗血,欢喜领受为人服役";"感谢主,是他赐我们食物,使我们活着。阿门";还有"亲爱的天父,感谢你赐下的阳光和雨露,使地上产出丰美的食物,也求你为我们洁净这食物,祷告奉主耶稣基督的名。阿门";正教会的晚餐前祈祷文更是如此:"穷人将得食,且获饱沃,寻求上主的人将赞美他;他们的心灵将得永生。荣耀归于父及子及圣灵,从今日到永远,世世无尽。阿门。求主怜悯"(三遍)。

2. 婚礼和丧礼上的感恩仪式

对现代西方的大多数人来讲,无论是否信奉基督教,婚礼和葬礼上都少不了要请

---

① 吕亚萍:《传统感恩节》,法律与生活,2011(12)。

牧师来做祈祷。

在西方人的婚礼上,主持婚礼的牧师一般会以这样一段感恩上帝的话来作开头:“主啊,我们来到你的面前,目睹祝福这对进入神圣婚姻殿堂的男女,照主旨意,二人合为一体,恭行婚礼终身偕老,地久天长;从此共喜走天路,互爱、互助、互教、互信;天父赐福盈门,使夫妇均沾洪恩,圣灵感化,敬爱救主,一生一世主前颂扬。”

在西方人的葬礼上,在逝者入土之前会有一个“感恩礼”,牧师一般是这样说的:“我们相信耶稣,也相信他克胜死亡,已经获得了最后的胜利;这信德将帮助我们,即便我们怀着失去至亲好友的悲痛和眼泪,但仍然可以以信赖和爱去寻求天主的慈悲。在殡葬弥撒中,我们预尝了天国的宴会,并在圣体圣事中,所有的信友,不论生者死者结合成一个基督的奥体,并为我们提供了一个将来在天主内团聚及共享天国宴会的保证。”

案例链接

图 1-2-7 美国的母亲节邮票

(图片来源:http://image.baidu.com/i? ct=503316480)

美国南北战争之后,有一位安娜·查维斯夫人在宣讲战役中捐躯的英雄故事之后,进行祈祷说:“但愿在某处、某时会有人创立一个母亲节,纪念和赞扬美国与全世界的母亲。”查维斯夫人为她的礼拜堂服务超过 25 年,当她在 72 岁逝世时,41 岁的女儿安娜立志创立一个母亲节来实现母亲多年前祈求的心愿。安娜先后写信给许多有名望的人物,要求他们支持设立母亲节,以感恩母爱。初时反应冷淡,但她不气馁,继续向各界呼吁。1907 年 5 月 12 日,安德烈卫理教堂应安娜之邀为母亲们举行一个礼拜仪式。隔年,此仪式在费城举行,反应热烈,终于获得维州州长的支持,并于 1910 年宣布在该州设立母亲节。1911 年,庆祝母亲节的活动已经开展得非常广泛,席卷到美国的每一个州甚至加拿大和南美一些国家。此后几年,庆祝母亲节的运动热潮有增无减。1914 年,美国国会正式命名 5 月的第二个星期日为母亲节,并要求

总统发布宣言，号召政府官员在所有的公共建筑物上悬挂国旗。紧接着，时任总统威尔逊昭告全国公民也在自己的住宅上挂国旗以表达人们对美国全体母亲的热爱和尊敬，此后美国总统每年都要发表一篇内容相同的宣言。之后，母亲节便陆续在世界各国开展开来。这就是母亲节的由来。

图 1-2-8　父亲节贺卡

（图片来源：http://image. baidu. com/i? ct =503316480）

1909 年，华盛顿一位叫布鲁斯·多德的夫人，在庆贺母亲节的时候突然产生了一个念头：既然有母亲节，为什么不能有父亲节呢？多德夫人和她的五个弟弟早年丧母，他们由慈爱的父亲一手养大。许多年过去了，姐弟 6 人每逢父亲的生辰忌日，总会想起父亲含辛茹苦养家的情景。多德夫人提笔给州政府写了一封措辞恳切的信，呼吁建立父亲节，州政府采纳了她的建议，将父亲节定为 19 日，即 1909 年 6 月第三个星期日。翌年，多德夫人所在的斯波坎市正式庆祝这一节日，市长宣布了父亲节的文告，定这天为全州纪念日。此后，其他州也庆祝父亲节。人们在这一天选择特定的鲜花来表达对父亲的敬意：佩戴红玫瑰向健在的父亲们表示爱戴，佩戴白玫瑰对故去的父亲表示悼念。为了使父亲节规范化，各方面强烈呼吁议会承认这个节日。1972 年，尼克松总统正式签署了建立父亲节的议会决议。这个节日最终以法律的形式确定了下来，一直延续至今，并逐渐推广到其他国家和地区。

点评：母亲节和父亲节分别为感恩母亲和父亲而设立，母爱如海深，父爱如山高，全世界人民都一样，向母爱和父爱致敬和感恩，而并不只是在母亲节或父亲节这一天。

第三节　感恩是人生的必修课

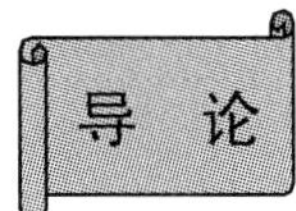

一个生活贫困的男孩为了积攒学费,挨家挨户地推销商品。傍晚时,他感到疲惫万分,饥饿难挨,而他推销得却很不顺利,以至于他有些绝望。这时,他敲开一扇门,希望主人能给他一杯水。开门的是一位美丽的年轻女子,她却给了他一杯浓浓的热牛奶,令男孩感激万分。

许多年后,男孩成了一位著名的外科大夫。一位患病的妇女,因为病情严重,当地的大夫都束手无策,便被转到了那位著名的外科大夫所在的医院。外科大夫为妇女做完手术后,惊喜地发现那位妇女正是多年前在他饥寒交迫时热情地给过他帮助的年轻女子,当年正是那杯热牛奶使他又鼓足了信心。

结果,当那位妇女正在为昂贵的手术费发愁时,却在她的手术费单上看到一行字:手术费——一杯牛奶。

一个人在成长的道路上,无论在生活、学习和工作中总难免受到别人的关心和帮助,也许这些关心和帮助无法一一回报,但是心怀感恩并且表达感恩却是十分必要的。当然,如果在适当的时候施以适当的回报,更是善莫大焉。感恩是人生的必修课,我们需要感恩来充实人生,让我们人人都学会感恩。

一、人生需要感恩

名言警句:感谢命运,感谢人民,感谢思想,感谢一切我要感谢的人。

——(中)鲁迅

人的一生需要感恩的思想情操和行为素养,这有助于促进自身身心的健康发展,因为常怀感恩之心的人必定心理健全、心胸开阔、豁达乐观,并且人际关系和谐;同时感恩也可以增强自身幸福感,因为幸福感主要取决于自我心态,常怀感恩之心的人必是心态良好、不钻牛角尖、不杞人忧天的人;感恩也使得人生更加充实,受恩而牢记心中、施恩而不望回报、奉献而不思索取,这样的人生也许不会轰轰烈烈,但肯定会真真切切、实实在在。人生需要良好的感恩心态,需要微笑面对一切机遇和厄运,才能在机遇来临之时,因感恩命运而牢牢抓住机遇,迈向成功;也能在厄运降临之际,感恩这个磨砺意志、挑战困难的难得之机，从而为最终的成功做好准备。

（一）感恩促进身心健康

常怀感恩之心，总能从平淡中找到激情；常怀感恩之心，总能从日常中发现快乐；常怀感恩之心，身体的病痛也会随之减轻。感恩是改变自我、提升自我、充实自我的有效途径，感恩让自己心境提升，感恩是促进身心健康的一种有效方法——这点已经得到了科学的验证。

1. 感恩有助改善个人心态

对这个世界感恩，也许不能改变别人的观点和意见，也许不能改善社会的利益纷争，也许不能改进地球的自然环境，但是心怀感恩的人自己却可以得到内心的平静和身心的愉悦，并且把这份温暖平和传达给周围的人，能使得人际关系更和谐发展、互助互爱——从感恩的反面来看，对这个世界充满抱怨，同样不能改变任何事情，解决不了任何问题也达不到任何积极的效果，却只会增加自己内心的烦恼和忧愁。“乐观”才能“豁达”，“郁郁”只有“而终”。

2. 感恩利于促进身心健康

美国心理学研究表明，感恩心理有助于促进身心健康。美国杜克大学生物心理学家杜雷思沃密教授证实，感恩心理，不论是对父母、配偶、子女、朋友的感恩，还是对上苍、大自然、社会甚至陌生人的感恩，也不论是用说的、写的，或者默默的、自言自语的等方式，都明显有助于身心两方面的健康，尤其是能减轻抑郁症状。因感恩心理而产生的感激、满足、愉悦等积极心情，都可以促进脑部加速释放出包括多巴胺和5-羟色胺在内的让人“愉悦”的化学物质，同时还会大量分泌一种名为催产素的激素，它具有放松神经系统的作用，能缓解焦虑、紧张、沮丧等负面情绪，进一步使感恩者长时间地保持心境平和。而这种积极心态，不仅有利于增强人体免疫功能，而且还能刺激病体更快康复。

另一位心理教育专家马斯特经过长达20年的相关跟踪调查后，指出如果孩子从小就学会感恩，其睡眠情况、心理状态和整体发育水平等，都比从不感恩的同龄孩子更好。前者较少出现抑郁、焦躁等负面心理，也很少参与斗殴等暴力行为，他们的朋友会比较多，长大成人后婚姻也相对幸福、稳定，对生活满足感较为长久，更能跟社会和谐相处。心理治疗专家特浦福庄严地宣称：“感恩是一剂良药，对身体所有器官都能起正面作用；感恩是一种不能忽视的力量之源，对身心两方面都能施以巨大的热量。”

案例链接

日本有一项国家级奖项，叫“终生成就奖”。有一届的“终生成就奖”颁给了一个“小人物”——清水龟之助。

他原来是一名橡胶厂工人,后来转行做了邮差。在最初的日子里,他没有尝到多少工作乐趣和甜头,做满一年以后就心生厌倦了。这天,他看到自己的自行车信袋里只剩下一封信还没有送出去时,便想:“我把这最后的一封信送完,马上去递交辞呈。”

这封信由于被雨水打湿了,地址模糊不清,清水花了好几个小时还是没有把信送到收信人手中。由于这将是他在邮差生涯中送出的最后一封信,因此他发誓无论如何也要把这封信送到收信人手中。他耐心地穿越大街小巷,东打听西询问好不容易在黄昏的时候把信送到了目的地。原来这是一封录取通知书,被录取的年轻人已经焦急地等待了好多天。当他终于拿到通知书的那一刻,他激动地和父母拥抱在了一起。

看到这感人的一幕,清水深深地体会到了邮差这份工作的意义所在:“即使是简单的几行字,也可能给收信人带来莫大的安慰和喜悦,这是多么有意义的一份工作啊!我怎么能够辞职呢?”

从那以后,他一干就是25年,清水更多地体会到的是工作的意义,不再觉得乏味与厌倦了。从30岁当邮差到55岁,清水创下了25年全勤的空前纪录。他在得到人们普遍尊重的同时,也于1963年得到了日本天皇的召见和嘉奖。

点评:常常收获别人感恩的人,往往也是满怀感恩之心的人,因而快乐大于忧伤、满足多于怨叹。热爱工作,工作必然让生命更有意义;感恩生活,生活也必然让人生更加绚丽。

(二)感恩可增强幸福感

从心理学的角度,幸福感可以分为三个方面:主观幸福感——幸福就是情绪愉快和生活满意;心理幸福感——幸福是个人潜能的实现;人际幸福感——幸福是积极的人际关系。感恩正好可以从这三个方面增强个人的幸福感,因为心怀感恩,内心的愉悦一定大于忧郁,对生活的满意一定大于不满;心怀感恩,个人总能将自我才干应用到积极的方面,从而实现潜能最大化;心怀感恩,与他人相处的时候总会谦逊多于傲慢、礼让多于争执,所以总能维持良好的人际关系。

1.感恩程度与个人幸福感成正比

心理学研究表明,感恩是对个体幸福感影响最大的人格特质之一,感恩程度越强烈,个人幸福感也越强烈。首先,感恩有助于个体在受到心理创伤后的恢复和成长,因为感恩对心理创伤具有缓冲保护作用,能够让受创伤的个体发现创伤经历的益处,并且逐渐提升抗挫能力和成长韧性,从而幸福感比创伤前有明显提高。其次,与不感恩的个体相比,感恩个体经历更多的生活满意度、乐观、活力和更少的抱怨、抑郁、忌妒,在身心方面更加健康,在主观幸福感方面更加满足。最后,感恩的个体更多地帮助、支持、宽恕和同情他人,团体观念更加强烈,感知社会支持的能力更佳,因而更容易被团体接纳,拥有较广泛较稳定的社交圈子,能自然而然地增强个体的人际关

系。

另一方面，通过感恩干预策略能有效增加感恩进而提升个体幸福感。感恩干预的策略主要包括感恩记录、感恩沉思和表达感恩行为。感恩记录即每天主动思考记录多件感恩事件，感恩沉思即沉思较感恩事件更为广泛的积极生活经历，表达感恩行为即写信感谢施惠者并寄送或当众读给施惠者。这三种干预策略的研究表明，感恩干预能够增加个体的感恩水平，进而提升个体的幸福感①。

2. 感恩的人是幸福的人

现今网络上有一段很流行的关于幸福的说法：幸福就是猫吃鱼，狗吃肉，奥特曼打小怪兽。这种说法形象生动、引人共鸣，仔细分析起来，其实它具有特定的科学道理。有一个著名的理论叫作马斯洛需要层次理论，把人的需要由低到高分为五个层次：生理需要、安全需要、社会需要、尊重需要、自我实现的需要。人在基本需要——生理需要和安全需要得到满足之后，会追求更高层次的需要——社会需要和尊重需要，然后追求最高层次的需要——自我实现的需要。可以说，猫和狗的幸福来自于生理需求——吃所爱吃的东西带来的满足，而奥特曼的幸福来自自我实现的需要——惩奸除恶带来的满足。

个体在不同的需要得到满足之后会有不同程度的幸福感，这是幸福的多种形态，而感恩满足人的自我实现需要，可以带来更高层次的幸福感，所以感恩的人是幸福的人。感恩的人用足够的爱心去回报施恩者、关心他者、帮助弱者，这是自我思想层次的提升，是追求“自我实现”这个更高层次的需要。感恩的人是幸福的人，他时刻沐浴着灿烂的阳光；感恩的人是幸福的人，他四周荡漾着温馨与笑脸；感恩的人是幸福的人，他心灵如清澈泉水，永不干涸。

案例链接

美国西雅图有一个很特殊的鱼市场叫 Parkplace Market，那儿售货员们特殊的销售方式被许多电视台报道过，也让那里成了游客如织的观光景点。

那里的鱼贩们面带笑容，把冰冻的鱼在空中抛来抛去，像棒球队员那样，他们还唱歌：“啊，五条鲫鱼飞到明尼苏达去了”，“八只螃蟹飞到堪萨斯去了”……

有游客问他们：“你们在这种环境下工作，为什么会保持愉快的心情呢？”他们说，事实上，这个市场在几年前是一个没有生气的地方，大家整天抱怨，后来，大家认为与其抱怨，倒不如改变工作的品质。于是他们把卖鱼当成了一门艺术，一个创意接着一个创意，一串笑声接着一串笑声。

---

① 喻承甫，张卫，李董平，等：《感恩及其与幸福感的关系》，心理科学进展，2010 年第 7 期。

这种工作气氛,还影响了附近的上班族。他们常到这儿来和渔贩一起用餐,感受他们乐于工作的好心情。有不少没有办法提升工作士气的主管还专程跑到这里来询问:“为什么一整天在这个充满鱼腥味的地方做苦工,你们竟然还这么快乐?”他们已经习惯了给这些不顺心的人排忧解难:“实际上,并不是生活亏待了我们,而是我们以前期望太高,忽略了生活本身。”

有时候,鱼贩们还会邀请顾客们参加接鱼游戏。连那些怕鱼腥味的人也乐意在热情的掌声中和他们一起抛鱼。很多人在进入这个市场时愁眉不展,离开时却笑逐颜开。

点评:生活并不会亏待谁,幸福也不会偏爱谁。生活本身是充满美好与幸福的,而能否找到这种美好与幸福,全在于你如何看待并如何处理。

(三)感恩使人生更充实

一个人一生中的大部分时间都在工作,无论岗位怎样、无论收入多少、无论贡献大小,工作都会伴随一生。厌恶工作、怨憎工作的一生是虚无枉然的一生;热爱工作、感恩工作的一生则是充实快乐的一生。感恩工作是人生充实的源泉,同样,对待生活也是如此,热爱生活、感恩生活是人生充实的基础。

1. 感恩工作是人生充实的源泉

美国“石油大王”洛克菲勒曾说过:“我们劳苦的最高报酬,不在于我们所获得的,而在于我们会因此成为什么。如果你视工作为一种乐趣,人生就是天堂;如果你视工作为一种义务,人生就是地狱。”①在他写给儿子的著名的“三十八封信”中,他劝诫儿子从工作中找到充实和快乐:“天堂与地狱都由自己建造。如果你赋予工作意义,不论工作大小,你都会感到快乐,自我设定的成绩不论高低,都会使人对工作产生乐趣。如果你不喜欢做的话,任何简单的事都会变得困难、无趣,当你叫喊着这个工作很累人时,即使你不卖力气,你也会感到精疲力竭,反之就大不相同。”②

对一些人来说,工作仅仅是谋生的手段,但只要略加思考,就能发现工作能够带来更多的东西。工作是所有事业的基础,工作是一切繁荣的来源,工作是年轻人奋发努力的载体,工作是中年人功成名就的基石。热爱工作和感恩工作的人一定是努力工作、全心全意投入工作的人,这样的人自然而然地会取得事业的成功和辉煌,这样的人生必定是充实而快乐的人生。反之,一些人总是以没有找到最佳雇主、没有找到最合适工作为由而懒惰懈怠,殊不知在这样消极懒散的过程中,机会已经让更懂感恩、更加努力、更为勤奋的人抓住。总在慨叹自己不被赏识却不付出、不努力的人永远都没有机会获得提升和进步,也不会在人生中找到充实和意义。感恩工作是人生

---

① (美)约翰·D.洛克菲勒:《洛克菲勒写给儿子的38封信》,徐杰,译,北京,金城出版社,2011。

② (美)约翰·D.洛克菲勒:《洛克菲勒写给儿子的38封信》,徐杰,译,北京,金城出版社,2011。

充实的源泉。

2. 感恩生活是人生充实的基础

不知从什么时候起，开始有了“富二代”和“穷二代”的说法，似乎“富二代”永远高踞上风、不可一世、无法动摇，而“穷二代”只能唯唯诺诺、低眉顺眼、永无翻身之日。岂不知，这只是代表了人生起点的不同而已。对于人生而言，起点可能不平等、机会可能不平等，但是结果却可能平等。随便一查阅，便可以知道社会精英中不乏白手起家者，而富家子弟无法守住家业的也不在少数，前者可能因贫穷而少有机会却因奋斗而功成名就，后者可能因富足而不思进取然后以堕落而败掉家业。事实证明，有些白手起家的社会精英比出身矜贵的富家子弟更加懂得感恩、施恩，更加具有社会责任感。

现在对于生活有一种说法，叫作“生容易活容易，生活不容易”，这种说法在中年人当中很流行，它夸大了生活的艰辛和不易，其实每个人的生活本身都是丰富多彩的，全在于你如何理解和看待。一个无忧无虑、自由自在、总是哼着小曲的小工和一个提心吊胆、战战兢兢、总是担心被骗被抢的富翁，很难说谁的生活更美好、谁的生活更充实。但可以肯定的是，感恩生活的人比怨憎生活的人过得更为洒脱、更为健康、更为幸福。感恩，使个人的生命得到滋润；感恩，使人生获得更多的快乐。感恩生活是人生充实的基础。

案例链接

一份来自四川成都的汇款单，搅乱了7个家庭的平静——整整30万元，来自成都这个遥远的城市，汇给了已经去世多年的外婆。无论家中长辈如何回忆，“黄海滨”这个陌生的名字，都唤不起他们丝毫的记忆。家里也没有任何一个人在成都这地方长时间停留过。姨婆甚至套用小表弟的网络语言斩钉截铁地说：“我不认识这个东东——”

按照汇款单的联系方法，我们打电话找到了他，这个叫黄海滨的人。舅舅告诉他外婆已经去世，他当时就在电话那头失声痛哭。无论舅舅在这边如何追问他是何方神圣，话筒里传来的只有他的哭声。再打电话过去，已无人接听。

第二天下午，当家里人决定把汇款单原样寄回去的时候，他出现了。

在外婆遗像前跪拜之后，二姨问他究竟是谁。他有礼貌地说：“我叫海滨。”见我们一大家子都没有反应，他困惑地问道：“难道，奶奶她没向你们说起过我吗？”

“奶奶？”“奶奶？”我们更加如坠云雾，屋里顿时一片惊讶声。怪哦！孙大圣是从石头里蹦出来的，但面前这个人，他是从哪里冒出来的？

“是的。七年前，我认识了奶奶，她挽救了我的一生。”只见他皱着眉，眼光四处搜寻。“当年，有一个小女孩一直跟在奶奶身边，她应该知道我。”

于是乎，屋里二十多双眼睛对准了我。我是外婆一手带大的，跟在外婆身边最长。

“我？我知道你是谁？”我摸了摸脑门，可这动作并没有帮我回忆起什么。

“你看！”这个叫海滨的人走上前来，拨开额头的头发，露出了一条伤疤。“还记得吗？”

记得！我忽然灵光一闪。我不该忘记的！七年前，在一家超市，一个少年被三名保安按倒在地，他的额头因为碰到柜台，血顺着额角流下。而他的一只手还紧握着一块蛋糕，口中直喊：“我不是小偷，我不是……”

我努力把当天的少年跟眼前的海滨联系起来。

当时，外婆走过去，拉开保安说：“这是我孙子，我选了蛋糕，让他在这儿等我们的。”见我和外婆大袋小袋提了一堆，保安半信半疑地松开少年，走开了。

在超市门口，外婆先是用清水洗干净少年的伤口，然后一边用创可贴将伤口盖住，一边对少年说：“孩子，我不知道你有什么难处，但如果一不小心做错了事，你会后悔一辈子的。不管怎样，别丧失了做人基本的自尊啊！”

在那一刻，我看见少年的眼中原先的疲倦和颓废变成了震惊和感动。当少年对外婆诉说因为母亲再嫁，后父已有一子因而对他百般刁难，而且他已经两天没有吃东西时，外婆立刻掏尽了口袋中所有的钱，交到少年手中。当时，少年跪在外婆前，发誓说，总有一天他会十倍、百倍、千倍地还给外婆这笔钱。他请求外婆留下姓名和地址，外婆写给了他，要他常跟她联系，有什么困难就来找她。没想到，少年拿着外婆写了字的小纸片，一转身就跑掉了。这一别，我们从此再没有了他的消息。

“其实，外婆根本就不记得她给了你多少钱，而且，她只希望你过得好，并不指望你还钱啊！”

“是285块钱。我用这些钱到了四川，从小工做起……今天，我是回来报恩的。奶奶不在了，钱可以给你们。”

“不，我们不会拿的。”去年动了一场大手术，欠下一大笔债的母亲站起来说。“如果我们拿了这笔钱，就违背了当初我母亲的意愿了。她只是要帮助你，而不是投资。”停顿了一下，母亲又说：“如果你愿意，去帮助一些需要帮助的人，这才是真正的报答。”

第二天，海滨回成都去了。

过了几天，本地电视台连续播出了福利院感谢一位不留名的男士捐给孤寡老人30万巨款的报道。家里人看着电视，都笑了。我们知道那位男士是谁。

点评：一个小小的帮助，可能挽救一个人的一生；一次不望回报的施恩，可能将感恩的重报荫泽到更多更需要帮助的人身上——这样的事情，何乐而不为？

二、人人学会感恩

> 名言警句：感恩即是灵魂上的健康。
>
> ——（德）尼采

人人学会感恩，关系将更加和睦；人人学会感恩，社会将更加和谐；人人学会感恩，中华民族传统文化将更加发扬光大。既然感恩能给人带来如此多的收获和益处，那么，让我们都学会感恩，懂得感恩，时常感恩。借用著名诗人海子的一句诗："从今天起，做一个感恩的人，淡然，热心，关爱他者。"

（一）学会感恩，人人和睦

感恩能够有效减少人与人之间的冲突、化解人与人之间的矛盾，感恩能够改善人际关系、促进人与人之间的和睦相处。

1. 学会感恩，能减少冲突、化解矛盾

一对结婚多年的夫妇来到民政局准备办理离婚手续。经过无数的猜忌、争吵和中伤之后，两人早已无话可说，在这即将了结一切的时刻，男人突然要求彼此说一句临别赠言。当女人正准备把尖酸、刻薄、诅咒的"赠言"脱口而出的时候，男人说："我先说——感谢你陪我走过这么多年，无论如何，这是一段人生经历。"女人一听，愣了很久才回过神来，然后若有所思地说了一句："要不咱们再慎重考虑考虑？"

人与人之间诸多的矛盾与冲突无非是心态的失衡所致，而心态失衡恰恰是感恩能够治愈的"心病"之一——时常感恩的人必能看淡得失而不斤斤计较，时常感恩的人必能知足常乐而不怨天恨地，时常感恩的人必能乐天知命而不争名夺利。学会感恩，人人常怀感恩之心，那么人与人之间就会有更多的相互关心、相互帮助，更少的怀疑猜忌、明争暗斗，隔阂自然会渐渐消除，矛盾自然会日益消减，冲突自然会越来越少。

2. 学会感恩，能改善人际关系

你怎样对待别人，别人就会怎样对待你。一个过路人到加油站问路，并打探前边镇子的人怎样。加油站职员反问他之前经过的镇子的人怎样，过路人回答："糟透了。"职员于是说："我们这个镇的人也一样。"随后，第二个人驾车来到这里，并问相同的问题，当驾车人回答说他原来经过的镇上人很友好时，职员说："你会发现我们这个镇上的人完全一样。"——当你用赞赏的眼光评价别人时，别人同样会对你回报以赞赏；当你用消极的心情看待事物时，事物真的会愈发消极。感恩就会被感恩，怨憎就会被怨憎；信任就会被信任，怀疑就会被怀疑；爱就会被爱，恨就会被恨。

时常感恩的人待人总是慷慨大度、处处为他人着想、时时愿意帮助他人，这样很

容易获得他人的赞许与认同,也很容易与人和睦相处,同样也容易获得真诚的友谊。学会感恩,你将广结善缘,在别人需要帮助时帮助别人,同样也在自己需要支持时得到支持;学会感恩,你将广获信任,在追求学业事业的道路上总有人与你同舟共济、共同攀升;学会感恩,你将广得友谊,建立起一个互相支持、互相关爱的人缘关系网络,人与人之间更加亲密、更加和睦。

案例链接

小宋是一名大学毕业生,在一家事业单位工作,有很多材料要写。她刚刚来,公文写作还不太熟悉,每次写好后都要拿给老王看,待老王修改完后,她再拿去请科长审阅。很快她的材料越写越好,老王已经没有什么可以修改的了,可是科长仍然东涂西抹,不留情面。小宋虽然有些不悦,但没说什么,依然很谦虚地请科长批改。老王愤愤不平,他认为科长的水平,修改不了小宋的文章,他给小宋讲过这样的故事——赫鲁晓夫参观抽象画展,看不懂,就破口大骂,负责展览的艺术家回敬道:"您对艺术根本不懂。"赫鲁晓夫说出了他那句名言:"当我是一名矿工时,我不懂艺术;当我是党的低级官员时,我也不懂艺术;可是今天我是部长会议主席、党的领袖,我当然能懂艺术了。"小宋只是满不在乎地笑着。有时她对老王说:"不就是改个材料吗,又不是修改我的人生。"

后来,科长把小宋推荐给了上级宣传部门。她在那里修改了原来的科长报来的一份材料,而且改得很好。科长得到了上级的表扬。老王又为小宋鸣不平:"哪里是科长写得好,那份材料明明是你写的。"小宋说:"我刚刚参加工作时,我爸爸就送我四个字:感恩、宽容。学会了感恩和宽容,我就有可能反过来修改领导的文章,学不会我就永远被领导修改。"

点评:感恩使人淡定,宽容使人谦虚,小宋谨记以感恩和宽容的心态面对工作,因此公文水平从"被领导修改"提升到"反过来修改领导的"。感恩与宽容并行,矛盾冲突更少,个人进步更多。

(二)学会感恩,社会和谐

纵然我们无法要求这个世界上每个人都心怀感恩,但作为一个有良知、有担当的个体,一定可以学会感恩并且做到常常感恩,而且能够让这种感恩情怀感染到身边的每一个人。感恩,从我做起;感恩,感化生活;感恩,美化社会。学会感恩,净化社会心灵;学会感恩,增强社会和谐度。

1. 学会感恩,社会心灵得以净化

中央电视台举办评选的"感动中国 2011 年度人物"胡忠和谢晓君夫妇,抛弃成都这个大城市的繁华生活,毅然到甘孜州康定县塔公乡西康福利学校支教并陆续辞去公职扎根于此，还把年幼的女儿也带了过来，一干就是十二年。十二年如一日的高原教学生活，让他们细腻的城市面孔染上了粗糙的高原红，也让他们教育培养的数百名藏族孤儿纷纷走上成才之路。如今，他们培养出的第一个藏族大学生已经回到学校成为跟他们一样的教师，学校的情况变得越来越好。是高原孩童的淳朴支撑这对夫妇坚守十二年并打算一直坚守下去，是感恩的意愿促使走出去的大学生又返回来支持这里的教育事业。到底是高原给这对夫妇带来纯净心灵，还是这对夫妇的心灵给高原的这片土地带来了纯净？感恩，唯有感恩能说明一切。

学会感恩，我们的心境将会提升，社会的心灵将得净化。学会感恩，疑虑之心将淡，轻慢之心将减，贪婪之心将止，嗔怒之心将休；学会感恩，总让人有平常心、悲悯心、慈善心、超脱心。感恩，让人相互尊重、公平处事、平等待人；感恩，让人敬畏自然、关心社会、遵守规则；感恩，让人积极进取、回报社会、奉献人生。

2. 学会感恩，社会和谐度增强

感恩是家庭和睦之魂，将感恩理念落实在家庭生活中，就会夫唱妇随、父慈子孝、子女成才；感恩是社区团结之根，将感恩理念落实在社区建设中，就会人人和睦、互相帮助、团结进步；感恩是校园和谐之源，将感恩理念落实在校园文化中，就会教学相长、师生互爱、长足发展；感恩是社会合作之本，将感恩理念落实在社会生活中，就会人心向善、人际和顺、和谐共处。学会感恩，将感恩之心转化为感恩之行动，从身边的小事做起，从建立和谐家庭、和谐社区、和谐校园做起，关心社会、回报社会，自然而然地，社会和谐度得以增强。

案例链接

美国石油大王洛克菲勒出身贫寒，在他创业初期，人人都夸他是个好青年。但当黄金像火山喷出的岩浆似的流进他的钱庄时，他开始变得贪婪和冷酷。由于他过分开采地下石油，美国宾夕法尼亚州油田地带生态极度恶化，当地人民深受其害。有的受害者甚至做了他的木偶像，亲手将“他”处以绞刑。无数充满憎恶和诅咒的威胁信涌进他的办公室。连他的兄弟也十分讨厌他，特意将自己儿子的遗骨从洛克菲勒家族的墓园迁到其他的地方。他说：在洛克菲勒支配的土地上，我的儿子也无法安眠。

在洛克菲勒53岁的时候，疾病缠身，变得像个木乃伊。医生们宣布：他必须在金钱、烦恼、生命三者中选择其一。这时他才省悟到，是贪婪的魔鬼控制了他的身心。他听从了医生的劝告，退休回家，学着打高尔夫球、上剧院看戏，还常常跟邻居闲聊。经过一段时间的反省，他终于明白金钱对他来说其实并不是最重要的，然后他成了当时美国最大的慈善捐助者之一。他捐资20万成立了洛克菲勒医学研究所，这个研究所后来因为卓越成就获得了12项诺贝尔奖。洛克菲勒还创办了不少福利事业帮助黑人，人们开始对他另眼相看。

他不仅捐助美国国内,也捐助国外的慈善事业。北京著名的协和医院就是由洛克菲勒基金会赞助建成的。1932 年中国发生霍乱疫情,多亏洛克菲勒基金会的帮助,才有足够的疫苗做预防注射,不致成灾。

从 19 世纪 90 年代开始,他每年的捐献超过 100 万美元。1913 年,他设立了“洛克菲勒基金会”,专门负责捐献工作,他的捐献总额总计达 5 亿美元之多!

点评:只有索取和压榨的人生是不完满的人生,即使这样能给人带来无尽的财富。洛克菲勒对世界慈善事业所作的贡献,基于他对人生的领悟和感恩,也收获了无数人的尊敬和感恩。

(三)学会感恩,弘扬中华民族传统文化

感恩是中华民族由来已久的传统美德,感恩是中国传统文化的基本道德准则。让我们人人学会感恩,重拾中华传统美德;让我们人人学会感恩,弘扬中华传统文化。

1. 感恩是中华民族由来已久的传统美德

“慈乌失其母,哑哑吐哀音。昼夜不飞去,经年守故林。夜夜夜半啼,闻者为沾襟。声中如告诉,未尽反哺心。百鸟岂无母,尔独哀怨深。应是母慈重,使尔悲不任。昔有吴起者,母殁丧不临。嗟哉斯徒辈,其心不如禽。慈乌复慈乌,鸟中之曾参。”① 这是唐代著名诗人白居易的《慈乌夜啼》,将慈乌这种鸟儿的鸣叫完全作了拟人化的比喻,赞美它感叹母亲早逝、感激母恩深重、夜夜啼叫哀鸣的一片深情,并且把慈乌的这一行为跟连母亲丧事都不料理的吴起作反向对比,又把它跟孔子的弟子、有名的孝子曾参作类似比较。

白居易在一千多年前就提醒世人要尽早行孝、趁早感恩。慈乌作为禽类,因为没有来得及尽“反哺心”、没有来得及感恩和孝顺母亲而有无尽的悔恨和哀伤,我们作为社会的一个个体,岂不更应该在父母健在的时候“尽反哺心”、行孝顺事、表感恩义?感恩是中华民族由来已久的传统美德。古代的先贤圣哲早就教导我们要孝顺父母以感养育之恩、忠于祖国以感栽培之恩、仁爱他人以感共世之恩,我们没有理由对这个看似舶来、实则根基深厚的理念不重视、不铭记、不施行。

2. 感恩是中国传统文化的基本道德准则

感恩思想在中华民族传统思想当中占有非常重要的一席之地。几千年来,感恩已经从存在于人类内心的自主道德约束,外化为受社会普遍认可的道德准则。感恩早已成为中华民族普遍恪守的信条之一,感恩早已是我国传统文化的基本道德律。“慈乌尚反哺,羔羊犹跪足”,“谁言寸草心,报得三春晖”,这些充满感恩情怀的佳句,至今仍广为流传,可见感恩思想在民间早已深入人心。学会感恩,既是提升自己道德

① (唐)白居易:《白居易诗集》,长春,吉林大学出版社,2011。

修养的有效途径，又是弘扬中华传统文化的应有之义。

人的一生，出生即受父母养育培养之恩，成长即受师长训导栽培之恩，另外，亲友关心照顾之恩、上级知遇提拔之恩、母校孕我精神之恩、祖国荫泽保护之恩，甚至对手的迫我追赶、激我上进之恩，都是人生应该铭记和感恩的情感。就让我们学会感恩，在感恩当中成长、成熟、有所担当；就让我们学会感恩，用感恩弘扬中华传统文化吧。

案例链接

图 1-3-1　豫让报恩
（图片来源：http://image. baidu. com/i? ct =503316480）

豫让是春秋时期晋国人。当时晋国有六大家族争夺政权，豫让曾在范氏、中行氏手下做家臣，没有受到重视，后来投靠智伯，智伯非常看重他。正在他境遇好转的时候，智伯却被韩、赵、魏三家攻灭，领地被瓜分，豫让顿失依傍。

豫让逃到山里，思念智伯的好处，怨恨赵襄子把智伯的头颅做成了酒器。他发誓要为智伯报仇。他改换姓名，混入罪犯之中，被发遣到赵襄子的宫廷里打扫厕所。他怀揣匕首，伺机行刺赵襄子。结果行迹暴露，被赵襄子逮捕。受审时，他直言不讳地说要为智伯报仇。赵襄子觉得豫让忠勇可嘉，是难得的义士，就把他放了。

过了不久，豫让又把漆涂在自己身上，让自己长出满身癞疮，还剃掉胡子眉毛，改变容貌，去当乞丐。连他妻子也认不出他来了，只是觉得他声音很熟。他又吞下炭块，把嗓子弄哑。

有朋友劝他去给赵襄子做事，取得信任，伺机行刺。他认为那样做有悖君臣大义，就埋伏在一座桥下，准备在赵襄子过桥的时候行刺。由于赵襄子的马受惊，他的计划又失败了。

赵襄子捉住他以后，责备他：“你也为范氏和中行氏效劳过，智伯消灭了他们，你不但不为他们报仇,反而投靠了智伯,现在你也可以投靠我呀,为什么一定要为智伯报仇呢?”豫让说:“我在范氏、中行氏手下时,他们根本不重视我,可智伯非常看重我,他是我的知己,我非替他报仇不可!”

赵襄子听了非常感慨,说:“你对智伯也算是仁至义尽了,而我也饶了你好几次,这次我不能再释放你了,你好自为之吧!”

豫让知道这一次非死不可,就恳求赵襄子:“希望你能完成我的最后一个心愿,将你的衣服脱下来,让我刺穿,这样,我死而无憾。”赵襄子便脱下衣服。豫让拔剑连刺了他的衣服三次,然后就自杀了。

那一天,整个赵国的侠士都在为豫让痛哭流涕。

点评:一方面,豫让自我毁灭的报恩方式太过偏激;另一方面,豫让为报恩不达目的决不罢休的精神,值得赞叹,值得钦佩,值得流传千古。

思考与练习

阅读书目

1. 唐晓龙. 感恩的心. 北京:人民出版社,2006.
2. 王志艳. 学会感恩懂得爱. 北京:中国纺织出版社,2008.
3. 宿春礼,邢群麟. 赢在感恩. 北京:华夏出版社,2008.
4. 孔丘. 论语. 张燕婴,译注. 北京:中华书局,2006.
5. 孟轲. 孟子. 万丽华,蓝旭,译注. 北京:中华书局,2006.

思考题

1. 感恩的内涵和外延是什么?
2. 中、西方感恩思想有何异同?
3. 你认为人生中第一个要感恩的人是谁?
4. 你是否得到过陌生人的无私帮助? 你是否热心帮助过周围的人?
5. 你认为用怎样的行动最能表达感恩之情?

案例讨论

一个名叫丛飞的普通歌手,在自己并不富裕的情况下,资助了一百多位贫困学生和残疾人,然而,当丛飞逝世的消息迅速在网络论坛传播时,许多曾经受助于他的人不但没有表示出半点感恩之情，相反是“贪念”和嘲讽（在丛飞卧病期间，没有他曾经援助过的已经毕业的大学生给他过帮助、捐款，甚至没有慰问；因为他已经没有钱了，他正在支援的某些小学生和中学生的家长居然写信给他，骂他是骗子）。用一名记者的话来说，“‘感动中国’的故事居然成为‘农夫和蛇’的寓言”。

相关资料链接

视频：2005 年感动中国年度人物颁奖仪式——丛飞

http://video.sina.com.cn/v/b/48590154 - 1717312362.html

网页：丛飞事迹简介

http://wenku.baidu.com/view/3de180d5b14e852458fb5730.html

评论：丛飞说：我活得好好的，你们为何哭？

http://www.tianya.cn/publicforum/Content/lookout/1/13168.shtml

评论：丛飞走了，让我们再鄙视那些不知感恩的受助者吧

http://www.tianya.cn/publicforum/content/free/1/673473.shtml

思考问题

1. 丛飞穷尽自己所有财力来资助他人的慈善行为是否值得大力推广？

2. 这些受过他资助却对他的病情不闻不问，甚至对他“落井下石”的人，到底是什么原因让他们变得如此冷漠无情？

3. 从这一事件中该如何总结和完善我们的感恩观和感恩教育？

热点讨论

2010 年 2 月 21 日，在温哥华冬奥会上，短道速滑女子 1 500 米冠军周洋在夺金后说：“获得这枚金牌以后，可能会改变很多，以后会更有信心，也会让我爸妈生活得更好。”2010 年 3 月 7 日，全国政协委员、国家体育总局副局长于再清在全国政协体育组分组讨论会上说道：“感谢你爹你妈没问题，首先还是要感谢国家。要把国家放在前面，别光说完感谢父母就完了。”2010 年 3 月 8 日，周洋作客某网站，当被问到“（你获得 1 500 米金牌）那天值得所有中国人骄傲，这样一枚金牌，你是不是需要去感谢很多人？”周洋回答说：“对，最想说的就是感谢，感谢国家给我们提供了那么好的条件，让我们有这么好的条件去征战奥运会，也要感谢支持我们的人，感谢教练，感谢工作人员，感谢我爸妈。”周洋“知错能改”，将父母顺位降至第五。

名人热议

CCTV 解说员贺炜：当她荣耀加身的时候，身边突然多了那么多该感谢的人；可是当她默默无闻训练的时候，是她的父亲用那辆旧自行车载着她去，载着她回，一路风雪；在她练完回家的时候，是她母亲炖着那锅热汤，在家里等她……还记得市领导在 3 000 米接力冠军失而复得时前倨后恭的表现吗？将心比心，我凭什么得感谢他

们?

名嘴董路:如果每个人在做人做事的时候都能想着感恩自己的父母,那么他(她)多半应该是一个清正廉洁的好官,一个两袖清风的好公务员,一个有责任感的好老板,一个勤奋努力的好职员,总而言之,至少应该是一个为社会、为家庭有积极价值体现的人。

《时尚最体育》总编颜晓华:本届奥斯卡组委会规定,不准获奖者喜极而泣在台上流泪,获奖感言不准超过45秒。如果给我们的运动员45秒说感言,于再清同志能给个范本吗?

冯小刚:我不太同意这位体育官员的批评,我觉得一个人,他要发表什么感言,不能是你教给他怎么说,你应该让他真实地表达他的感情。我觉得,感谢父母没有错。

网友热议

任主播:为祖国争得荣誉本身就已经是最大的感谢了。

陈丹伶:你是冠军,祖国妈妈拥抱你。不是冠军,只有亲妈拥抱你。

王子语:我要感谢国家,感谢我爹我妈,还要感谢各位领导,是你们给了我感谢完国家还可以感谢我爹我妈的权利。

武铮铮:周洋因为孝顺而挨批?搞笑!

叶七禾:周洋还小,太诚实。

一架杯具:我觉得爱国是一种骨子里面的东西,是一种关键时刻会爆发的血性,而不是挂在嘴边的口号。

浪子东邪:我们都爱国家,国家也爱我们。感谢爹娘有什么错,没有爹娘哪有我们。没有家哪有国。

我是一个纸老虎:如今,不唱高调就被认为是在思想上的不进步,这是对思想的禁锢。

相关资料链接

视频:于再清两会上批评有人不先谢国家

http://v.youku.com/v_show/id_XMTU2NzIyOTIw.html

视频:周洋父母遭追问痛哭

http://v.youku.com/v_show/id_XMTU3MDIyODg4.html

评论:周洋"感谢门"事件的五大悲哀

http://forum.book.sina.com.cn/thread-2450716-1-1.html

评论:周洋父母回应"夺冠感言"风波:下次她先谢国家

http://news.ifeng.com/opinion/voice/detail_2010_03/09/1306571_0.shtml

思考问题

1. 周洋的获奖感言先不谢国家,是否有失奥运冠军的体统?

2. 你觉得周洋“感谢门”事件的矛盾和分歧的关键是什么？

3. 你如果得了国际大奖，面对媒体的采访，你会首先感谢谁？

践行建议

记录“一周感恩日记”。

(1)目的要求

每天写一篇感恩日记，以日记的方式表达你的“感恩”，说明感恩对象和感恩事由并持续一周，一周内的感恩对象不能重复，事迹务必真实。

(2)实施步骤

全班学生在规定的一周内记录感恩日记，按自愿原则在课堂上进行宣读并及时上交任课教师。

(3)考核方法

任课教师根据感恩日记的真实性和可读性评分并记入平时成绩。

第二章
感恩父母，感恩师长

导 论

父母，赋予我们生命，养育我们成长，陪伴着我们从牙牙学语到怀揣梦想奋力奔跑。摔倒时，扶起我们；收获时，陪伴我们；徘徊时，指引我们。父母，就是我们一生的灵魂伴侣，是我们要感恩一生的人。师长，是我们成长中不可或缺的人。在我们人生的道路上，师长的辛勤传授，使我们获得各种先进的科学文化知识；师长的鼓励和支持，使我们从浑噩困惑中找到前进的方向；师长的苦心教导，使我们从世间百态中找到真实的自己。师长，在人类进化历史长河闪耀着不可磨灭的光辉，我们应该对人生每一阶段中出现的师长都心怀感恩之情，力做感恩之事。

第一节　感恩父母

当我们来到这个世界，第一次睁开小小的眼睛，看见两个面带微笑的人，这两个人就是父母。

当我们遇到困难，能倾注所有来帮助我们的人，是父母。

当我们受到委屈，能耐心倾听我们哭诉的人，是父母。

当我们犯错误时，能毫不犹豫地指出错误并包容我们的人，是父母。

当我们取得成功，会衷心为我们庆祝并与我们分享喜悦的人，是父母。

无论身在何方，无论白天黑夜，无论芳华渐远，无论贫穷富贵，对父母，永怀一颗感恩心。

一、感恩父母赐予我生命

名言警句：生命是属于我的，但它是父母赋予我的，因此我要感谢父母，是他们让我来到这个精彩的世界。同时我也要感谢这个世界，是它以博大的胸怀容纳了我，让我的一生不会孤单、寂寞。

——佚名

“十月胎恩重，三生报答轻”，母亲曾十月怀胎并把我们生到这个世界上，能看到这世界的一切，美的、丑的、恶的、好的，这都是父母赐予的。我们从另一个世界走来，迎接我们的或许是有太阳的白天或许是有月亮的黑夜，无论白天或黑夜，我们睁开眼睛就会感到人世间的温暖，我们都会在父母的怀中享受到一种博大的关怀和无与伦比的爱意。虽然我们来到这世界的第一声不是欢笑而是哭泣；虽然我们的降临伴随着母亲的痛苦，但是他们含泪骄傲，因为我们是他们生命的延续与继承。因此，当来到这个世界的那一刻起，我们就背负起了使命。感恩父母赐予我生命，因为拥有生命就是最大的幸福。

（一）珍爱生命，活得精彩

人类幸福是社会发展的基础，没有人类幸福就谈不上社会发展。人类幸福可以是静态的，而社会发展则是动态的过程。然而，从进化的角度来看，没有生命就没有进化，生命对于进化是有用途的，生命是进化的载体。如果没有过去生命的存在和进化，就不会有现在的生命。过去的人们创造了我们现在所享受的物质文明和社会文化，他们的生命对于我们来说是有意义的。同样，我们的生命对于我们的后代是有意义的，因为没有我们现在的存在和努力，就不会有人类社会更美好的将来。父母赐予了我们生命，也许在以后的岁月里没有给予我们其他，即便活着的岁月会经历坎坷与磨难，但我们活着就不应让身后只留下悲哀与叹息。

人的生命只有一次，对于谁都是宝贵的，我们应懂得珍惜生命的意义。从某种意义上说，生要比死更难。死，只需一时的冲动或义气，生，却需一世的信心。所以我们要珍惜生命，不在于生命是否长久，而在于活得是否充实，是不是有意义。

每年，各大高校都会不断传来某所大学有学生跳楼，某所高校又发生一起凶杀案等。不可否认，随着我国社会快速发展导致人们压力不断增大，越来越多的人存在着不同程度的心理问题，越来越多的年轻生命从我们身边消失了。我们对这些生命的离去想过什么吗？没有，我们很多人都是漠不关心，最多也是当成茶余饭后的笑谈。笔者曾经问过不少同学：当你极端郁闷时，感到生活没有信心时，你是否会放弃你的生命？笔者很高兴他们大多数人的答案是不会，可是，现实中却不是这样的，我们身旁的大学生把“不想活了”、“想死”、“我要跳楼”等极其消极的词语当成口头禅。这些都是不好的心理暗示，这样的话说得越多，积累到一定时候，没有找到正确的宣泄出口时，就容易走上极端，无法把控或定位自己，可能就会造成终生的遗憾，这是一种对生命的不负责，是对生命的浪费和污染。

萧伯纳曾说：“人生有两出悲剧，一是万念俱灰，另一是踌躇满志。”生命如果不去珍惜、不去开拓或者弃置不管，那生命也不算是生命了。所以，我们应该以一颗积极平和的心态去经营我们的生命。即使遇上人生的暴风雨，也不要放弃，也不要丢失信心。不要对生命抱怨，我们要心存希望和向往，迎接一个又一个雨后灿烂的太阳。把每个黎明都看作是生命的开始，希望从来就没有消失过，是我们没有发现。

但是，珍惜生命不仅仅是指不放弃生命，不放弃生命只是一个最基本的条件。没有这个条件，一切都是虚无的。可是有了这个条件也不代表珍惜生命，借用惠特曼一句话：“当我活着，我要做生命的主宰，而不做它的奴隶。我想这样就足够了，不做生命的奴隶就不会对命运束手无策；不做生命的奴隶就不会颓废地生活。”

我们的大学生活有没有因为虚度年华而悔恨，有没有因为碌碌无为而觉得羞耻。不断联系的网友、丰富多彩的校园生活、接连不断的聚会、充满诱惑的社会，我们是否感到迷茫？我们有没有问过自己，我们学到了什么，我们得到了什么，我们的生命有没有意义？

道理很简单，假如你现在说：没有关系，我有的是时间。没有关系，我还年轻。没有关系，死亡离我很是遥远。我想说，我们每个人都有生病的经历，当你生病或不舒服时，你是否想念你健康的时光？答案是有的，这是所有人的普遍心理。所以为了我们离开人世的时候不后悔，我们现在唯一可以做的就是珍惜自己的生命。

如今，我们生活在这阳光地带，生活在这个温暖的世界，要知道，我们都是生命的使者也是生命的过客。生命是一个过程，生命是岁月的一个章节，生命只属于我们一次。带着生命跳动起来，活出最好的自己。

案例链接

尼克·武伊契奇(Nick Vujicic)生于澳大利亚，天生没有四肢，这种罕见的现象医学上取名“海豹肢症”，但更不可思议的是骑马、打鼓、游泳、足球，尼克样样皆能，在他看来没有难成的事。他拥有两个大学学位，是企业总监，更于2005年获得“杰出澳洲青年奖”。他为人乐观幽默、坚毅不屈，热爱、鼓励身边的人。年仅30岁的他已踏遍世界各地，接触逾百万人，激励和启发他们的人生。

图 2-1-1　尼克·武伊契奇

(图片来源:http://baike. baidu. com/view/2941663. htm)

尼克一生的低潮呈现在八岁那年。作为在基督化家庭长大的牧师的儿子,对尼克来说,去教会却是一件很困难的事。在教会办的幼童主日学,尼克学到天主爱世人并且关心他们。尼克知道什么是爱,但他不明白为什么天主爱他却把他造成现在这副容貌。“莫非是我做错了什么事了吗?”尼克也曾想,一定是他做错了什么,天主在因他的过错处罚他。当未来的盼望对他掩面,尼克想到了自杀。“那时我觉得自己是家人的负担,越早脱离人间对大家越好”。

正是这“担当疾苦的力量”,搀扶着尼克走过泪水铺就的绵延漫长永夜路,并让他明白了另一种意义的“神迹”。19 岁的时候,他打电话给学校,推销自己的演讲。在被拒绝 52 次之后,他获得了一个 5 分钟的演讲机会和 50 美元的薪水。从此,开启了他演讲生涯的序幕。他嗓音富有磁性,思路清晰,语言幽默,最关键的是他有与众不同的人生经历可以与别人分享,给所有人坚持下去的力量。在多年磨炼当中,他具备了异常坚韧的心智和丰富的阅历。这些精神上的素养完全弥补了肉体上的缺陷,帮助尼克超越了健全的大多数人,取得非凡的成就。

如今,他已经在全球 34 个国家发表过超过 1 500 场演讲,每年要接到超过 3 万个来自世界各地的邀请。所有看过他的视频,或听过他演讲的人,无不发自内心地诚服于这个曾被预言“永远得不到爱”的人。他已经成为世人心目中与命运顽强斗争的象征,或者说,一尊活的雕塑。

点评:尊重生命,身残志坚,感恩生命的创造,感恩上帝的眷顾。把悲哀转化为赐予,认真地活着,感受生活的每一个细节,创造生命的价值。

(二)生命如歌,创造价值

“生命犹可贵,千金亦难买”。人的生命是至重、至贵的,当一个人失去生命的时候,其所拥有的金银财宝、名车豪宅都将毫无意义。人在一生当中,许许多多的事情并非仅仅为了生存。人吃饭是为了活着,但人活着不仅仅为了吃饭,生存只是一种手段,最终的目的是为了完成自己的理想,实现一种价值追求。

一个人怎样实现和创造自我的价值呢？一个人，一种活法。每个人都有其独特的生活方式。以生活的价值观、人生观的不同，人可分为两类：一类是以天下为公，“先天下之忧而忧，后天下之乐而乐”，胸怀博大，以天下为己任，“为中华之崛起而读书”的人；另一类是怀揣着“人不为己天诛地灭”的自私心理，无孔而不入，损人利己，唯利是图的人。但无论怎样，为公也罢，为私也罢，没有一个不是通过艰苦卓绝的努力奋斗来实现其人生观、价值观的。这个世界只有一种观念的实现是轻而易举的，那就是选择死亡。但人就是应该具备一种精神，一种敢于斗争，不怕苦、不怕累、不怕流血的大无畏精神；一种勇往直前，百折不挠的精神！生命就是一种精神、一种追求！一切的酸、甜、苦、辣，一切的艰难痛苦，一切的风风雨雨，一切的成败得失，对于我们来讲，从来就不是痛苦和失败，而是失败中的成功，是快乐的享受。不错，我们应该把一切艰辛和失败的痛苦当作一种享受，独一无二的享受！我们的生命将上一个新的台阶，从此就没有所谓的“苦”和“痛”，“得失”和“成败”。这也许就是真正的“不以物喜，不以己悲”的圣人心境。生命就是活出一种境界，一种为人处世的境界，一种奋斗努力的境界，一种成功的超脱。

相信每一个大学生，都有毕业后要大展宏图，最终实现自我价值的雄心壮志。为了实现自我价值，我们必须从现在开始出色地完成学业，同时培养锻炼自己的综合能力，未来的挑战和机会正在等待着我们。因此，制定大学生涯成长目标和职业生涯目标对我们未来立足社会尤为重要，目标和规划会随着个人的发展不断修正，因为，每一步都非常关键，每一个过程都需要我们具备健康的体魄去保证目标的实现。我们应该做到以下几点：首先，学会合理安排自己每一天的作息时间，平衡好学习与工作、生活与工作的关系，珍惜每分每秒，劳逸结合；其次，要注意个人的健康饮食，勤俭节约；最后，还要积极参加体育锻炼，在身体锻炼的同时，我们思维也会变得敏捷起来，学习效率必然会大大提高。属于人的生命，只有一次，在这短暂的生命历程中，交织着矛盾和痛苦，充满着求索和艰辛，遍布着荆棘和坎坷，这正如那不为人知、寂寞生长的野草，只有异常沉重的付出，才能换来无比丰硕的甜美。渺小与伟大、可悲与丰富、失意与重塑、挫折与幸运，只有珍爱生命，把握自己，才能抛弃渺小、可悲、失意和挫折，拥抱伟大、丰富、重塑和幸运。要知道，生命是这样的可贵，就像小草，不也在不断挑战极限，石缝中求生存吗？所以作为当代大学生，更要好好珍爱自己的生命，这样才能实现个人的目标和价值。

人生短暂，感恩父母赐予生命。生命不会给我们任何承诺，生命只给我们一次机会去寻找生命之火，或者是创造与开拓，或者是浑浑噩噩地生活，关键是看我们怎么去活着，怎么去把生命好好把握。创造生命的价值，让我们的生命充满阳光，焕发光彩。

案例链接

图 2-1-2　无臂钢琴师刘伟

（图片来源：http://baike.baidu.com/view/42327.htm）

“我的人生中只有两条路，要么赶紧死，要么精彩地活着。”这是无臂钢琴师刘伟的励志名言。刘伟 10 岁时因一场事故而被截去双臂；12 岁时，他在康复医院的水疗池学会了游泳，2 年后在全国残疾人游泳锦标赛上夺得两枚金牌；16 岁他学习打字；19 岁学习钢琴，三年后就达到相当于用手弹钢琴的专业 7 级水平；22 岁挑战吉尼斯世界纪录，一分钟打出了 231 个字母，成为世界上用脚打字最快的人；2011 年，登上维也纳金色大厅演奏中国名曲《梁祝》，并受邀前往英国伦敦与前首相夫人切丽·布莱尔会面。

美联社 2011 年 10 月 12 日报道称，这位失去双臂的音乐家用自己的脚趾征服了“中国达人秀”节目的评委，他自弹自唱的歌曲 *You are Beautiful* 让现场观众流下了感动的泪水。刘伟的决心值得称赞，评委们则让他继续追逐自己的梦想。这个中国版本的达人秀节目，同时让人们开始关注中国残疾人的梦想和生活所面临的挑战。

法新社报道称，当这个姓刘的青年说出“至少我还有完美的双腿”时，现场的和电视机前的观众都为之震撼。刘伟虽然从小失去双臂，但是他从 19 岁开始坚持追逐自己童年的梦想。他最初的老师认为用脚弹琴是件不可能的事情，因此拒绝为他授课。可是刘伟最终凭借决心研制出了“属于自己的技巧”，他将成为中国新一代的励志榜样。

英国《每日邮报》称，将刘伟与“英国达人秀”中的名人“苏珊大妈”做比较，这个坚忍不拔的小伙让人肃然起敬，也让人们想起了同为草根艺术家的苏珊。来自苏格兰的乡村大妈苏珊虽然其貌不扬，但是凭借其完美的歌喉一夜间红遍全国。如果说苏珊大妈是外表平凡却满怀梦想、才华洋溢的代表，刘伟便是对梦想锲而不舍的最佳诠释。

点评:音乐用心灵去演奏,梦想用生命去实现。他微笑着寻找属于自己的舞台,他没有向残缺的身体低头,谁说只能用手去生活,没有了双手,可以用双脚去活着,并活得精彩。

二、感恩父母养育我成长

名言警句:还有什么比父母心中蕴藏着的情感更为神圣呢?父母的心是最仁慈的法官,是最贴心的朋友,是爱的太阳,它的光焰照耀、温暖着凝聚在我们心灵深处的意向。

——(德)马克思

人生当中我们永远不会忘记父母的养育之恩,在我们的成长中包含着父母的每一滴汗水与心血。父母用皱纹刻画出我们灿烂的笑容;父母日渐弯曲的身躯支撑着,永远要做儿女坚强的后盾;父母用自己双手托起我们人生的旭日;父母用自己的生命为我们铺出了走向人生的道路。是父母让我们来到这个五彩缤纷的世界,是父母让我们拥有了幸福的生活,我们应该做的就是用心去对待父母,去真诚报答父母,让父母能够生活得快乐,通过自己的努力让他们能够安享晚年。感谢父母的养育之恩,父母教会我们分享、教会我们去判断正确与错误、教会我们面对机遇与挑战、教会我们善待他人、教会我们自立自强、教会我们感恩生命。

(一)父母对子女的抚育

父母节衣缩食地改变我们的生长环境,给我们提供最大的物质保障和精神支持。请珍惜这份爱,也许,父母的关心来得太容易了,所以我们认为拥有这一切都是理所当然的。父母任劳任怨,无论贫贱富贵,无论层次高低,从生育孩子的第一天起,他们都在默默地付出自己的心血和不求回报的爱。我们怎能忘记有这样的父母,我们怎能忽视这样的父母,看看身边平凡而又伟大的父母,你是否会有所触动。

1. 衣食无忧 健康成长

俄罗斯有句谚语:“父母之恩,水不能溺,火不能灭。”但在我们现实生活中,很多子女,父母无论为他做什么,他都觉得是应该的。父母有抚养子女的义务,但是孩子从父母身上得到的不只是吃、喝、穿、用,还有厚重的爱。当我们想当然地向父母索取时,往往不会想到父母曾经以及现在为我们付出的一切。有些父母为了让子女专心读书,自己再苦再累也不让子女知道,呈现给子女的总是生活中最高兴、最舒适的一面,凡是子女提出的条件都会尽力满足。但是父母有时为孩子费尽心血、千辛万苦却得不到子女一声体贴的问候。甚至在我们对结果不满意时,当父母向我们诉苦时,还会说:“谁让你是我爸妈呢?”父母对于子女的爱是生命之爱,是不可偿还的。而我们每天应该做的,就是感激与珍惜,拥有与努力。

2. 心灵关爱 呵护备至

《岩波国语辞典》中针对“心”是这样注解的:“被认为是与身体相对应的,产生知识、情感、意志等精神作用的本源的物质。”由此可以得出一个结论,它与同肉体相对的精神具有相似的意义。这样说来,所谓心灵的关爱便是关心身体健康的同时对孩子精神的关爱。

我们总会听到这样一句话,父母是孩子最坚实的后盾。确实,父母给了我们太多的爱。他们会想很多方法来爱自己的孩子。爱的表达,除了给予我们一切物质的需求,更多的是在精神上的关爱与超越。父母会由衷地欣赏我们,虽然不说“我爱你”,但还是有别的很多东西可以说,记得父亲常说:“没事,在我看来你是最棒的孩子,我相信你一定能做得很棒!”父母对我们的欣赏,让我们更自信;父母对我们热衷的事情表示欣赏和理解,这让我们格外自信和满足。有父母坐在旁边响应自己的需要,看自己做事情,还有比这更能让人觉得被爱包围的吗?

健全的肉体依附于健全的精神,父母能深深地感到子女心灵的健康成长的重要。很多子女虽然身体正常发育了,而心灵的成长却远远地滞后着。然而,心灵的成长是比身体的成长更为重要的事情,因此,父母无微不至地呵护着我们的心灵和娇柔的身体。关注、呵护、引导、珍爱,让我们的身体与心灵一同健康成长。感恩父母养育我们成长,健康美好的心灵是父母留给我们最大、最好的财富。

案例链接

拉斯洛·波尔加,一个普通的匈牙利心理学者,他和太太对三个女儿的教育,至今已成为犹太人教子的一个经典案例。他的三个女儿——苏珊、索菲亚和朱蒂,是三位国际象棋史上的世界冠军。由波尔加三姐妹所组成的匈牙利国家队,在1988年的第十三届国际象棋女子团体赛中,夺得了世界冠军,结束了苏联队垄断30年的国际象棋霸主地位。是什么样的家庭,创造了这样的奇迹和神话?拉斯洛·波尔加认为关爱孩子心灵,对孩子成长至关重要。

二女儿索菲亚有一段时间很喜欢玩象棋排局。一次,大家都睡了,拉斯洛先生却发现索菲亚还待在浴室里。这孩子在干什么呢?拉斯洛先生走了过去,发现索菲亚在膝盖上摆弄着小棋子儿。拉斯洛先生幽默地对女儿说:“你怎么还不让小棋子‘休息’一下呢?”女儿撒娇地说:“亲爱的爸爸,要是它们‘休息’了,我就变得孤独了!”

又有一次,拉斯洛先生正和一位记者谈工作上的事,索菲亚蹦蹦跳跳地跑了进来,一下子扑到拉斯洛先生的膝前,坐在了他的腿上,非要他看她的棋局。拉斯洛先生没有生气,他顺着索菲亚的话题,向客人夸奖了她的进步,而且真的让索菲亚展示了她的“作品”，然后，再继续和记者谈工作。正是在这样一种和谐、温馨、轻松的家庭氛围呵护、关爱、引导的心灵关爱下，波尔加三姐妹创造了举世瞩目的奇迹。

点评：谁能不相信良好的家庭氛围对孩子心灵关爱的力量，谁能不相信来自亲情的爱的力量。它告诉我们，只有在爱的沐浴下，才能收获丰硕的果实。即使我们没有所谓的天赋，即使我们算不上优秀，但是有了父母的心灵关爱，我们便拥有成功的动力与助力。

（二）父母对子女的教育

1. 做人教育——父母是培养子女品德、性格的人生导师

一个人的成功，并不仅仅取决于其智力因素，还取决于一个人对自身性格及品德的完善。对于子女来说，良好的品性往往是决定其将来能否成功的重要因素。父母在子女成长过程中对子女正确的教育和引导，使得子女品德和性格中的优势得以发挥，在父母的关爱与照顾下，帮助子女获得一个更加美好的人生。父母教会我们学会放弃、学会分享。当我们有两个苹果时，两个都自己吃掉，那只是吃掉了两个苹果。如果将其中一个送给别人分享，就赢得了一份友谊与好感。放弃是一种智慧，分享会让我们拥有更多。

父母教育我们，要学会享受快乐、分享快乐。快乐的经历有助于造就我们高尚而杰出的个性，使我们热爱生命，学会分享快乐的经历有助于形成活泼开朗的性格，父母在恰当的时候放开了手脚，让我们自己寻找乐趣，做我们自己想做的事情，尽情享受人生的一切，并让我们在与父母的交往中获得了快乐，培养我们乐观向上的精神。父母教育我们，要拥有一颗爱心，懂得爱人和爱自己。爱心是最美丽的心灵之花，培养孩子的爱心，是培养其他良好情操的基础。我们通过与父母的朝夕相处，模仿和体验到父母的爱心，潜移默化，慢慢地懂得了怎样去爱人和爱自己；父母教育我们，要做一个正直的人，正直意味着互不欺骗、言出必行，一个人拥有正直的品德才会拥有真正的朋友，获得真正的友谊，父母用自己的生活方式言传身教让我们通过最初的模仿来实现和践行了自身正直的品德。父母教育我们，要拥有面对困难的勇气。一个人要承受生活中的忧愁与失败，需要勇气。人的一生中会有无数次失败和挫折，有勇气战胜失败和挫折的人，才可能获得成功。

美国遗传学家摩尔根在给儿子的一封信中这样写道：“儿子，你应该有这样的志向。世界上没有任何东西可以引诱你去做‘一个人所不应该做的事’；坚决不要为了金钱而放弃你的人格与自尊，去为他人做种种不正当的工作！不管将来你从事何种职业，你应该尊重你的人格，保持你的操守。在你以后做一个律师，或一个医师，或一个商人、一个伙计、一个农夫、一个议员、一个政治家时，不要忘记，你是在做一个‘人’！从最初，到最后，直到永远！”

摩尔根的话告诉我们一个道理，那就是人格与自尊对一个人的重要性，高尚的人

格和自尊都来源于优良的性格。正是因为父母这两位人生导师从小培养了我们优秀的性格,才让我们在未来的成长道路中拥有并保持可贵的品格。

2. 做事教育——父母是培养子女处事习惯的镜子

古希腊哲学家亚里士多德说过“优秀是一种习惯”。当我们每个人出生的时候,除了脾气会因为天性而有所不同,其他后天形成的都是父母教育、家庭氛围影响的结果。父母是我们的镜子,是我们的精神支柱,是最信赖的精神依靠。父母的影响塑造了我们的个性习惯,习惯创造性思考问题、习惯认真对待每一件事情、习惯热爱生活中的每个细节、习惯欣赏身边的每一个人。父母教会我们勇敢面对挫折与挑战、教会我们用执着的信念去面对难关、教会我们用勤奋和努力去克服困难。

被人们尊为“亚圣”的古代大教育家孟子,他的母亲是伟大的,这种伟大体现在她对孟子的教育上。据载,孟母曾说:“吾怀妊娠是子,席不正不坐,割不正不食,胎之教也。”可以说,孟子尚在母腹中时,孟母就已开始了对他的教育。“孟子幼时,其舍近墓,常嬉为墓间之事,其母曰:‘此非吾所以处子也。’遂迁居市旁;孟子又嬉为贾人衔卖之事,母曰:‘此又非所以处吾子也。’复徙居学宫之旁;孟子乃嬉为设俎豆揖让进退之事,其母曰:‘此可以处吾子矣。’遂居焉”。孟母为了给孟子寻找一个有利于成长的环境,不辞辛苦,三次搬家。她走过荒凉的坟地,走过嘈杂的市场,终于走到了清静的学校旁边。孟母三迁走进了伟大的中国史书之中,更走进了中国人的口碑之中。

父母家庭教育的目的就是培养“知书达理”的孩子。所谓知书达理简言之就是要“掌握知识,懂得道理,学会做人,学会生存”。父母让我们体会了温馨和谐,努力为我们营造健康成长的家庭氛围。一个健康的孩子,不仅要有健康的体魄,更要有健康的心理。而心理健康与否根源在于家庭氛围的健康。家庭氛围中条件优越是次要的,温馨快乐是关键的。当我们生长在一个快乐的家庭,每天面对的都是笑声,沉浸在幸福的氛围当中,我们的情绪自然就会受到很大的影响,自己也会变得开朗、开心、快乐,而且宽容。父母为我们未来营造同样的健康、快乐、轻松的家庭氛围做了好榜样;父母处处言传身教,培养我们良好的习惯。好习惯包括良好的学习习惯、生活习惯、行为习惯等。为了让我们养成良好的习惯,父母一是做到了良好的示范,父母的一言一行、一举一动都逃不过我们的眼睛,因此他们严于律己,做好我们的榜样。二是父母为我们创造舒适的环境,给了我们一个和谐、安定、勤俭、具有文化氛围的家庭环境。三是善于表扬,对我们在成长中的每一次成功和努力,每一次的良好表现,他们都给予了积极的鼓励和表扬。四是坚决的态度,在我们小的时候,都是听从父母的教导,让我们认识到当长大后必须成为一个有主见的人,做每一件事都要本着负责任的态度去坚持完成。对就是对,错就是错,要懂得什么应该做,什么不应该做。

案例链接

小月是一个热爱舞蹈的女孩，六岁那年和父亲外出，遭遇的车祸夺走了她一条腿，得知自己以后的人生要靠着拐杖行走，再也不能穿着她喜爱的红舞鞋旋转舞蹈后，她每天都躲在被窝里哭泣。

舞蹈家的梦想被粉碎，小月变得内向、寡言。小月的父亲为了让幼小的残疾女儿触摸到希望，让她乐观豁达地面对生活，也开始和小月一样拄着拐杖生活。在小月一次次摔倒时，没有去扶她，只是坐到钢琴的面前弹奏，跳跃的音符让小月动容，她来到父亲的身边，看着跳动的黑白键，就像梦想在她的心上飞翔，于是她喜欢上了钢琴。

在父亲的悉心教导下，小月弹了一手好钢琴。几年的时间过去，小月重返了舞台。她在校门口等待父母来看她参加青少年钢琴演奏比赛。正在这时，路边玩耍的小男孩跑去捡球，眼看就要被卡车撞上，爸爸在这千钧一发丢下拐杖跑去救孩子，孩子平安了，爸爸笑了。看着爸爸如阳光般灿烂的笑容，小月这时才惊觉爸爸身体健全，他两条腿能跳能跑。原来，这几年，爸爸用特殊的方式陪伴着自己，用爱给自己希望和鼓励。小月的遭遇是不幸的，摔断了腿，告别了曾经的梦想；小月又是幸运的，她有一个为她开启心灵之窗的好父亲，正是通过这扇窗户，让她突破了生命中的黑暗，塑造了完善的人格与自信乐观的性格，迎来了灿烂的阳光和对生活的希望。

点评：肢体的残缺并不可怕，心灵的强大才是生命的追逐。残缺的肢体同样可以造就完整的人生，父亲悉心陪伴小月健康成长，教会小月认真寻找人生目标同样可以成就梦想的道理。

二、永怀一颗感恩心

名言警句：丑陋的海怪也比不上忘恩的儿女那样可怕。

——（英）莎士比亚

“羊羔跪乳，乌鸦反哺”。动物尚存感恩之心，何况人类。是谁牵着我们的小手踉跄学步，漫步于生命的旅程；是谁陪伴我们牙牙学语，喊出人生第一个字音；是谁握住我们小小的手掌，写下第一笔歪斜的字符；是谁给了我们生命，用宽阔和温暖的臂膀呵护在我们身边。他们，就是我们的父母。

（一）感恩父母的重要性

俗话说：“滴水之恩，当涌泉相报。”父母给予我们的岂是“滴水”，分明就是“汪洋大海”。当我们开始学生时代生活后，早出晚归的我们，是否开始忽略父母炙热的目光；当我们离开家乡外出工作或求学后，最牵挂我们的人是父母，而你是否开始遗忘

他们那劳累沙哑的声音;当得知我们回家的消息,清晨的路口便多了一个依偎在墙边单薄的身影,我们是否感受到了这晨露中的一抹红;当我们吃着热气腾腾的饭菜,是否看到父母微笑的脸庞多出的一道道岁月的皱纹。年少时学习感恩父母,培养健全的品格操守;年轻时领会感恩父母,完善个人的思想道德观;中年时懂得感恩父母,促进家庭的和谐美满;年老时感恩父母的同时不忘教导晚辈树立感恩品德,永怀一颗感恩心。

(二)大学生报答父母养育之恩的途径和方法

“谁言寸草心,报得三春晖。”父母之恩是必当感恩和报答的,但在当今社会中不乏有些待被唤醒的良心,有的子女对父母之恩熟视无睹、麻木不仁、以怨报德,曾经春晖普照,而今寸草无情。人总是会为了外人的一些小恩惠而感激涕零,而往往忽视身边的人,对父母的养育之恩享受得理所当然,而不思回报。其实每个人都是独立的个体,父是,母是,你也是。当我们抱着一颗感恩的心面对父母时,我们会发现,当我们为父母付出时给自己心中带来的那种快乐,与我们做成一单生意或与朋友开怀时的那种快乐是截然不同的,那是一种淡定安心却又久久回味的快乐,让心灵经过洗涤般地透明和温暖。

1. 好好学习,好好工作

在我们成长时,我们应该感谢父母让我们能在他们的呵护下丰衣足食地长大,接受良好的教育、开阔自己的眼界、追寻自己的梦想,而不是无人理睬、挨饿受冻地为生存而挣扎。也许在成长的道路上我们摔倒过、失败过、委屈过、成功过、骄傲过,但我们要明白每一个经历都是我们的收获,父母永远是我们精神的依靠,家永远是我们回归的港湾。如果我们是学生,就用优异的成绩单来报答父母;如果我们是社会人,就用成功的工作业绩来报答父母。

在我们成家立业时,我们应该感激是父母资助我们在成长的过程中接受了良好的教育,成就了精干自信的我们,成就了我们那儿时的梦想,他们无私的爱让我们拥有了属于自己的事业,组成了新的家庭,拥有了至爱的伴侣。我们不用时时为下一顿的着落而发愁或只能羡慕地看着别人幸福。即便长大,在父母眼中,我们永远还是一个孩子。

2. 生活简朴,自立自强

社会进步了,物质条件提高了,人变得更加浮躁了,子女越来越娇气了。子女吃饭穿衣是父母来管,子女的上学、成家、住房一切都让父母负责,当儿女长大了,父母苍老了,奉献一切的他们又能得到什么呢?如今有一个流行词语叫做“啃老”,意思是指已成年、具有社会生存能力的年轻人,还依靠父母或亲戚养活自己,在不“断奶”的状态下生存。这是一种消极的现象。作为新时代的年轻人,我们应该保持优良的生活作风,努力学习,积极工作,勤俭节约,对父母不依赖、不要求,拒做“襁褓青年”,

通过自己的努力来获得应有的生活。

3. 尊重信任，交流沟通

信任是一种非常庄重、非常珍贵、非常高尚的感情。在家里父母和子女之间十分需要信任，心理学家认为，追求信任是一种积极的心态，也是一个人发奋图强、积极向上、实现自我价值的内驱力。因此，对父母和子女来说，彼此信任具有非同寻常的意义。父母的信任是子女自信的催化剂，是他们建立人际关系的重要基础；子女的信任是父母给予关爱的动力，是他们无私奉献的源泉。信任是一种关系的良性互动，父母与子女间要营造一种互相信任、互相尊重、互相支持、互相关爱的家庭氛围。信任能使对方感到温暖和自豪，而且也能令自己显得踏实和充实。

当我们给自己订下一个目标时，父母可能不信任我们能够坚持；当我们想改变现状，做一些新的尝试时，父母对我们的能力可能不信任。要知道，信任是建立在双方的自我经验和相互了解的基础上。我们需要通过尊重、沟通、用事实说话来消除“家庭信任危机”，获得彼此的信任。

尊重是双向的，作为子女应该首先保持对父母的尊重。在我们需要得到父母的尊重的同时，父母也需要得到我们的尊重。当我们遭遇一些事情时，应该和父母一起探讨，将父母变成朋友，要相信他们对我们的关爱是无条件的，他们必将告诉我们应当去怎样选择，古人云：“父母在，不远游。”可现代社会又有几人能与父母长相厮守，床前尽孝呢？对于在远方的游子，一年中也许就只有在春节时，才能回家见上父母一面。即使生活在一个城市，真正与父母在一起的时间又有多少呢？我们嘴上喊着“忙，没时间，加班”，宁愿在家上网聊天，出门与朋友喝酒打麻将。我们有几个人还记得父母的生日，记得上次回家是几月几号，我们多久没和父母聊天了。缺乏交流、缺乏沟通，便无法与父母达成共识，获得信任。

年轻的我们也许会犯错，如果说谎只会使问题变得更严重，实质的问题永远得不到解决。如果我们说谎，我们的父母可能以后都不会信任我们。如果我们做错了什么事情，试着用说谎来弥补的话，对事情本身、对父母、对自己都不是好事。如果我们觉得某件事情是对的，那就努力、坚持去做，并把我们的想法告诉父母，说明我们如何做，为什么这么做，通过自己的努力证明给父母看，我们会赢得他们的信任。

4. 亲情陪伴，嘘寒问暖

“每天二十四小时，你和父母见面的时间有几个小时？”“工作在外的我们还能和年迈的父母见多少面？”假若父母再活三十年，我们每年平均回去一两次，那么跟他们见面的机会就只有五十多次。这是一个令人感到心酸的话题。

曾几何时，我们自以为自己已经长大，不再需要父母的呵护；曾几何时，我们厌倦了父母的唠叨，听不进老人的规劝；曾几何时，我们来去匆匆，把家当作了客栈。而只有当我们静下心来，认真地思考“工作在外的我们还能和年迈的父母见多少面？”这

样的问题时，才发现自己依然是年幼无知，虽然有些人已然是别人的父亲或母亲。

有的子女对父母说得最多的几个字是太忙、没时间，可曾想过父母倚在家门口期盼子女回家的目光？父母对子女的爱是无悔的，子女在享受这份爱时请抱着一颗感恩的心，感谢上天赐予了我们这般无私的爱。从我们呱呱坠地开始，我们就要庆幸父母给了自己一个健全的身体，让我们能完完全全享受这个世界，而不是带着缺憾在世界中渴求完整。所以，在父母为一年一次的团聚过年饭忙碌于厨房时，请我们不要只会舒舒服服地靠着沙发看着那可以重播收看的球赛；在父母好奇看着我们的最新款手机问询不断时，请我们不要以不耐烦的口吻打断他们的询问，让他们讪讪地走开；在父母身体出现病痛时，请不要只是在形式上站在床前说几句无关痛痒的话，然后借口说很忙，转身扎入朋友的应酬中去。

“子欲养而亲不在”，那种伤痛是无法弥补的，是金钱买不回来的，珍惜和父母在一起的时间吧，不要嫌弃父母的唠叨，多同他们聊聊天；不要嫌弃父母的土气，常回家看看；不要忘了父母的养育，让他们有一个祥和的晚年。

（三）古今“孝心”“孝行”

1. 孝感动天

舜，传说中的远古帝王，五帝之一，姓姚，名重华，号有虞氏，史称虞舜。相传他的父亲瞽叟及继母、异母弟象，多次想害死他。让舜修补谷仓仓顶时，在谷仓下纵火，舜手持两个斗笠跳下逃脱；让舜掘井时，瞽叟与象却下土填井，舜掘地道逃脱。事后舜毫不嫉恨，仍对父亲恭顺，对弟弟慈爱。他的孝行感动了天帝。舜在历山耕种，大象替他耕地，鸟代他锄草。帝尧听说舜非常孝顺，有处理政事的才干，把两个女儿娥皇和女英嫁给他；经过多年观察和考验，选定舜做他的继承人。舜登天子位后，去看望父亲，仍然恭恭敬敬，并封象为诸侯。

2. 亲尝汤药

汉文帝刘恒，汉高祖第三子，为薄太后所生。高后九年（前 179 年）即帝位。他以仁孝之名闻于天下，侍奉母亲从不懈怠。母亲卧病三年，他常常目不交睫，衣不解带；母亲所服的汤药，他亲口尝过后才放心让母亲服用。他在位二十四年，重德治，兴礼仪，注重发展农业，使西汉社会稳定，人丁兴旺，经济得到恢复和发展，他与汉景帝的统治时期被誉为“文景之治”。

3. 百里负米

仲由，字子路、季路，春秋时期鲁国人，孔子的得意弟子，性格直率勇敢，十分孝顺。早年他家中贫穷，自己常常采野菜做饭，却从百里之外负米回家侍奉双亲。父母死后，他做了大官，奉命到楚国去，随从的车马有百乘之众，所积的粮食有万钟之多。坐在垒叠的锦褥上，吃着丰盛的筵席，他常常怀念双亲，慨叹说：“即使我想吃野菜，为父母亲去负米，哪里能够再得呢？”孔子赞扬说：“你侍奉父母，可以说是生时尽力，死后思念那!”

4. 朱德总司令《回忆我的母亲》选段

母亲最大的特点是一生不曾脱离过劳动。母亲生我前一分钟还在灶上煮饭。虽到老年，仍然热爱生产。去年另一封外甥的家信中说：“外祖母大人因年老关系，今年不比往年健康，但仍不辍劳作，尤喜纺棉。”

我应该感谢母亲，她教给我与困难作斗争的经验。我在家庭中已经饱尝艰苦，这使我在三十多年的军事生活和革命生活中再没感到过困难，没被困难吓倒。母亲又给我一个强健的身体，一个勤劳的习惯，使我从来没感到过劳累。

我应该感谢母亲，她教给我生产的知识和革命的意志，鼓励我以后走上革命的道路。在这条路上，我一天比一天更加认识：只有这种知识，这种意志，才是世界上最可宝贵的财产。

母亲现在离我而去了，我将永不能再见她一面了，这个哀痛是无法补救的。母亲是一个平凡的人，她只是中国千百万劳动人民中的一员，但是，正是这千百万人创造了和创造着中国的历史。我用什么方法来报答母亲的深恩呢？我将继续尽忠于我们的民族和人民，尽忠于我们的民族和人民的希望——中国共产党，使和母亲同样生活着的人能够过快乐地生活。这是我能做到的，一定能做到的。

5. 孝女孟佩杰

出生于1991年的孟佩杰是山西临汾隰县人，有着不幸的童年。5岁那年，生父因车祸去世，生母无奈将她送人收养，不久生母因病去世；5岁的孟佩杰由刘芳英照顾，三年后养母刘芳英因病瘫痪，不久后，养父不堪生活压力离家出走，此后杳无音讯。8岁的孟佩杰从此承担起了侍奉瘫痪养母的重任：每个月两人就靠养母微薄的病退工资生活；孟佩杰每天在上学之余要买菜做饭，替刘芳英洗漱梳头、换洗尿布、为全身涂抹三种褥疮药膏。“那时候，她人还没有灶台高，每天就踩在凳子上生火做饭，不知道摔了多少跤，但从没喊过疼。”刘芳英说，“一开始她分不清各种蔬菜，就自己编口诀‘长长的青葱圆圆的蒜，扁扁的豆角绿油油’；有时家里没钱了，她就自己出门去找街坊邻居借。”转眼间12年过去了。刘芳英说：“12年来，她每天早上6点起床，帮我穿衣服、刷牙、洗脸、换尿布、喂早饭，然后一路小跑去上学；中午放学，回家做饭、喂饭，给我擦洗身子、活动筋骨、敷药按摩、洗漱更衣、倒屎倒尿，换洗床单、被褥，再匆匆忙忙去上课；放学回来，匆匆赶回家做晚饭、做家务，服侍我睡觉。每次全部收拾完都得到9点以后，然后她才歇下来做自己的功课。”

说起往事，说起12年来孟佩杰遭的罪，刘芳英泣不成声：“我照顾了她三年，她却要照顾我一辈子，我下辈子还给她做母亲，我一定报答她。”从此，孟佩杰日复一日照料养母刘芳英，任劳任怨，不离不弃。2009年，孟佩杰被距离家乡百公里外的山西师范大学临汾学院录取，在学校附近她租了房子，继续悉心照料着养母。2009年，临

汾市委授予孟佩杰母女文明和谐家庭荣誉称号。2010年,孟佩杰成为临汾市年龄最小的十佳道德模范。2012年2月3日,获得感动中国十大人物荣誉称号。

第二节 感恩师长

师长,是我们学习、成长所不可或缺的重要人物,在人类进化历史长河中闪耀着不可磨灭的光辉。在远古时期,燧人氏教民"钻燧取火",伏羲氏教民渔猎,神农氏教民稼穑;在春秋战国时期,官学崩溃,儒家孔夫子率先办起"私学",主张"有教无类",而后墨家、道家、法家、名家、农家兴办私学,促成中国古代文化教育与士阶层崛起;此后,在两千多年封建社会里,私塾、公学并行,涌现出教育家西汉董仲舒、唐朝韩愈、宋朝朱熹等,华夏文明才传颂至今。到了民主革命时期,张之洞、康有为、梁启超、蔡元培等纷纷将西方"自由、平等、博爱"的思想和先进科学知识引入我国教育中,首创公民道德教育。社会主义革命和建设时期,教师们和全体劳动人民团结在党的周围,学习马克思主义理论,为国家恢复和建设工作增砖添瓦。党的十一届三中全会后,不断提高了生活待遇、社会地位的教师们为建设有中国特色的社会主义辛勤奋斗着。

在我们人生的道路中,正因为有师长的辛勤传授,我们才能获取各种先进的科学文化知识,不再懵懂无助;正因为有师长的鼓励支持,我们才能从浑噩困惑中找到自己前进的方向;正因为有师长的苦心教导,我们才能从世间百态中找到自己,做出正确的选择;正因为有师长的无私奉献,我们才能从年幼无知茁壮成长为祖国栋梁。所以,我们应该对人生每一阶段中出现的师长都心怀感恩之情,力做感恩之事。

一、感恩师长传授知识

名言警句:

一日为师,终身为父。 ——《鸣沙石室佚书清·太公家教》

举世不师,故道益离。 ——柳宗元《师友箴》

教师是人类的灵魂工程师。 ——哈伊尔·伊凡诺维奇·加里宁

(一)感恩师长传授理论知识

1.师长传授知识的任务特殊

师长在社会中之所以受人爱戴和尊敬的最主要原因在于,师长在传授知识过程

中有非常特殊的任务。它有别于工、农等其他行业,是通过征服自然、改造自然从而获取物质生活资料,创造出物质或精神产品;师长是根据社会需要,将有血有肉的青少年培养成有知识、有文化、具备基本劳动技能的有道德的社会人。师长的根本任务就是教书育人,正如唐代教育家韩愈所说:"师者,所以传道授业解惑也。"师长不仅要传授丰富的科学文化知识,还要开发学生的智力,指导学生熟悉和掌握基础技术能力,更要培养学生树立正确的、积极的人生观、价值观、世界观,从而培养学生具备高尚和优秀的思想道德品质。只有这样的人,将来才能适应社会经济、文化发展的要求。

师长是人类文明的继承者和传承者,是社会主义精神文明和物质文明的建设人和传播人。师长通过传授知识的过程,将先进的科学文化知识,通过教学方法和技能,转化为学生的精神食粮,这就对师长提出了更高的要求和挑战。师长必须要有根底扎实的知识储备和文化素养;要有独立解决问题的思考能力,有创造性和创新性能力,能够应对学生在接受知识过程中出现的任何情况;还需具有高度的责任感和爱心,当学生出现任何思想上、学业上的问题时能及时指正;还要掌握传授知识的方式方法和相关技巧,在了解学生心理特征、尊重学生基础上,让他们能将知识内化,并帮学生树立正确的、积极的人生观、价值观,培养其优秀的道德品质。

由于学生正处于身体发育和心理未成熟阶段,对于接受师长所传授知识的能力和层面有一定的局限,有时会以自我标准来判断自己与某位老师的关系并决定到底自己学不学习某门学科,甚至有时还会发生与老师冲撞。这是每位师长所面临的最大的挑战。如何打开学生的心结,变"被动学习"为"主动学习",变"不想学"为"想要学"是师长在传授知识过程中需要发挥自己主观能动性,通过一定的方式方法和教学技巧,多次、反复地深入了解学生的内心世界,才能最终办到的事。当然,这里需要的是老师的爱心和耐心。

当我们年幼无知时,是老师不仅担当起传授知识的角色,从学习方面严格要求我们,让我们养成良好的学习、作息习惯,更重要的是培养我们具有良好的品德,对于我们出现的错误加以批评和指点,努力让我们在德、智、体、美、劳上全面发展。当我们长大些,身体开始发生了羞涩的变化,进入那欲说还休的青涩懵懂和叛逆时期,老师们更是细心地呵护着我们的成长,他们除了要传授科学文化知识给我们以外,还要在尊重我们青春期脆弱而敏感的隐私、尊严上,指导我们找到正确的人生观和价值观,尽心地培养我们优秀的道德品质,形成良好的人生观、价值观、世界观。当我们进入大学学府,有些老师引领我们进入学术最前沿的殿堂,教会我们最科学的学习方法和技能,为我们创造未来模拟职场,让我们掌握好以后踏入社会的本领和方法。还有些老师细致入微地关心着我们的成长、学习的点点滴滴,他们关注着我们大学四年间的思想变化和状况,对我们生活嘘寒问暖;他们关注着我们大学学习状态,做好"学生——学校——家长”之间的沟通使者；他们在我们人生转折点时，指导该如何创业、就业、择业，他们为我们提供各方面踏进社会前的准备工作和信息，希望我们能够飞得更高更远。

在我们人生的各个阶段，老师们总是全身心地付出自己的爱心和劳动，哪怕是我们在各个方面只是有一点小进步，他们总是欣喜不已，为我们的每步成长感到骄傲和高兴。同学们，你还记得炎热夏天，老师挥汗如雨，在教室上课的情景吗？你还记得那年因为有道数学题没有明白，老师反复讲给你时的情景吗？你还记得那年因为和父母有点不愉快，成绩下滑，班主任找你谈心的情景吗？你还记得那年冬天，悄悄给声音嘶哑的老师偷偷地放咽喉片在课堂上吗？……

案例链接

柳潜(1878—1930)，字钧湄，号涤庵，湖南省湘阴县三塘乡岳云村人，是清朝末年的一名秀才。他早年酷爱读书，学识渊博，颇有才华；青壮年以后目睹官场腐败，遂放弃仕途，以教书为业，被湖南全省公立高等中学校(后改名省立第一中学)首任校长符定一聘请为国文教师。柳潜与毛泽东的师生之缘源于1912年春，时年19岁的毛泽东以“名列榜首”的优异成绩，考入刚成立的湖南全省公立高等中学校普通科一班，柳潜任毛泽东的国文教师兼班主任。十分爱才的柳潜，对毛泽东非常器重，除在课堂上对毛泽东严格要求、细心辅导外，还利用课余时间向毛泽东传授国文、写作等方面的知识，讲析历代文章大家的代表之作，使他得到了系统的古汉语言文字的训练。在柳潜的精心培养下，毛泽东在写作方面的特长得到了迅速发展，他在学校一直保持着“文章魁首”的地位。

毛泽东对他的这位给予自己莫大鼓励和栽培的老师，一直都非常感激。1936年，毛泽东在延安同美国记者埃德加·斯诺谈话中，回忆在该校读书时的情况时说：“我的下一个尝试上学的地方是省立第一中学。我花一块钱报了名，参加了入学考试，发榜时名列第一。这个学校很大，有很多学生，毕业生也不少。那里的一个国文教员对我帮助很大，他因为我有文学爱好而很愿意接近我。这位教员借给我一部《御批历代通鉴辑览》，里面有乾隆皇帝的上谕和御批。”1949年10月，毛泽东邀请他的好同学周世钊，到北京中南海家中做客时，又问到柳潜，再一次强调说“柳先生对我帮助和鼓励很大”，“是位教育家”，并请周世钊回湖南后，帮助打听他这位阔别30多年的先生，并代他进行慰问。还说，如果柳先生不在人世，请周世钊打听柳先生的夫人及其后人，如有生活困难，代他进行帮助。这也是中华民族“滴水之恩，当涌泉相报”的美德在毛泽东身上的集中体现。

点评：其实毛主席和柳潜先生的师生交往时间并不长，1912年7月后毛主席就从湖南全省公立高等中学校退学进行自修。在短暂的半年时间内，柳先生诚挚的鼓励和耐心细致的培养，使年幼的毛泽东备受鼓舞，也为他走向更加广阔的天地打下了坚实的基础。在短暂的半年时间内，毛主席和柳先生结下了深厚的师生情谊，以致多年后，毛主席还反复强调柳先生对自己的帮助和鼓励，还请同学帮忙打听柳先生并带去慰问。诚然，曾赞誉"自是伟大之器"的柳先生是毛主席的伯乐，毛主席也以"滴水之恩，当涌泉相报"的美德得以感恩回报。

2. 师长传授知识的对象特殊

师长传授知识的对象是人，准确地说，是有血有肉、有复杂情感、鲜明个性、思想变化剧烈的儿童、青年、少年或成年人。这些学生有着不同年龄阶段、不同性别特征，而且来自于社会各个层面的家庭，从小到大受不同类型家庭教育熏陶而成长起来的。所以，在师长传授知识过程中，每个学生既是师长传授知识的"客体"，又是接受知识的"主体"。学生在师长传授知识的过程中，以主体身份出现，具有一定的自主性、选择性、能动性。他们会对自己和老师的关系有一定的认知，并且对于知识的接受过程会有自己的态度和目的。他们往往从自己的愿望和目的出发，主动地与师长相互联系、相互活动，同时影响着师长传授知识的教学方法和教学手段；他们还能够对传授知识等一系列教育活动进行自我选择、自觉认识、自我创造，并对这个接受知识的过程完全负责。

所以，师长面对学生，就不能像其他劳动者面对机器、电脑那样，停留在一般属性、性能的认知上；也不能等同于作者、画家面对自己作品一样，停留在依靠生活常识、想象进行创作。这就增加了师长在传授知识的过程中的复杂性和难度。这种复杂性和难度要求师长在传授知识时，不仅根据国家教育要求和目的教育学生，而且还要根据群体学生的年龄、性别阶段生理和心理的特点，甚至是依据单个学生的性格特点，提出不同的要求，采用不同的方法因材施教。这也要求师长，在传授知识的过程中，不仅要熟悉学生的现在和过去，能根据其性格特征和年龄特点推知未来的变化；不仅重视学校内教育的重要过程和作用，而且还能有效地联系家长，注重"家庭——学校——社会"循环联系，从而更好地培养学生。当学生处于儿童期时，由于认知能力、思维能力和语言表达能力都处于高度发展时期，老师们常常采用启发和循序渐进的教育方法，不厌其烦、反反复复地进行传授知识和巩固知识，与此同时，教师还要解决这一特殊时期学生对象的主要矛盾，耐心、细致地教会学生养成良好的学习习惯和品德行为，这就需要老师们要对儿童期的学生倾注自己的爱心和耐心，尽自己全力去爱护、包容、呵护这些正在成长的小朋友们。当学生处于青春懵懂期时，正是认知能力、思维能力发生巨大变化的时期，但他们由于身体的发育，往往细腻、敏感、躁动、有冲劲，希望以自己的方式简单地认知社会、认知世界，这时需要老师们在尊重青春期学生的同时，根据不同性格的学生，采用适当的方法，晓之以理动之以情地指导学生形成正确的人生观、价值观和世界观，并且掌握各学科基础知识和技能。这时的老师

是最辛苦的，因为青春期的学生通过家庭教育、初级教育和社会的影响，已经形成了一定的人生观、价值观和世界观，并且希望通过自己的方式认识这个社会，带有很强的主观性和感情色彩，容易钻牛角尖，走极端，这时候的老师仅仅打爱心“感情牌”或疾言厉色反而会适得其反，这就需要老师们以尊重、平等对话的方式与学生进行沟通、反复教育，让学生明白老师的苦心，更重要的是怎样的方式才是认知世界、社会、人生的正确方式，教会学生拨开万花筒般的表面现象发现本质。当学生处于青年阶段时，他们已经形成自己的人身观、价值观和世界观，但对于几年后即将踏入的社会存在迷茫和不安，这时老师除了要传授给大学生们学科前沿的知识结构和研究技能外，还将传授给学生们未来职场生涯中的实际技能，让他们尽快地缩短“书本知识——实际操作”之间的差距，掌握实践本领；更重要的是，这时候老师们还要消除大学生对未知社会莫名的迷茫和不安，教会他们正确地认知社会上纷繁复杂的百态人生，完善自我认知能力，形成良好的人身观、价值观和世界观体系，努力成为一名对社会有用的人才。

所以，我们更应该用自己的实际行动来感谢人生中传授给我们知识、技能，人生中指导我们行进方向的老师们。对于老师们最大的感恩就是尊重他们的辛苦劳动，能够在课堂当中认真、仔细地听取老师所传授的各种专业知识、技能，能够学有所用、学有所长。对课堂的基本礼仪规范能够及时地执行，比如上课不迟到、不早退，不随意地交头接耳，有问题课后礼貌地询问老师，老师布置的作业能够及时完成，课堂讨论时间能够积极、大胆地发言。其次，作为学生，我们更应该换位思考，能够在课后为老师做一些力所能及的事情，是我们学生感恩老师实际行动之一。比如，有些同学自觉地成为老师的课程课代表、课程助理，帮助老师收发作业、登记点名册、梳理教案工作等，为老师在辛苦备课之余减轻一些冗杂的教务工作；有些同学在老师被其他同学误解或发生矛盾时，勇敢地站出来，第一时间化解这些误会，为老师们减轻不必要的压力；还有些同学看到老师身体不适、疲劳时，悄悄地为老师送去一些润喉糖，为老师打一杯热开水；还有的同学在老师生病的时候，组织同学到医院、家中看望老师，以表达自己对老师的关爱之情；还有的同学在各种节假日期间对辛勤工作的老师发一些祝福、表达自己对老师关心热爱的短信、电子邮件等；还有些同学在毕业之后，经常回母校看望曾经教导过自己的老师们。其实，这些都是我们作为学生可以为老师辛苦付出的劳动应做出的感恩行动，但就是这些感恩的行动，也远远不及老师们对我们所付出的精力和心血。曾经，笔者不止一次地听过很多老师都表露过这种心声，自己心中感到最欣慰的时候就是学生在自己的教导之下能够获得相应的知识、技能，并能够将这些知识技能及时运用到工作岗位当中；自己心中感到最欣慰的时候就是学生能够在自己指导之下前进的每一脚步时，从心底发出的那一声声“谢谢您，老师”、“老师，您辛苦了”。这是对老师们辛苦付出的价值体现；而同学们的各种感恩行为更是对老师们辛苦付出的心灵慰藉。

案例链接

子路问："闻斯行诸？"

子曰："有父兄在，如之何其闻斯行之？"

冉有问："闻斯行诸？"

子曰："闻斯行之。"

公西华曰："由也问'闻斯行诸？'子曰：'有父兄在'。求也问：'闻斯行诸？'，子曰：'闻斯行之'。赤也惑，敢问。"

子曰："求也退，故进之；由也兼人，故退之。"

点评：对于同一个问题："是不是听到了一个好主意，应该马上去做呢？"，孔子根据不同性格特点的学生做出了不同的解答。对于遇事较轻率、莽撞的子路，孔子回答他："有父母兄弟在，你应该先去请教他们，哪儿能马上就做呢。"对于遇事有些畏首畏尾、缺乏自信心的冉有，孔子则鼓励他："可以马上就去做。"孔子作为我国私学创办者和教育家，非常注重根据学生个体特征，具体问题具体分析；针对不同事物的个体特点，用不同方法解决矛盾。孔子这种因材施教的教学思想和方法，在后世教育史上有重要的影响。

3. 师长传授知识的过程特殊

社会上有很多人非常羡慕教师这个职业，他们总认为，这个职业没有什么挑战性，休息时间长，压力也不大，成天与学生打交道，轻松快乐，真是件美事。其实，这是对教师传授知识过程的特殊性片面理解造成的。师长传授知识的过程带有一定的特殊性。它不同于农业、工业、制造业等其他行业单纯"八小时"工厂、车间、研究所、实验室劳动过程。因为师长传授知识在时间和空间上都有一定的灵活性。

首先，这个传授知识的劳动过程并非简单地"传授"而已，其中还包括对教学活动的前期准备工作：阅读教学书籍、准备教案、准备课堂 ppt、设计教学过程和环节，以及教学活动的后期收尾工作：及时批改学生作业、发现学生问题后的查漏补缺、参加教研总结会、出期中和期末试卷，整理相关数据，设置新的教学大纲等。这样的传授知识的过程，肯定不能局限于每天八小时的上班时间。传授知识仅仅是"冰山一角"而已，前期准备工作和后期收尾工作往往会耗费教师大量的时间和精力，可以这样说，传授知识是否精彩、能否让学生深入浅出地掌握知识和技能往往取决于教师是否花心思和时间投入于传授知识的前期准备工作和后期收尾工作中。

其次，为了能更好地传授知识，教师不仅仅在学校里，按照正常的教学秩序，根据课程表进行教学课堂活动；为了能够将书本知识与社会实践操作相结合，让学生掌握

更多的实际操作技巧和技能，培养更多实用性人才，教师还要抓紧课堂外的空余时间，参加社会实践岗位学习或查阅大量的书籍期刊，了解学科的最前沿，研究学科最高端的技能与技巧，进而深入地了解学生的学习状态和生活状况。

教师传授知识的空间也不再像工人守在流水线的车间、农民劳作在田间、白领在办公室电脑前上班那样固定在教室里，而是在课堂内外、操场上、实习车间里、田野里，甚至家庭、社会公共场所等地方，教师都可以作为传授知识的场地。紧张而忙碌的教学任务完成以后，教师仍不能准时"下班"，他们还要继续工作，翻开教材，打开电脑，开始第二天课程教案的准备工作。有时教师还要进行家访，主动地跟家长取得联系，了解学生的成长背景，与家长共同商讨解决学生出现问题的最佳解决办法。有时，还要处理学生、家长的各种电话、qq、e-mail 上的各种问题。当大家都享受节假日休息时，教师还在无休无止地准备下一个时间段的教学活动，或者积极地进行各种评教、赛课、听课的准备工作。可以说，教师八小时工作内外都是劳动时间，校内外都是工作地点，职场中"八小时工作""上下班"等概念对于教师是不适用的。高度的责任心和对学生的爱心是推动教师在传授知识过程中辛苦劳动的重要精神支柱。

此外，为了第一时间了解学科前沿学术或实际工作中的技能需求，越来越多的教师选择在寒、暑假进行"持续充电"。有些教师为了增加自己的知识储备，提高自身修养，自愿地参加各种进修、学习、培训、提高班，努力第一时间内掌握学术前沿和先进技能技巧；有些教师为了了解实际工作情况，带着所传授的最前沿的学术知识投身于各行各业的实习实践中，用实践检验真理，努力成为现代社会所需要的"双师型"教育人才；还有些教师，不分昼夜地奋战在"毕业季""招聘季""招生季"等第一线工作中，加班加点，任劳任怨。

所以，正是这样具有灵活、弹性的特殊工作过程，让我们明白，教师这个职业的不容易和辛苦。我们更应该尊重教师的劳动成果，认真努力地学习，这样才不辜负老师付出的青春和心血。有一些同学对于当年自己学生生涯中，对老师的教诲有些不理解，认为当时老师对自己太过于严格要求，态度有些严厉，甚至产生过一些逆反、厌恶的心理，但是经过自己多年之后的工作经历，再回忆起当年老师的这样严格要求，反而会产生感谢之情，认为老师当年这样的严格要求是对的，更为自己当年作为学生的某些过激语言和行为感到愧疚，甚至还会有同学登门致谢表达自己的感谢。而对于那些性情稍微温和，态度比较和蔼的老师，我们往往会对他们所传授的知识和所传授的人生训诫记忆深刻，会主动地接近他们，并表示自己的喜爱之情。当自己学习生涯结束，多年之后，很多同学都会对当年老师们的教育所感动，一直念念不忘。有些学生会主动地定期到母校去看望、关心老师，从心底将老师视为自己的家人，如果老师有困难，定会伸出援手，就像当年年幼的自己遇到困难时，老师主动、毫无报酬地帮助自己一样；还有的学生因为信赖老师的教育，还将自己的下一代甚至朋友的下一代继续交给老师教育，相信老师一定能继续培养出有用之才。

从年幼时对老师的教育方式、方法甚至内容产生厌恶、不信任感，到长大成人、在社会摸爬滚打后回顾老师的教诲，才恍然大悟当年老师的严格的要求、严厉的态度不过都是希望自己能够在短时间内快速成长的良苦用心，才后悔自己当年对老师的教诲所产生的种种不良情绪和过激反应是多么不应该，从而感激老师当年如此的严格才培养出现在的自己。这是很多人在其学生生涯之后所念念不忘，甚至有时会带着悔意回忆的片段。所以，同学们，当你遇见人生中的那位“严师”，当你自己仿佛已经受不了他的严格要求时，请你一定要多换位思考，多冷静分析，这位“严师”那么严格，甚至苛刻地要求自己，到底是为了谁。所以，请对生命中的那位“严师”多些理解，多体谅他的那份苦心，因为最终你会发现，他原来都是为了你。

（二）感恩师长培养实践能力

1. 社会实践是当代大学生成长的必由之路

马克思认为，人的认识是在实践的基础上主体对客体的能动反映。社会实践是大学生成长的必由之路，是大学生能将在校所学知识在实践活动中不断检验和不断完善发展的过程，更是培养大学生实践能力和创新精神的基础。大学生们在社会实践中，能够在克服实践中的困难，培养创新精神和实践能力，更能在实践创新中推进实践，形成良性循环。而当今社会更要求高校所培养的人才是具有实践开拓精神和创新能力的高素养人才。所以，培养社会主义建设者和接班人的重任就落在了高校肩膀上，中共中央国务院在《关于深化教育改革，全面推进素质教育的决定》中明确指出：“高等教育要重视培养大学生的创新能力、实践能力和创业精神，普遍提高大学生的人才素质和科学素质。”中共中央国务院在《关于进一步加强和改进大学生思想政治教育的意见》再次强调社会实践的重要性：“社会实践是大学生思想政治教育的重要环节，对于促进大学生了解社会、了解国情、增长才干、奉献社会、锻炼毅力、培养品格，增强社会责任感具有不可替代的作用。要建立大学生社会实践保障体系，探索实践育人的长效机制，引导大学生走出校门，到基层去，到工农群众中去。利用寒暑假，开展形式多样的社会实践活动。积极组织大学生参加社会调查、生产劳动、志愿服务、公益活动、科技发明和勤工助学等社会实践活动。”

社会实践活动能够充分教育大学生们树立正确的人生观、价值观和世界观，提高他们的心理素质和思想觉悟。更重要的是，社会实践活动能够使学生在实践过程中加深对在校期间所学专业知识的体悟和运用，激发大学生们对专业学习的兴趣和学习主动性，形成“教”、“学”相长的良性循环。高校校园不仅是大学生们学习基础知识的殿堂，更是一个学会做人、形成正确人生观、价值观和世界观的“小型社会”。但

毕竟高校与社会之间还有很大差别，当今太多的高校大学生毕业后不能尽快地适应社会，适应工作生活。高校通过结合各学科各专业实践活动培养学生的专业技能，加强大学生们社会实践能力，提高大学生们对社会的适应能力，为学生尽快地踏进社会打好技术基础和心理认知基础，实现教育与社会生产的“无缝对接”，从而走出一条实践成才的大道。

以四川大学锦城学院为例，该校一直致力于树立除“是一所管理严格、学风严谨的学校”、“是一所教书育人、高度负责的学校”的公众形象以外，还要致力于树立为“一所联系实际、学以致用的学校”的形象。该校一直以深厚理论为基础，崇尚实践，能力至上，培养改造客观世界的行家里手和干练人才为要旨。四川大学锦城学院还致力于以培养高素质、复合型、经世致用的应用型人才为己任，并将“讲诚信、讲礼仪、讲感恩”、“对国家、人民尽忠心，对父母、长辈尽孝心，对同学、同事尽爱心”的“三讲三心”明德教育、“一体两翼”知识教育、“吃苦耐劳意志训练、组织纪律与团队精神训练、职业素质能力训练”、“创新思维、创造能力、创业精神”的“三创三练”实践教育作为培养应用型人才模式。学校坚持以课堂教学、实验室教学、实践教学、课外活动阵地并重，特别重视实践。学校开展“三创三练”活动的指导思想是为了更好地训练学生，激发学生学习的热情，一边学习，一边实践，让学生从实践中学习知识，以创业带动学业，以学业促进创业。因此，该校才能保持每年寒暑假期间有若干锦城学子自发组成各种团队，主动结合各自专业特色，发挥学科优势，广泛开展大学生“科学发展观”实践服务：他们或者走访中学母校进行“感恩行动”；或者走访云贵川等边远山区进行支援教学活动，进行“关爱农民工子女”服务；或者在“5·12”地震之后，迅速组成团队进入灾区，进行当地群众学生“心理干预级抚慰”工作；或者跋山涉水，来到交通不便、教育欠发达地区进行“爱心助孤”志愿服务；或者带着科研课题走进乡镇，进行“科技兴农”服务；或者进行专业课程实践，在自己的家乡进行“挂职锻炼”活动；有些同学为了保护“非物质文化遗产”，走访各地风土民情，进行着精彩的“课程调研”活动；还有些同学为了践行学校“三创三练”的“创业”教育，进行“创业实习”活动。当然，同学们融入各种精彩的实践活动进行丰富多彩的社会实践时，还有无数默默站在同学们背后的辛勤指导教师们的身影。他们作为社会实践指导教师，有些亲自带领大学生们进行田野调研，有些作为专业知识指导顾问，有些及时疏导学生们在社会实践中遇到的心理问题，帮助大学生们排除安全隐患，并培养他们的社会适应能力。

案例链接

图 2-2-1 《艺术人生》开场舞

（图片来源：http://www. bfa. edu. cn/zt/2013 – 09/25/content _ 65731. htm）

行走，学习，收获，广西社会实践渐进尾声，同学们在这次行走中的体验和收获也日益成为大家交流的重要话题。可以说，这次实践对于实践团的每一位成员来讲都是一次难得的经历，意义非凡，收获丰富且非常宝贵。

出发之前，王黎光老师给每个同学都布置了作业，这个作业并不是常规意义上的论文或者试卷，而是根据实践团每个成员所属的系别，结合各自的专业知识素养与需求，为同学们量身打造了一套学习方案。最终的学习收获展示与考核也各不相同，至于实践成果的汇报展示，也有不同于平日的特殊方式，同学们将走到银屏前，在中央电视台《艺术人生》的舞台上汇报成果。

图 2-2-2 王黎光老师为观众介绍这次广西实践团的行程

（图片来源：http://www. bfa. edu. cn/zt/2013 – 09/25/content _ 65731. htm）

针对各自的实践作业，无论是在实践的进行中，还是在出发归来的途中，同学们紧锣密鼓，各自备战，为最后的作业汇报做着准备。

终于到了录制节目、展示作业成果的一刻，同学们纷纷上台说出了自己对于本次社会实践的学习收获与心得体会。大家的表述角度各不相同，内容风采各异，形式多种多样，但无一例外的是：真实、真诚、真情、生动。

图 2-2-3　舞台上汇报作业场景

（图片来源：http://www.bfa.edu.cn/zt/2013-09/25/content_65731.htm）

文学系的三位团员，在实践中采访并记录了很多形象生动的当地民众，为日后能够创作出更加接地气的剧本积累了大量鲜活的故事素材；导演系、摄影系、录音系的团员们携手努力、通力合作，拍摄了劳动主题的公益片——《劳动是最美的旋律》，当他们的作业在大屏幕上播放的时候，一个个精致的画面赢得了现场观众们的阵阵掌声；表演系的五位团员同样受益匪浅，不仅参与了公益广告片和实践纪录片的录制工作，在《艺术人生》现场通过舞台情景剧的形式鲜活地还原了实践过程中自己所观察和模仿的人物，其中关于蜡染织布、耕田的具体动作都模仿得惟妙惟肖，将细节表现得淋漓尽致；美术系和动画学院的团员们不仅临摹了绮丽的风景、别致的建筑，还为老师和同学们创作了漫画版肖像，笔到之处神韵尽显；管理系的团员不仅和文学系的团员共同负责了柳州影视文化现状的调研工作，还在整个实践过程中担任制片人的角色，实际体验了一把团队管理的不易与艰辛。节目录制在同学们的热烈讨论、争先恐后的发言和师生的欢声笑语中顺利完成。

我们去过，走过，也终将离开。但一切必将存于心底，存于记忆。

离开了小寨、离开了鼓楼、离开了柳州、离开了广西——在去机场的路上，看着窗外掠过的景色，回想这几天的快乐时光，心里洋溢着满满的收获与感动。

此次社会实践一行，同学们真切体会到了许多课堂中所无法触及的知识，开阔视野、增长见识的同时也增进了彼此的友谊。在今后的学习生活中，我们将迈着坚定的步伐、保持满腔的热情、带着坚韧的意志，努力创作出更优秀的作品，为中国电影的发展贡献一份力量。

点评：北京电影学院文学系、导演系、摄影系、录音系等师生一行在2013年的暑假里，以“中国梦，青年梦，电影梦”为主题，用自己的青春感受着广西柳州文化氛围和人文风情，领略了少数民族——苗家风情，感受了三江侗寨——侗族人们的好客热情，并通过大家的采风和热烈讨论，制作了以劳动为题材的广西劳动人民公益短片，最后以在中央电视台《艺术人生》舞台上汇报演出作为这次社会实践的圆满收尾。这些大学生们以自己的身体力行，领略了祖国大好河山的壮美，增长了见识，感受到不同民族的风土人情和民族特色，并学会了如何运用各自专业知识和技能进行讨论、拍摄、协同合作，为我国未来的电影行业发展贡献自己的一份力量。

2. 社会实践是历练大学生心智，促进就业的有效方法

大学生社会实践是一种以实践为手段实现高等教育目标的有效教育模式，是让大学生们主动、自愿、有计划性地深入社会现实生产和劳动，参与具体的生产实践和社会生活，从而能够更加深入地了解社会、分析社会、理解社会，从而更加主动、积极地融入社会、服务社会，不断地培养大学生的专业学习积极性和主动性，更培养大学生们的创造意识和创新能力，更是健全大学生品格教育的有效方式，从而促进大学生更快地适应社会、促进就业。

大学生从高等学府踏入社会是一个社会化的过程，然而当今有很多大学生们从心理上畏惧走进社会，害怕自己毕业后不能较快地适应社会。即便是那些在校园里品学兼优的部分大学生，在进入社会时老是找不到自己心仪的工作从而成为“跳蚤族”，还有的学生甚至心理承受能力较差，最后因为找不到满意的工作而抱憾终身或走向犯罪的道路，这些都是高校教育与社会实际脱钩而造成的。高校大学生们缺乏从校园迈进社会时所应做好的社会化准备。这个社会化准备不仅是心理准备，更是自己专业知识技能的准备。这些专业知识技能的准备只能靠在校期间各种形式的社会实践。所以，当今高校学府，为了使学生尽快地转变角色，适应社会生产和生活，肯定会加强各种社会实践。正如邓小平同志曾经教导我们说：“要极大地提高科学文化水平，没有‘三老四严’的作风，没有从艰从严的要求，没有严格的训练，也不能达到目的。”①江泽民同志在北京大学百年庆典上的讲话中对青年大学生提出的“四个统一”中就有“坚持学习书本知识与投身社会实践的统一”要求，实现教育与生产的有机结合，提高学生对专业学习的主动性和创造性，加深学生对社会的认知水平和社会适应能力，为学生从校园迈进社会打下良好的基础。

---

① “三老四严”是指当老实人、说老实话、做老实事，严格的要求、严密的组织、严肃的态度、严密的纪律。

以四川大学锦城学院文学与传媒系为例。为了将文传系莘莘学子培养为社会上所需要的具有技术型特点的文科专业写手，在系主任毛建华教授的带领和指导下，该系学生组建了与汉语言文学、新闻学、新媒体与信息网络、广告学、行政管理学、国际汉语教学6个专业所对应的系内学生实习实训平台——《我们》电子杂志、《赫尔墨斯》电子杂志、零摄影、《文传青年报》、《锦城深瞳报》、小西工作室、文化网络电视台、大学生新空网、夸父网、鑫政会务公司、彼岸传媒广告公司、汉语国际推广公司、锦丰农场12个“学生模拟公司”，并由该系的专职教师担任各个实训平台的专业指导教师。各专业的学生们在这些实习实训平台里，在最短的时间内，将课堂中专职教师所讲授的专业知识转变为实践技能，大展身手，他们用自己的双眼看校园、看世界，办起了一期期论点新颖、主题鲜明的中文版电子杂志《我们》、英文版电子杂志《赫尔墨斯》，并链接在文传系学生网站“夸父网”上；他们用自己所学到的“采、写、编、评”传统新闻知识与当代新媒体技术相结合，办起了《文传青年报》、《锦城深瞳报》的纸质版和电子版；他们用网络媒体技术，开启了“小西工作室”；他们用所学到的摄影知识和技能，开辟了“零摄影”时代，在“夸父网”上链接了一期又一期受到锦城学子追捧的“零摄影”电子杂志；他们用所学到的行政管理、秘书学原理等知识和技能，展开了一系列校内甚至校外会务活动，打响了“鑫政会务公司”的活招牌；他们用广告媒体知识和“三创三练”的“创业”精神，开创了彼岸传媒广告公司、大学生新空网，自负盈亏、自主经营；他们用国际汉语教学的知识和技能展开了“汉语国际推广公司”开展推广中国博大精深的汉语文化活动，成为一扇开启汉语文化传播的“锦城门”。当然，学生们在校内的实习实训中的每一步成长，都离不开各个实训平台指导老师的辛勤付出。这些指导老师们在忙碌而紧凑的课堂教学之余，抽出自己宝贵的时间，将各个实训平台的学生召集在一起，落实学生的学期实训计划，指导每一项活动，纠正学生将知识运用到实践中所出现的每一次误差和错误，对学生的每一步成长都给予鼓励。以《锦城深瞳报》的指导老师宋玲老师为例，每一期《锦城深瞳报》的学生编辑、记者们的报前编委会、选题、排版、校对、印刷，宋玲老师都亲历亲为地进行相应的指导，学生编辑、记者一旦有解决不了的问题，宋玲老师总会在现场进行耐心细致的讲解，并让学生尝试着自己去解决。有时因为选题、排版原因，总是错过了吃饭的时间，宋玲老师还会自掏腰包解决学生们的晚餐，学生们都亲切地称呼这位原《四川工人日报》编辑为“宋妈”。在宋妈的精心指导下，《锦城深瞳报》由最初的四版发展为八版，由最初的纸质版发展为纸质版和电子版同时出刊，由最初的中文版报纸发展为英文版报纸；《锦城深瞳报》的小编辑、小记者们由以前刚办报时的畏手畏脚变为得心应手，甚至还未毕业就被媒体行业所看好，“预定”就业工作。

四川大学锦城学院文学与传媒系打造了一个将学校联通社会的最佳平台。在这个平台里，学生在教师的专业指导下，将所学到的专业知识最快地运用到实践当中，让他们能够在还未跨进社会前，在校内就能经过多次、反复的专业知识实践，成为未来职场中所要求的各种专业“熟手”，在未来的就业当中适应社会、职场的各种职业要求。这种校内实习实训平台，是模拟学生未来职场、锻炼学生心智的好地方，学生通过模拟职场的各种专业训练，避免了传统校园里学生在面对就业时所产生的各种“畏惧”和“茫然”感，能够产生相应的工作熟悉度，能够最快地融入社会，融入职场。由此可见，在老师指导下的社会实践，是历练学生心智、促进社会就业的有效方法之一。

二、感恩师长促我前进

名言警句：

三人行必有我师焉；择其善者而从之，其不善者而改之。 ——孔子

务学不如务求师。 ——杨雄

教师个人的范例，对于青年人的心灵，是任何东西都不可能代替的最有用的阳光。 ——（苏联）乌申斯基

（一）感恩师长助我认识自我、发挥潜能

1. 唤醒学生的无限潜能

每个学生都是教师的教育对象，而每个教师都希望每个学生能够在自己的精心指导下发挥各自的潜能，掌握一定的知识技能，了解社会生活规则，最终能够实现自我价值。俄国教育家乌申斯基曾讲过这样的话：“如果教育家希望从一切方面去教育人，那么就必须从一切方面去了解人。”要发挥学生潜能，就必须首先要了解学生。了解学生的过程是一个长期不断的“互动”过程：学生在教学活动当中，首先扮演的是学习的主体这个角色，其次才是教师教学的工作对象。所以，教师就只能在教学互动和日常生活中采用观察、分析、归纳、判断等方法逐渐地了解学生，而不能采用一些武断的主观臆想和直观情感来轻易地断定学生的性格特点。这也意味着，教师必须尽可能地投入于关注每一个学生的兴趣爱好和个性差异中，通过仔细观察学生在教学活动中的听课状态、课堂练习、作业态度，仔细观察学生与其他人交流、学习、玩耍的不同状态，仔细观察学生对各种事务和活动的喜好恨恶，从而综合分析、归纳、判断出学生的性格特点，进而诱导、激发学生的兴趣、爱好和潜能。

当然，在了解学生，诱导、激发学生的兴趣、爱好和潜能时，贵在教师循循善诱、耐心指导。当学生或缺乏自信心、或学习知识掌握不牢、或学习方法不当、或解决不了

问题时，难道教师一直都能够用嘲笑、讽刺来激励学生、批评学生吗？答案肯定是否定的。语言太过严厉或太过于逆耳，往往不能入耳，不入耳又岂能入心，不入心岂能利于行？这就陷入了一个恶性循环。对于学生不适应自己的教学方法，教师最好的办法只能是调整好自己的心态，重新组织好教学问题和方法，积极地引导学生，唤醒他们“沉睡”中的天资。因此，英国著名的教育理论家洛克指出教师的耐心细致是多重要：“如果教师使学生过分地无地自容，他们便会失望，而制裁他们的工具就没有了。他们愈是觉得自己名誉已经受到了打击，则他们没法维持别人好评的思想就愈加淡薄。”

在教师循循善诱、耐心细致的指导中，更缺不了教师给予学生的各种无微不至的宽容和鼓励。孔子曰：“人非圣贤，孰能无过？”每个学生都需要那点燃自己潜能的火把。当学生做错事情时，教师要怀着一颗宽容的心包容他，要让他明白自己为什么会错，更重要的是让他明白怎样做以后不会再错。安德鲁马修斯在《宽容之心》中曾这样描述过宽容的魅力：“当你的一只脚踩到了紫罗兰的花瓣上时，它却把芳香留在了你的脚上，这就是宽容。”教师善用一双宽容的温暖之手，让暂时思想上或学习上稍稍掉队的学生明白，自己以后一定能在某一方面出类拔萃，自己以后一定能成为国家、社会的有用之才。而当学生在学习或生活中取得了微小进步时，教师为了能够激发学生更多的潜能，往往会给予相应的掌声、鼓励和赞美。冰心说过：“世界上没有一朵鲜花不美丽，也没有一个学生不可爱。”每一个学生都是可塑之才，教师给予他什么样的养分，他就会成为什么样的植物——如果学生生活在一味的批评当中，他就学会了谴责；如果学生生活在适当的鼓励当中，他就能学会理解和坚定。

因此，教师要用宽容和鼓励，循循善诱、耐心细致地了解学生的基本个性和特点，并在适当的时候为他们创造施展才华的条件和机会，因为即便是天才也需要实践机会来酝酿信心，而信心是通往成功的基石。先秦思想家墨子就这样认识：“染于苍则苍，染于黄则黄，所入者变，其色亦变。”教师可以以各种形式活泼的主题活动和班会等方式，潜移默化地提供学生发挥潜能的机会。比如，开展各种思想政治教育的社会实践活动、各种生动活泼的表演、晚会等，鼓励学生大胆、积极参与，勇于表现自己，发挥自己的潜能。当然，用真切的生活情境丰富学生，用热情温暖的互动激励学生，用鲜明的思想政治主题提高学生认识，这不仅能有利于培养学生的语言表达、文字书写、动手操作等能力，而且更能够提升学生的人生观、价值观，从而践行陶行知先生“千教万教，教人求真，千学万学，学做真人”的教育理念。

2. 因材施教的素质教育

“因材施教”的教育方法来源于我国先秦时期教育家孔子。他在长期的教育实践中，以“性相近，习相远”作为指南，“教人各因其材”，同样学习诗书礼乐、文行忠信，但程度不同，能力各异：教授弟子三千，其中贤人七十二，有的“千乘之国，可使治其赋”，有的“千室之邑，百乘之家，可使为之宰”，有的“束带立于朝，可与宾客言”。史实表明，正是孔子因材施教的理论和实践造就了门下诸多栋梁之材。

时代变化，因而教学背景也发生变化。现代教育中所沿袭的“因材施教”无论在概念的内涵、外延，还是实际教学操作上，都发生了较大的变化。其内涵除仍包括上述含义外，概念的外延还有更新的、更丰富的含义：“材”增加了“才”的内涵，变成“因‘才’施教”，这个“才”主要有两层意思：第一，学生的发展水平在纵向上有高低之分；第二，学生的认知模式存在横向差异。两相比较，古时“因材施教”是以不同的教法使学生成为不同之“材”，而现代“因材施教”是以不同的教法使学生具有相同的“才”。

全面推进素质教育，是我国当今教育改革的出发点和归宿。素质教育要求教师不仅要传授知识、培养技能，还要提高学生的主动性和创造性，开发潜能，培养健全的个性心理品质，最终达到全面和谐发展的目标，这也是“素质教育”与“应试教育”的根本区别。因此，因材施教成为实现素质教育的最基本、最重要的方法。素质教育的第一要义就是要求面向全体学生，但又不能以“一刀切”的教学方法来教育学生。一是因为学生个性的差异；二是因为素质教育的目的在于培养学生的主动性及创造能力，这必然要求教师采取积极有效的因材施教的措施。

实施因材施教的目的主要在于解决教学过程中统一要求与个别差异之间的矛盾。孔子时代对教育的统一要求还没有形成，教育目的基本上是孔子的仁学框架，实施个别教育也比较容易。但在现代素质教育的背景下，当教师面对几十个不同的学生，应该按哪种发展水平、哪种认知模式来推进教育教学进程呢？又该如何有效地贯彻实施“因材施教”原则呢？为此，教师可以深入到学生中去，运用观察、访谈、测量、书面材料分析和个案研究等方法，全面深入地了解学生的优缺点、类型特点与个别特点，并以发展的观点来研究学生的情况，摸索学生发展的规律和问题的成因。同时，改变按学科分设教研组的单一方式，可以增设年级组和备课组，平时的教研活动以年级组和备课组为主，以便同一年级各任课教师加深了解，共同研究学生情况，增强教育合力。学科教研组每月开展一次集体教研活动，以保证学科教学的系统性。此外，可充分发挥班主任的桥梁作用，定期召集任课教师会议，让教师更全面地了解学生的特点。

因材施教的实质就是从学生实际出发，针对学生的特点，分类分层施教，促进学生个体的充分发展。孔子善于针对不同类型学生的特点进行因材施教，如“中人以上，可以语上也；中人以下，不可以语上也”。也有对学生个别特点进行因材施教的，比如在“问孝”、“问仁”、“问政”等上，孔子都是针对提问学生的不同特点作出不同

的回答。最著名的是对“闻斯行诸”的问答。这个例子不仅展示了“因材施教”的思想实质，而且也说明孔子在教育教学中丝毫没有教条气息，一把钥匙开一把锁，做到因人、因地、因时、因势而施教。如何开展分类分层教学以更好地实施因材施教？教育界已多有探索和成果，如小班化教学，实行课内“分时制”，包括开展“小组教学”、“团队教学”、“自学辅导”等等。

教育过程是教与学的互动过程，提高教育成效，不仅要充分发挥教师的主导作用，还要充分调动学生学习的主动性、积极性。孔子很重视启发诱导学生，认为掌握知识、形成道德观念是一个主动探索和领会的过程。他说：“不愤不启，不悱不发。举一隅，不以三隅反，则不复也。”也就是说，教师不应在学生没有“愤”、“悱”的急切求知的心理状态下进行教学。正因为如此，颜回曾称赞老师的教导：“夫子循循然善诱人，博我以文，约我以礼，欲罢不能。”这种使学生竭力钻研、“欲罢不能”的情景，是对启发诱导教育的绝好写照，也说明了孔子的启发诱导水平很高，很有艺术性。

启发诱导是因材施教的基本方法，其核心就是最大限度地激发学生学习的主动性和创造精神，坚持启发式，提倡导学式，反对注入式。教师要掌握学生的学习心理状态，注意适时而教。子曰：“可与言而不与之言，失人；不可与言而与之言，失言。知者不失人，亦不失言。”对各种类型和不同特点的学生，要区别对待，善于运用启发诱导的方法，使学生始终感到“学如不及，犹恐失之”。对那些肯独立思考、敢于发表不同意见的学生要注意鼓励，肯定其独立思考的精神，采取适当的方式诱导学生认知事物，不可横加指责、讽刺打击。现在有为数不少的教师，一方面对学生的实际情况知之甚少，不注意研究学生已有的知识结构和心理状态，另一方面又对新知识缺乏分解、深化能力，往往只顾自己讲完，学生能不能接受则顾及不到，以“灌输”为主。再有就是教师过高估计学生的能力，受美国发现式教学的影响，把启发式教学变成了自学式、“放羊式”，让学生放任自流，浪费时间和精力，同样不能收到良好的教学效果。

弗雷德·爱波斯坦是美国纽约大学医疗中心儿童神经外科主任，是世界最权威的脑外科专家之一。他在幼年时却是一名有严重学习障碍的学生，甚至在课堂上把e字母全部写反了，连理解2+2也有困难，为此他曾多次遭到老师、校长的训诫和同学的嘲讽。但四年级时郝伯特·默菲老师的出现改变了他，默菲老师不厌其烦地帮他订正错误，循循善诱地辅导他，不断鼓励、肯定和一次次的成功使弗雷德慢慢走出了自我怀疑和否定的怪圈，找回了自信和自尊，最终走向了成功的人生之路。所以，作为实施素质教育的一个重要环节，今天我们应该吸取孔子因材施教思想的精华，结合当前的新形势和新情况，加以发展和创新，坚持以人为本，坚持面向全体，坚持因材施教，给每一个学生以发展的机会和“标新立异”的机会，培养全面之“才”、特色之“才”、和谐之“才”。

案例链接

图 2-2-4　学生艺术汇演

图 2-2-5　康校长接受央视采访

（图片来源：www. wccdaily. com. cn /epaper/hxdsb/htm）

2011 年 11 月 12 日，央视一套《晚间新闻》栏目和新闻频道《新闻直播间》栏目、《共同关注》栏目分别在早晚不同时段播放了成都电子科大附小“新学堂”的新闻，新闻分别从学校课程设置、体育锻炼、家长资格证等方面对该校“新课堂”进行了全面深度解读，共计时长 12 分 55 秒。据悉，这是近年来，央视新闻栏目关注成都教育发展以及报道成都学校最深入、最全面的一次。

梦想不同　课表不同

“加强学生素质教育，是《国家中长期教育改革发展纲要》的重点之一，记者近日在成都电子科大附小采访中看到，这所学校为了激发不同学生的潜质，有针对性地培养孩子们的兴趣特长，把 8 门国家课程细化成 36 门，以供学生自由选择。”伴随着主持人简明扼要的开场白和介绍，在央视新闻频道播放该条新闻一开始，便用镜头将观众的注意力聚到了学生的课表上面。

据央视记者在新闻中介绍，在成都电子科大附小的教室走廊里，很多班级的门外都贴着一张课程表，在这上面可以看到，同一节课的安排上很多课程都有 A、B 两大类，电子科大附小班里每个孩子都有一份自己个性化的课程表。

为什么每个孩子的课表都不一样？央视记者通过采访学生和校长后发现，原来学校推行了“走班制”。

除了语文、数学、外语三门课按年级上课外，其他细分的 30 多门课程，不同年级的学生都可以按自己的兴趣特长自由交叉选课。记者看到，仅音乐课，学校就提供了二胡、琵琶、木笛、电子琴等多种选择，而体育课则变成了乒乓球、网球、田径、篮球、足球、健美操等趣味课堂。这些细分课程不仅不同于许多学校开设的兴趣学习小组，而且也不向学生收取任何学费。不管学生如何选课，只要修满课时，成绩达标，都视为

合格。

电子科大附小校长、特级教师康永邦向央视记者介绍，所谓走班制，就是学校遵照国家课程标准要求，结合学校教师专业特长，学生兴趣爱好和成长需要，将国家规定开设的其中8门课程细化拓展为36门课程供学生选择。“这样做主要是有利于教师因材施教，有利于学生扩大交往半径，增强个性化技能，提升综合素养。”康永邦说。

央视记者还在实行走班制的课堂上采访了一些小学生，很多同学都说喜欢这样的课堂：“可以交更多的朋友，课堂也变得很轻松。”

科学锻炼　促进孩子健康成长

在采访中，央视记者还在该校发现了一个有趣的现象：电子科大附小每天大课间活动时间比别的学校要长，为50分钟。

新闻中，记者现场观看了该学校的大课间活动，播放了学生在操场上正做着的各种活动。通过采访，央视记者向观众介绍说，这其实也是学校“新课堂”中开设的体育课程，内容包括：体操、跑步、武术、乒乓球、网球等，课程内容全校学生每两周轮换一次。

“我们算过，学生下楼需要6分钟，上楼需要6分钟，再留给学生上洗手间的时间8分钟左右，大概都要花去20多分钟，我们以前大课间是30分钟，那么学生实际锻炼时间大概10多分钟，现在延长到50分钟以后，留给学生锻炼的时间就可以达到30分钟以上。”央视记者通过现场采访校长康永邦，对这一情况进行了详细介绍。

同时，据该段新闻报道，每天下午学生的有效锻炼时间超过1小时，据统计，全校2 500多名学生中，每年感冒的人数不足5%，近视率为20%左右，远远低于教育部门公布小学生40%的近视率。

点评：电子科大附小遵照国家课程标准要求、结合学校教师专业特长、考虑学生兴趣爱好和成长需要，设计出如此个性化的课程，把除语文、数学、外语之外的非标准课程的8门细化成36门供学生自由选择，这对学生有多大的吸引力呀。试想，置身其中的孩子们有那么多的音乐、绘画、体育课程可以自由选择，他们的课堂任务就是别人的课余活动、别人的课余锻炼就是他们的课堂内容，在这样的学校学习该有多幸福！这样注重个性、因材施教、提升素养的做法值得推广。

(二)感恩师长伴我成长

1. 当代大学生情感荒漠化，迫切需求情感教育

长久以来，人们受到传统教育观念的影响，将情感教育与知识技能等认知教育看作是相互独立、甚至是相互对立的，并带有一种倾向性，认为认知教育是首位的，情感教育一直属于附属和次要地位，是服务于认知教育而存在的。而大学生正处于情感发展的关键时期，他们大多出生于物质、经济条件日渐富足的八九十年代，从小沐浴在父母的各种呵护和亲戚朋友们的疼爱中，他们是家庭中的“宠儿”，从小便习惯大家都围着自己这个“小太阳”旋转，所以他们大多带有独生子女与生俱来的任性、自我意识强等特点，再加上正处于青春特殊阶段，情感丰富、不够稳定，处事喜欢从自我出发，易激动、急躁，喜欢感情用事；但另一方面，这个时代的大学生们的情感又带有一定的隐蔽性，常常喜欢将自我情感压抑在内心，往往体验生活、体验社会敏感而细腻、深刻而内敛，有时反而会导致心理问题，甚至出现心理疾病。社会中曝光的诸多事件逐渐暴露出大学生情感教育缺失的事实，为大家敲响了警钟，值得深思。

由于忽略人与人情感畅通交流、沟通，不仅使人际关系出现冷漠、失和现象，大学生校内犯罪屡屡见于报端。最令人震惊的便是云南大学的“马加爵事件”，由于种种生活方式的摩擦，竟然能够用极其残忍的手段手刃大学同窗，这不得不让整个高等教育深思，让全社会深思。

2014 年 4 月 1 日，复旦大学医学院 2010 级在读研究生黄洋，因身体不适入院，病情危重，经抢救无效，于 16 日在上海中山大学医院不治身亡。后经上海警方调查，该生寝室饮水机内残留水中检测出有毒化合物，12 日基本认定同寝室的林某存在重大犯罪嫌疑。经警方初步查明和上海市二中院披露，市检二分院对嫌疑人林某的公诉已被该院正式受理，公诉方指控涉案人林某以投毒方式故意杀人。在庭审过程中，林某坦言，并非因为读博、生活琐事等原因下毒。按照林某的说法，黄洋和林某关系一般。平时有些互相看不惯。“他觉得我没有生活情调，我觉得他自以为是”。投毒行为源自一个巧合，黄洋说了一句愚人节到了，他要整人，林某看见他的样子觉得他会整自己，林某心里想到用投毒的方式“那我就来整你一下”。11 月 27 日，上海市第二中级人民法院公开开庭审理被告人林某故意杀人案。法庭就林某的犯罪动机、目的、作案手段、被害人的死亡原因等展开了调查，并充分听取了公诉人、诉讼代理人、被告人、辩护人的意见，并对证据进行了质证。至下午 6 时 15 分，该案庭审结束，上海市第二中级人民法院将择日对该案作出宣判。

尽管“马加爵事件”、“复旦投毒案”是个案，但为生活琐事而致投毒、杀人，这样的作案动机令世人大感意外，同窗同室，何至于此？除要加强危险化学品的管理外，一些天之骄子竟为了琐碎小事作出如此极端举动，仍突显出高校心理健康问题、当代大学生情感教育问题的缺失和亟待解决的重要性。在许多孩子成长过程中，社会适应教育不够，甚至严重缺乏。当代“80”、“90”后大学生个人自主性较强、个人自由度较大、个人自我意识突出，处理事情往往带有强烈的冲动性和敏感性，往往会将个人与他人之间的对立和冲突夸大，缩小甚至意识不到个人与他人之间还有相互依存、相互联系的关系。他们为了追求自我目标和价值实现，往往忽略甚至排斥他人的存在，对于个体和他人存在“双重交际标准”，不愿意主动关心他人，甚至对他人要求还十分苛刻，更不会主动地进行“换位意识”思考问题。

还有些大学生沉溺在单纯强调学习知识的重要性当中，完全成为“知识的填充器”，但缺乏对亲情、友情、甚至自然的交流、沟通与关爱。清华大学的刘海洋，曾经是中学时代里同学们学习的榜样，老师眼里的好学生，在大学校园里，更是大家心目中的“学霸”，甚至“已经通过了研究生考试”，但是，他为了“考证黑熊嗅觉是否灵敏”，在北京动物园用硫酸泼向黑熊，涉嫌以故意毁坏财物罪，被北京西城公安机关依法刑事拘留一个月，清华大学在开学前夕便公布了对刘海洋同学处以留校察看处分的决定。这一事件再次让社会哗然，我们传统教育理念下培养出来的“好学生”是怎么了？为什么能向大自然界的动物下此黑手？为什么能够如此冷漠无情地作出这种事情？究其原因，是我们传统的教育当中过分地强调知识的重要性以及对学生主观能动性的漠视，造成单纯为了知识传承而教学，甚至采用灌输的教学方式。教学方法的单一，挫伤了学生学习的兴趣和积极性，变相地将学生形成单一模式——缺乏情感交流和沟通的个体。

由此可见，情感教育的目标一直都以人为本，以促进学生的全面发展为基础，填补大学生“情感教育”的缺失更是高校教育中不可忽视的重要内容。

案例链接

亲爱的儿子：

尽管你伤透了我的心，但你终究是我的儿子。虽然，自从你考上大学，成为我们家几代里出的唯一一个大学生之后，我心里已分不清咱俩谁是谁的儿子了。从扛着行李陪你去大学报到，到挂蚊帐、缝被子、买饭票，甚至教你挤牙膏，这一切，在你看来是天经地义的，你甚至感觉你这个不争气的老爸给你这位争气的大学生儿子服务，是一件特沾光特荣耀的事。

的确，你考上大学，你爸妈确实为你骄傲。虽然现今的大学生也不一定能找到工作，但这毕竟是你爸妈几十年的梦想。我们那阵，上大学不是凭本事考的，要看手上的茧巴和出身成分，有些人还要用贞操和人格去换。这也就是我们以你为荣的原因。然而，你的骄傲却是不可理喻的。在你读大学的第一学期，我们收到过你 3 封信，加起来比一份电报长不了多少，言简意赅，主题鲜明，通篇字迹潦草，只一个“钱”字特别工整而且清晰。你说你学习很忙，没时间写信，但同院里你高中时代的女同学，却能收到你洋洋洒洒几十页的信，而且每周一封。每次从收发室门口过，我和你妈看着你熟悉的字，却不能认领。那种痛苦是咋样的，你知道吗？

后来，随着你读二年级，这种痛苦煎熬逐渐少了，据你那位高中同学说，是因为你谈恋爱了。其实，她不说我们也知道，从你一封接一封的催款信上我们能感受到，言辞之急迫、语调之恳切，让人感觉你今后毕业大可以去当个优秀的讨债人。

当时，正值你妈下岗，而你爸微薄的工资，显然不够你出入卡拉 OK、酒吧、餐厅。

在这种状况下，你不仅没有半句安慰，居然破天荒来了一封长信，大谈别人的老爸老妈如何大方。你给我和你妈心上戳了重重一刀，还撒了一把盐。最令我伤心的是，今年暑假，你居然偷改入学收费通知，虚报学费。这之前，我在报纸上已看到这种事情。没想到你也同时看到这则新闻，一时间相见恨晚，及时娴熟地运用这一招，来对付生你养你爱你疼你的父亲母亲。虽然，得知真相后我并没发作，但从开学到今天，两个月里，我一想到这事就痛苦，就失眠。这已经成为一种心病，病根就是你——我亲手抚养大却又倍感陌生的大学生儿子。不知在大学里，你除了增加文化知识和社交阅历之外，还能否长一丁点善良的心？

—— 一位辛酸的父亲

点评：正是因为持有"再苦也不能苦孩子"这样的观念，所以家长把孩子的衣食作为头等大事，正是因为相信"万般皆下品，唯有读书高"这样的古训，所以家长把孩子上大学看成是全家的光荣和骄傲——但是，在这样的理念和环境下，却出现了不少跟上面这个父亲一样的"辛酸的家长"。作为家长，是否应该反思一下这样"一切以孩子的需求为中心"的成长教育？作为教师，是否应该反省一下这样"孩子的需求必须首先满足"的学校教育？作为孩子，是否应该反观一下"我的要求就是合理的要求"的情感需求？

2. 情感教育在思想教育中彰显魅力

当前形势下，对当代大学生们进行情感教育有着急迫和深远的意义。列宁说过，如果没有人类的情感，那么过去、现在、将来都永远不能寻到未来的真理。从总体来说，情感是人类生存的本质力量，一个情感自私、冷漠的人是不太可能为真理、为社会创造价值、无私奉献的。从教育方面来说，情感教育正好是弥补了认知教育的空白，正好迷补我国所缺乏的适应社会的教育。一个孩子从小到大所经历的正统教育，普遍都过分强调知识的传承和专业技能的培养，学生在获取广博的知识时，缺乏对同期社会、生活的真正理解，更缺乏与社会、生活相适应的良好、充满正能量的心理情感素质。特别是到了高等教育阶段，青少年正经历着知识结构重组，人生观、价值观、世界观形成并成熟的阶段，但教育的片面性与青少年的情感教育渐行渐远。因此，在高等教育当中，如何开展、从哪些方面开始大学生的情感教育就直接关系着高校能否培养出具有正思维、正能量心理状态、良好道德品质、良好社会适应能力的社会经世致用的人才。

人的情感是思想道德品质的基础，只有当人的情感体验与思想认知达到共鸣时，才会在心中产生坚定不移的信念，要使人们产生某种思想道德品质或摒弃某种思想道德品质，都必须有充足的形象教育和某种特定的情感刺激。也就是说，对于大学生的情感教育，务必在进行其思想政治教育过程中，利用语言、形象和行为等的影响，充分的情感触发、感化刺激，使得他们在感情上达到共鸣和呼应。而高等教育中，我们

往往忽略了情感教育，把精力过多地放在了认知环节上，成为高校思想政治教育中的缺失。而四川大学锦城学院却在高校思想政治教育中另寻蹊径，根据我国优良传统精神，结合当代大学生的特点，形成了有锦城学院特色的“三讲三心”明德教育形势政策课程。

四川大学锦城学院“三讲三心”明德教育形势政策课程，自2005年建校起，秉持校训中“三大教育”之首的“‘三讲三心’明德教育”：“中国有史以来选拔人才的标准是‘德才兼备、以德为先’。所以，学院把明德教育摆在首位。‘三讲’即‘讲诚信、讲礼仪、讲感恩’；‘三心’即‘对国家、人民尽忠心，对父母、长辈尽孝心，对同学、同事尽爱心’。我们修身立世，第一位的任务是学会做人，大学教育首要的任务是继续教会学生做人、完善人格，培养负责任的合格公民，并且贯彻始终。正如国家指出的：‘要坚持育人为本、德育为先，把立德树人作为教育的根本任务，努力培养德智体美全面发展的社会主义接班人。所以，该院按照教育部的要求，在学好马克思列宁主义、毛泽东思想、邓小平理论、‘三个代表’重要思想、科学发展观和习近平新时代中国特色社会主义思想，在我院继续推行‘三讲三心’明德教育。彰显这些高尚品德，就会把中华民族优秀传统与社会主义道德要求结合起来，使学生成为为人正派、品德高尚的人。”该课程共计三年时间，除高等院校“形势与政策”课程内容外，还分别根据学生在各个年级情况设置相应的“三讲三心”明德教育内容——大一期间，为了让学生适应大学生生活和学习，大一上学期设置“大学生适应性教育与大学生礼仪”为主题的课程，大一下学期设置“大学生目标与规划”为主题的课程；大二期间，分别设置了“忠”、“孝”为主题的课程；大三期间，分别设置了“诚信”、“感恩”为主题的课程。学工部每年都对这些课程的教师进行全校性的选拔，通过学期学生评教、试讲等形式选拔出优秀的思想政治辅导员进行课程讲授，并挑选一批优秀的思想政治辅导员进行教材编撰工作。

在近十年的“三讲三心”明德教育形势政策课程中，该校涌现出了一大批知诚讲信、尽守孝道、知恩图报的锦城学子：2006年，文学与传媒系2005级广告学专业学生钟颖同学，当得知自己母亲突发肝衰竭时，不顾自己仅18岁的幼小年龄，不顾自己父亲反对，毅然割肝救母，四川大学锦城学院全体师生为钟颖进行了全校性的募捐筹资活动。2008年“5·12”地震时，艺术系2007级编导专业的赵紫东同学，在地震第一时间，以敏锐的新闻专业意识，沉着冷静地用手机将地震发生时寝室的真实情况拍摄下来并迅速将视频上传到网络，成为“5·12”汶川地震发生后人们看到的世界上第一份关于汶川地震的视频资料，并在当天就被CCTV、CNN等多家媒体引用作为新闻素材。与此同时，赵紫东同学还积极投身到了抗震救灾志愿者活动中去。他先后在郫县中医院和公路局医院协助医护人员救助伤员，还在救灾物资集散地雅驰工业园搬运救灾物资。2009年，2007级艺术系表演专业周建良在巴中和众多群众演员一起站在刺骨河水中拍戏时，不顾河水湍急，不顾生死，四次跳水勇救陷入2米深水区的四人，返校后并未向老师和同学提起此事，直到剧组为学院发来表扬信并请求学院进行表彰，学校才知道周建良同学的感人义举。巴中当地人们对周建良同学的义举的感激之情溢于言表，纷纷表示：周建良挽救了巴中学生的生命，赞扬英雄，表彰先进是我们的共同愿望，这种精神应弘扬光大，感谢学校培养了周建良这样的好同学。周建良后来也回忆自己童年时也曾溺水，那次被人救起的经历在他心中播下了善的种子。在四川大学锦城学院“三讲三心”明德教育的感召下，周建良更是树立起“常怀感恩之心做人做事”的人生信条。“我救他们，就像当初我被救一样。”周建良颇有感触地说①。

案例链接

他，背负30万债务走进高校

19岁的李俊鹏是南昌大学大一新生，来自山区的他经历了高考前父亲病故、母亲患病、家中负债累累的沉重现实。刚入学的他基本奔波在获取更多奖、助学金的路上。“因为母亲和爱心人士的帮助，我才能顺利走入大学，我希望我以后能有能力和机会回报他们”。

高考前半月父亲病故

李俊鹏出生在陕西商洛的一个偏远山村，虽然家中并不富裕，但一家人过得还算和美。然而，天有不测风云，就在李俊鹏刚步入高三的那一年，父亲被检查出患有白血病，巨额的治疗费用让这个原本和乐融融的家庭陷入困境，无法自拔。

一家人苦苦支撑到今年5月，不幸的事情还是发生了。就在离高考还有半个月的时候，父亲走了，给这个家庭留下近30万元的债务。

而更让李俊鹏担心的是母亲的情况。“母亲在一次手术后，患有风湿性心脏病，干不了重活。家里没有经济来源，对未来其实挺担心的。”在采访中，李俊鹏说出了心中的压抑，声音低沉、无奈。

大学第一份作业：给想感谢的人一封信

李俊鹏以557分考上南昌大学，“当时了解了一下，来南昌大学理学院可以获得更多的助学金，奖学金也多，就决定来这里了。”李俊鹏告诉记者，有一位学长一年就拿了上万奖学金，这让自己非常心动。

“刚来的时候获得了学校的爱心礼包，生活用品齐全了，接下来要办理助学贷款的手续，还要了解一下学校的助学金该如何申请。”在接下来近3个月的时间里，他

① http://www.scu.edu.cn/news/cdxw/webinfo/2009/12/1255410898416189.htm。

的业余时间有很大一部分要用于申请各类助学金和办理各种手续。从最初的大学选择开始，李俊鹏就已经决定通过更为优异的成绩获得尽可能多的奖励，帮助自己完成学业。

新生入学第一课上，辅导员老师布置第一份作业——给帮助过自己、自己最感谢的人写一封信，在中秋节之前寄出去。李俊鹏准备把信寄给母亲。

“感谢妈妈含辛茹苦养育我 19 年，感谢她这一年多来细心地照顾爸爸，自己身体不好还顽强支撑起这个家。”李俊鹏还告诉记者：“经历过，就会知道艰辛意味着什么。现在有这么多人关心我帮助我，以后有能力也必须回报大家。”

点评：李俊鹏出于对妈妈身体不好还强力支撑家庭、含辛茹苦养育自己的恩情的感谢，把“给帮助过自己、自己最感谢的人”的信寄给了妈妈，这是感恩的力量使然！

三、感恩师长引领航向

名言警句：

片言之赐皆事师也。——梁启超

师者，所以传道授业解惑也。——韩　愈

为学莫重于尊师。——谭嗣同

（一）感恩师长树立崇高的政治信仰

1. 信仰是大学生的精神动力和精神支柱

高尔基说：“智慧是用来做事的，对于灵魂来说，靠的是信仰。”信仰是人的行动指南，而行动则是受思想支配表现于外的活动。一个人的行为从根本上来看往往是受信仰支配的行动，人的信仰则是其行为的基础。信仰在心理上表现为对某种事物的仰慕和向往，在行动上则表现为以某种思想体系为准则去改造世界。信仰具有巨大的动力。一个具有信仰的人，常常可体会到信仰给他带来的无比愉悦的感受，使他的生命充满诗意和激情。正是由于信仰的存在，人类才得以从生活的狭小时空范围的限制中超越出来，从生命本身的客观缺陷和束缚中解脱出来，为自己的生存和发展开辟出新的航向，相信神圣的生命帷幕之后存在着一个有意义的、一个崇高而又神秘的精神生活空间，为人类勇敢地奋斗提供勇气和持续的动力，提供强大的精神支柱和行动指南。

信仰是行动之母，一个人有怎样的信仰，他就会在这种信仰的支配下行动。信仰可以左右人生，它决定一个人对生活和事业的态度，决定一个人的人格修养和道德品质的锤炼。历史上任何伟大的人物所取得的非凡成就，无一不是由于他们具有崇高的信仰，支撑他们得以在艰苦的环境中造就了灿烂的辉煌。此外，世上许多重要的发明，也无一不是由于信仰的启发与支撑。世界上无论何事，绝不是先有知识，后有信仰；而是用信仰去弥补知识的不足，信仰实为知识的前驱，它不是真理的代替，但信仰是达到真理的途径。假使没有信仰，许多真理与发明到今天一定还不会被人类所发现。

由此可见，信仰是人生的力量源泉，它能使人焕发出强大的驱动力。这种驱动力就是心理学上所称的内驱力。人的信仰越坚定，越高尚，他的内驱力就越强大，越持久。信仰作为人的精神支柱和行动指南，它对个人的人生定位和成功有着重要的影响，对个人乃至整个人类的发展都将起到重要的作用。信仰一旦形成，就会对人生实践产生巨大的精神力量和动力。具有信仰的人会因此调动自身的一切知识和能力集中到既定的人生目标上，使内心和精神世界都得到充实和提高，从而推动人的发展和提升。人有了信仰就会感到精神有所寄托，有所期望，有所依赖。

信仰教育要让人感动，而感动教育的最终目的是要让教育者受动，由受动而导致激动，从而产生强大的动力，最后达到情感的升华。这也是我们传统教育中常用的榜样作用的模式。榜样的力量是无穷的，率先垂范、敬业精神是每个教育者都应具备的素质。教师以奉献精神激励学生，学生在激励中乐学勤学，提升自己的素质，学好本领回报社会。

信仰教育就是要通过主体激动来完成意志的驱动。个体的信仰在认知的层面上达到整合的同时，便能调动起个体意志层面的潜能。信仰意志是个体为实现信仰目标而克服内外困难的心理过程。个体在实现信仰目标的过程中，内外诱因复杂，而个体又必须克服这些欲望或诱惑，这种克制就是意志的努力。对于个体而言，信仰的确立可以产生一种内在的动力，这种内在的动力能使个体鼓起勇气去调动自身无限的潜能，力求实现其追求的价值目标。

当代大学生中大部分是独生子女，他们中的有些人从小就养成以自我为中心的心理状态，一些表面的、应景式的场面很难再引起他们的激动。同时他们又有很强的自我意识，对任何事物都倾向于持批评态度，往往表现于外的不是激动，而是偏激，带有很大的主观性和随意性。他们宣扬个性解放，不愿受到外来因素的束缚，也不愿轻易暴露自己的内心世界。所以，对青年学生人格与心理的锤炼，要在正确的信仰教育理念的影响下，追求真正意义上的心灵教育，充分调动他们的内心情感，从而达到美化其心灵，陶冶其情操，升华其精神的教育目的。

2. 引导大学生树立崇高的政治信仰

要使大学生坚定正确的信仰，师长就面临着一个不同学生信仰认知存在差别的问题。大学生信仰认知基础存在差异，必然导致同样的信仰教育，收到的效果却不尽相同。因此，建立以家庭、学校、社会为一体的信仰教育机制是一个富有挑战的研究课题。

首先,要营造和谐的家庭氛围。社会心理学认为,家庭是社会的初级群体,也是个体社会化的主要场所,在个体生活的微观环境中,父母与子女的互动影响个体早期的社会化的进程①。家庭对大学生的信仰教育,主要是指大学生的父母及其他长辈通过与大学生的情感交流和对大学生提出殷切期望,而促使大学生成为一个有信仰的、积极进取、健康向上的青年。家庭教育是建立在血缘关系、经济关系和情感联系等关系基础上的,它的最大特点是父母及其他长辈的思想、品德、习惯对大学生潜移默化的影响。这种影响主要是通过日常生活中的言谈举止不知不觉传递的。大学生在校期间虽然离开了家庭,开始了独立生活,不能直接受到父母的影响。但随后,书信来往,电话联系,节假日接触,父母都会明确地向子女提出自己的愿望和要求,这些愿望和要求是对大学生的殷切期望,往往比大学生离开家庭前所受的影响更富有教育性。因而,对大学生来说,家庭教育仍然是整个思想政治教育和信仰教育的重要组成部分。

其次,要营造积极的校园文化环境。校园文化作为广大师生在实践中共同创造和认同的价值取向和情感追求,具有较强的凝聚力和认同感。它可以把广大师生的思想和力量团结在一起,激发他们为共同的发展目标奋发进取的情感,进而内化为一种积极进取、开拓创新的巨大合力,使学校的每一个成员都能感受和意识到自己在校园文化建设过程中是主体,在文化素质提高的过程中也是主体,并使学生产生一种强烈的校园认同感、校园归属感、校园责任感和校园荣誉感。特别是当大学生在学校遇到挫折时,它会给他们以信念的支撑,并成为他们树立崇高理想、追求远大目标的力量源泉。校园文化对大学生的信仰教育,就是校园文化作为思想政治教育的主要载体,把包含着大量思想政治教育的内容和信息通过各种途径作用于生活在大学校园的学生们,在最大程度上引导他们树立正确的世界观、人生观、价值观,用蕴含着教育目的的互动着的文化环境与精神氛围去影响学生的价值取向、思想品德的形成以及生活方式的选择。这样的校园文化建设在本质上就是一种意识形态的建设和信仰建设。

(二)感恩师长指明正确的人生方向

我国伟大的教育家陶行知先生曾说过:“为师之道,端品为先,学高为师,身正为范。”作为一名教师,除了有扎实的专业知识,更重要的是要具有良好的道德素养。教师在教育过程中,就是通过知识储备、道德素养等内容的示范方式直接或间接地影响着学生。任何一名教师,无论自己有无这样的意识,不管自己是有意还是无意,都在对学生起着示范。这个示范的过程和范围,几乎延展到教师在教育过程当中的任何一个阶段。教师的人格和品德、教师的知识储备和能力、教师的言谈举止、教师的

① 沙莲香:《社会心理学》,北京,中国人民大学出版社,2002。

学风与教风，甚至教师在课堂中朗诵课文的音调、例题分析的切入点、实验操作时翘起的兰花指等，都带有难以复制、不可思议的示范作用。我们从幼儿成长至成人期间，包括我们的父母，我们遇到过无数的老师，有多少次我们自己偷偷地在镜子前模仿各种老师的语气、眼神，多少次我们在背诵和解题时，头脑中浮现出各位老师的身影，按照记忆中他们朗诵和解题时的内容和方法，将知识点一遍一遍地重复、巩固。所以，我们时常会在家庭中遇到这样的情况，在家里由爷爷、奶奶、外公、外婆、爸爸、妈妈宠爱着的“小公主”“小王子”，只要一上学，无论幼儿园，还是小学，都会出现“唯老师的话言听计从”“视老师的话为圣旨”的现象，这就是因为教师在幼儿心目中具有神圣的、不可侵犯的榜样作用，特别是早期教育时期，幼儿对于教师的模仿范围还会更加广泛。所以，我们常说，教师本身或倡导的思想状态、品德、行为等，往往都是学生最信赖和最直接的模仿对象。因此，学生的人生观、世界观的形成，学生的文明礼仪、良好习惯的养成，学生的道德风貌的形成，不仅依赖教师的言传，更直接的来自于教师的身教。因此，我国伟大的教育学家陶行知先生就指出：“教师的道德品质，不仅是规范自己行为的需要，更重要的是用于教育学生的需要，教师职业的特殊在于育人，不仅用自己的学识育人，更重要的是以自己的德育人，不仅通过自己的语言去传授知识，而且要用自己的灵魂去塑造学生的灵魂。”陶行知先生还要求教师要以身作则：“要学生做的事，教职员躬亲共做；要学生学的知识，教职员躬亲共学；要学生守的规矩，教职员躬亲共守，深信这种共学、共事、共修养的方法是真正的教育。”

苏联教育家苏霍姆林斯基曾经说过的：“教育工作的最后结果如何，不是今天或明天就能看到的，而是需要长时间才见分晓的。”一个学生成长，不是一位教师一句话、一个动作就能使之养成良好的学习习惯、就能使之形成端正的品性。学生受教育的这个过程，是若干位老师所言、所行对其发生的潜移默化的影响，还要加上学生对这些若干老师所言、所行的接受程度所决定。之所以说这个教育过程周期性长，还在于一个学生要成为有用之才，是要经过相当长的时间：从小学到初中义务教育开始算起就有九年，高中三年时间，大学四年时间，如果还要继续深造学习，硕士研究生三年，博士研究生顺利毕业三年，也就是说培养一名专门人才顺利大学毕业要十五六年，培养高学历的专业人才顺利毕业需要二十多年。尽管我们不是唯学历论者，但由此可以看出，教育具有长时间的周期性。而教师在一个人的成长教育中，仅仅能扮演这个人教育成长中的某个阶段、某一年级的知识传授者、人生指路人的角色。对于任何一个人的成长来说，任何一名教师的教育劳动只是很有限的一掊土、一瓢水。

但正是每个教师有限的、带有高度责任心和爱心的一掊土、一瓢水所形成的长期、艰辛的劳动付出，一个学生才能够在某个阶段里体现出一点点的人生进步：养成了温故知新的学习习惯，克服了某个小缺点，改正了粗心大意的毛病，增长了某门学科的基础知识，开阔了眼界，形成某一良好的品德等。这些在成长阶段中不可或缺的

点滴进步是若干位老师通过自己全身心投入的教育劳动过程、长时间反复沁润的结果,最终这个学生踏进社会,实现了自我价值,作出了一定的成绩,对社会和他人都发挥了正能量的作用,教师教育的劳动成果和社会价值才能得以实现。正如我国古代思想家管仲曾经说过:“一年之计,莫如树谷;十年之计,莫如树木;终身之计,莫如树人。”

也许,教师在教育中不经意的一句话、一个眼神、一个动作,都会成为学生的转折点,甚至会影响学生一辈子。当然,这个过程不会立即体现,有时会经过五年、十年才会显现。笔者曾采访过某位经历大学专科直升本科、本科保送读硕士研究生的学生,这个学生回忆说,她之所以会一直坚持刻苦努力,就是因为大学专科入学第一天,自己的辅导员老师的见面开场白。这个年轻的辅导员对所有同学说,我知道大家今天坐在这个教室里,内心有很多不甘心和不屑,但是,这一切是可以通过自己的努力而改变的。正像达尔文的“物竞天择”理论一样,你要改变你的环境,就必须先适应这个环境。所以,请每位同学,既来之则安之,努力适应这个环境以后,通过自己的力量改变这个现状。从此以后,这位学生将辅导员老师的话深深地印刻在自己的脑海里,潜下心来,刻苦努力,终于皇天不负有心人,以每年蝉联一等奖学金、全年级第一的成绩直接升入大学本科阶段学习,最后又以全年级第一的成绩保送进入硕士研究生阶段深造学习。

教师教育劳动成果的检验真的具有太多的复杂性和困难,除了教师教育这个过程具有长时期的潜伏性以外,教师教育这个劳动成果过程的价值体现于学生踏入社会以后,真正实现自我价值,对社会和他人的正能量作用和影响。在教师教育劳动成果的检验过程中,无论教师在教育过程中怎样劳心劳力、付出全身心的心血和精力,最重要的,还在于这个学生真正接受教师教育程度的多少。

案例链接

作为一个学生,经常会想,自己心目中的好老师应该是什么样子的。从幼儿园开始,小学,初中,高中,大学,一路走来,都是学生,一路走来,也见过许许多多的老师。在很小的时候,就会默念,教师是人类灵魂的工程师,是太阳底下最神圣的职业。自以为,教师的责任简而言之无非四个字“教书育人”。“教书”这两个字,也许大部分的老师都做到了,因为这是他们的职业,是他们的义务。但是“育人”这两字,也许对任何一位老师来说,都太过于沉重。在大学里,越来越看惯了的是踏着上课铃声而来,踩着下课铃声而去的老师,但越来越少见的是像阮老师这样重“育人”的老师。

也许你很难想象,在浙江大学,有这样一位老师,他经常很早上班,很晚下班,也几乎没有自己的休息日;也许你很难想象,在浙江大学,有这样一位老师,他创办了令浙大学子心怀向往的“求是强鹰实践成长计划”,创办了紫领人才培养计划,创办了浙江大学青年博士志愿讲师团,为学生创造了一个又一个的平台,自己却连陪四岁女儿玩的时间都没有；也许你很难想象，在浙江大学，有这样一位老师，他每天都要留出大把大把的时间给学生，因为总有太多的学生想跟他聊天，想告诉他心中的迷惑，想让他指引未来的道路，他是浙大管理学院的党委副书记，但是他与学生接触的时间甚至多于很多基层的辅导员；也许你很难想象，在浙江大学，有这样一位老师，他在博客上公布自己的联系方式和一周具体安排，详细到几点到几点干什么、在哪里，一切从学生角度考虑，避免耽误同学时间；也许你很难想象，在浙江大学，有这样一位老师，他的彩虹人生博客一年就有32万人次的点击访问，拥有4万名新浪微博粉丝和26万腾讯微博听众，从学生工作到热点时评，从解疑释惑到人生引领，从彩虹行动到桃李满天下，博客老师用新媒体打造起了育人的大平台，他希望帮助更多青年学生成长，成就更多学生的彩虹人生。

就是这样一位老师，因为每天的辛勤耕耘，看起来有点消瘦，然而就是这样一位喜欢给自己“找麻烦”，一切为学生着想，平易近人，无私帮助青年学生成长的老师，又是那么可亲、可敬，让人忍不住想去接近。

初识阮老师时，他的很多细节都打动了我，让我至今都难以忘记。那次和阮老师在他办公室聊天，短短半个小时的时间，就有三四个学生推门进来，跟阮老师汇报工作或是有问题向阮老师请教。阮老师看着我很歉意地说，不好意思，又麻烦你等了。我当时很奇怪，为什么大家有问题都会喜欢去找阮老师交流呢。阮老师笑着告诉了我一个“小秘密”：“你看，我办公室的门一般都是不关的，因为我怕学生走到办公室门口，看到门关着，没勇气敲门，就不敢进来又回去了。所以，只要我在办公室里，办公室的门就一直是微微开着一点的，这样可以让同学们更容易进来跟我交流。”当时，我就被深深地感动了。就连这样一个小小的细节都能为学生考虑到的老师，怎么可能不是一个好老师呢？

更值得一提的就是阮老师递给我的名片，它是用废纸打印的，但我认为这是阮老师赠与我的最好的礼物，告诉我环保不仅仅是一种口号，更是一种实实在在的行动。有人还告诉我一个细节，阮老师平时餐巾纸都很少用，身上经常备着一张手帕。阮俊华老师是第七届“地球奖”获得者、中国首届民间环保十大优秀人物、全国保护母亲河先进个人、首届感动台州十大入围人物，他所创办的“绿色浙江”环保组织曾经是中国第一个省级青年志愿者协会的专业性分会、浙江省首个环保志愿者组织，阮俊华老师把绿色浙江当作一项事业，十余年的志愿者工作，源于社会责任，源于绿色梦想，源于他对公益事业纯粹的热爱，阮老师经常跟我们说：“一个人的力量是有限的，联合起来，它可以拯救整个地球。”他的言传身教也深深感染了很多学生，大家渐渐地把环保变成了习惯，并且也用实际行动传播着环保的理念。

“春蚕到死丝方尽，蜡炬成灰泪始干”，阮老师无私地为学生奉献自己，满腔热血投身公益，孜孜以求，不懈努力，他的人格魅力感染着无数莘莘学子，在润物无声中，他用青春和激情去引领、帮助和成全了更多青年学生的彩虹人生，阮老师在学生毕业时总用他创建绿色浙江时的行动格言与学生共勉，那就是“用信念支持未来、用热情融化坚冰、用行动实现理想、用青春筑造辉煌”，而这恰恰是阮老师的真实写照。

点评：他以全身心对工作的投入，给学生创造了一个又一个的成才平台；他以随时对学生敞开的胸怀，为学生一次又一次地答疑解惑；他以身体力行的方式，作学生的环保榜样并带动学生投入环保事业；他是照亮学生前途的指路灯，他是新时代“传道、授业、解惑”的恩师。

思考与练习

阅读书目

1. 鲁迅. 大爱无价·名人的父母亲情. 上海：中国少年儿童出版社，2013.
2. （日）稻盛和夫. 活法. 曹岫云，译. 北京：东方出版社，2012.
3. （美）坎菲尔德. 心灵鸡汤. 郑峥，译. 长沙：湖南文艺出版社，2012.
4. 周震宇. 声入人心. 北京：中信出版社，2011.
5. 张胜华. 师恩是一条河：感恩师长卷. 北京：首都师范大学出版社，2008.
6. （美）科琳·塞尔. 师恩难忘（英汉对照）. 张德玉，杜敏，编. 青岛：青岛出版社，2007.
7. 王凡. 感恩老师，师恩难忘. 长春：吉林大学出版社，2010.
8. 大卫. 名师笔下最难忘的师恩. 北京：石油工业出版社，2007.
9. 张德玉. 感恩老师：让你受益一生的师恩故事. 长春：吉林大学出版社，2010.

思考题

1. 你觉得父母最让你感动的事情是哪件？而你最让父母感动的事情是哪件？并向你的父母求证。
2. 有人说“父母把我们生下来让我们在这个充满磨难与痛楚的社会中受罪，所以‘父母生育了我们’不能作为我们感恩父母的理由”，对此你怎么看？
3. 你怎么样理解“一日为师，终身为父”这句古训？
4. 你觉得什么样的老师才称得上是“恩师”？

视频链接

1. 天生无手无脚的尼克·胡哲的感恩励志演讲

图 2-3-1 演讲中的尼克·胡哲

（视频链接：http://video.sina.com.cn/v/b/52549892 – 1344449371.html）

2. 感恩教育专家一横的感恩演讲

图 2-3-2 一横感恩演讲

（视频链接：http://www.56.com/u73/v_NzI0NDU1MzQ.html）

案例讨论

1. 羊羔跪乳

很早以前，一只母羊生了一只小羊羔。羊妈妈非常疼爱小羊，晚上睡觉让它依偎在身边，用身体暖着小羊，让小羊睡得又熟又香。白天吃草，又把小羊带在身边，形影

图 2-3-3　羊羔跪乳

（图片来源:http://imgsrc. baidu. com/baike/pic/item/476217f74128cf4c730eec4e. jpg）

不离。遇到别的动物欺负小羊，羊妈妈用头抵抗保护小羊。小羊说：“妈妈，您对我这样疼爱，我怎样才能报答您的养育之恩呢?”羊妈妈说：“我什么也不要你报答，只要你有这一片孝心就心满意足了。”小羊听后，不觉泪下，“扑通”跪倒在地，表示难以报答慈母的一片深情。

从此，小羊每次吃奶都是跪着。它知道是妈妈用奶水喂大它的，跪着吃奶是感激妈妈的哺乳之恩。这就是“羊羔跪乳”。

思考问题：

动物都懂得报答慈母一片深情，作为我们又应该以怎样的实际行动去报答父母对我们的恩惠呢?

2. 新法规出台:家庭成员不得忽视冷落老年人

2013 年 7 月 1 日起，新修订的《中华人民共和国老年人权益保障法》正式施行，其中，最大的亮点是“突出了对老年人的精神慰藉”，也就是说，要“常回家看看”，特别是生活在养老院的老人们更需要家人和社会的关爱。

新修订的老年法重点强调了赡养人对老年人有提供精神慰藉的义务，要求家庭成员应当关心老年人的精神需求，不得忽视、冷落老年人；与老年人分开居住的，应当经常回去看望或者问候老年人。用人单位则应当按照相关规定，保障赡养人探亲休假的权利。

思考问题：

1. 你怎么看待新修订的老年人权益保障法的施行问题?

2. 你认为这条法规能起到什么作用?

图 2-3-4　新修订的老年人权益保障法
（图片来源：http://photocdn.sohu.com/20130628/Img380117662.jpg）

热点讨论

2008 年 2 月 11 日 20 时许，赵本山在本山影视基地小剧场举行了一场正式的收徒仪式。

这是赵本山第一次公开举行收徒仪式。整个仪式历时 1 小时 30 分钟，35 位徒弟经过叩拜、敬茶等 7 个环节后，正式拜入赵本山门下。

仪式"拢共"七步，收的都是"旧徒"

当晚，身着中式正装的赵本山偕夫人马丽娟出席了收徒仪式。

收徒仪式"拢共"分七步：首先是赵本山给东北二人转的祖师爷牌位上香行礼；第二步是 35 位徒弟向师傅行谢师礼和拜师礼，其中，除大徒弟李正春由其夫人代替行礼外，其他 34 位徒弟全部到场行礼，这其中大都是赵本山以前收过的旧徒，徒弟行礼后，赵本山要向其颁发证书和赠送信物；仪式的第三步是众位徒弟集体宣誓；第四步是赵本山"训话"；第五步是徒弟代表向师傅赠送礼物；第六步是徒弟代表讲话；最后是师徒合影。

小沈阳位列 25，本山连喝 35 杯茶

徒弟有 35 位，但记者注意到，当晚大多是夫妇同时上台行叩拜礼，二人转的"一副架儿"则以男的为主，算是一个徒弟，小沈阳夫妇排在第 25 位。

当晚的赵本山始终保持正襟端坐，笑意盈盈。他为徒弟准备的礼物包括一块 24K 金锁和一块美玉，还有他年前用了一晚上写出来的 35 幅书法作品"国法家规"。有趣的是，因为每个徒弟都要敬茶，所以 11 日晚，赵本山连喝了三十多杯茶。

拜入老赵门下，师徒都能获益

赵本山收徒，无论对徒弟还是赵本山来说都是利益多多。对赵本山来说，收徒越多，越能壮大"赵家班"的声势；再次，徒弟出了名，师傅的脸上也有光。而作为赵本山的徒弟，凭借赵本山在东北地区乃至全国的影响力，做他的徒弟有更多露脸的机会，出名的机会就更多了。

赵家班排序

李正春（已故）、路遥、张小飞、唐鉴军、王小宝、王小利、蔡维利、蔡小楼、王永会、张小光、博比肯、闫光明、王小虎、王金龙、高明娥（女）、孙立荣（女）、贾小七、老臭、姜海军、程野、燕飞、杨冰、苏小龙、刘小光、小沈阳、张小伟、孙小飞、张凯、历小峰、程红、董三毛、宋小宝、小鹏飞、田娃、红孩。

网友评论：

网易江西南昌网友：好像这些人不是跪地拜师，而是为了自己的前途才下跪的，试问他们中有几位是真心想拜师赵本山的呢？无非就是想找棵大树好乘凉而已……

网易日本网友：老恶心了，整个一黑社会的架势!!!!!

网易四川眉山网友：赵本山其实不错，起码在小品领域的确是给大家带来不少快乐，哪怕他是恶俗也好，不艺术也好，有很多人在他的演出中得到了欢乐，就够了，别逮谁骂谁吧！

网易山东省枣庄市网友：我看过。很多评论众说纷纭，在过去找孔子学艺还要跪拜的。从古至今传下来的师徒如父子，教个徒弟饿死个师父，“宁传一锭金，不传一句春”。这句话的意思就是宁可给你一锭金子也不告诉你一点成功的秘密。为什么别人的专利你要去花钱买呢……那些诽谤别人的人，就是吃饱了撑的，没事闲的……

思考讨论：

1. 你怎么看待这个收徒仪式？

2. 这样的仪式对于民间艺术的传承是否有必要？

3. 分小组讨论一下恩师和师恩。

践行建议

1. 了解生命的由来：从科学的角度了解人类的产生以及生命的衍变过程。

2. 写下与父母间最难忘的一件事，认真思考父母为自己的健康成长付出的一切。

3. 给你最敬重的老师写一封信，可以汇报学习情况，也可以感谢他（她）对你的帮助，还可以拉拉家常、聊聊心里话。

第三章
感恩朋友，尊重对手

导　论

人的生命只有一次，我们怎样度过这宝贵的一生呢？答案就是要学会珍惜，珍惜生命中的所有机遇，以真心、真情活出真人生。生命中有很多值得我们真诚对待的东西，友情就是其中之一。如果一生中没有自己可以真心相待的朋友，那么这个人生将是残缺的。当我们活至老年，回味往事，面对这样一种不完整或者说遗憾，我们将如何面对呢？如果，在你风华正茂的年轻时代，生命中有这样一个人，他在你患难时给你帮助，在你自卑时给你安抚，在你骄傲时给你警醒，在你努力时给你加油，那么，请你好好珍惜，因为朋友的情谊是无价的，遇到这样一个人是你一生中莫大的幸福。请怀着一颗感恩的心，郑重地保有这份情谊，一生不变！同样，在人生的旅途中，对手也是不可或缺的，只有真正的对手才能让你获得竞争的快乐，也才能最大限度地激励自己进步，对待我们的对手，务必学会尊重。

第一节　感恩朋友

名言警句：让你的最佳美的事物，都给你的朋友。假如他必须知道你潮水的下退，也让他知道你潮水的高涨。你找他只为消磨光阴的人，还能算作你的朋友么？你要在生长的时间中去找他。因为他的时间是满足你的需要，不是填满你的空虚。在友谊的温柔中，要有欢笑和共同的喜悦。因为在那微末事物的甘露中，你的心能寻到他的清晓而焕发精神。

——纪伯伦

一、感恩朋友的理解和信任

(一)何谓"朋友"

"朋友"二字在字典里有多种释义。朋,彼此友好的人,结党, 成群;友,彼此有交情的人,有亲近和睦关系的,相好,互相亲爱。可见,"朋友"二字本有相近或相通的含义。两字相搭便道出了"朋友"一词的真正意义。通俗来讲,朋友就是彼此要好的人,真正的友情也是一种最纯洁、最高尚、最朴素、最平凡的感情,朋友就是相遇、相知、相伴、相思。

自古以来,人们对朋友就有不同的称谓。石友是指情谊坚贞的朋友;死友是交情深笃,至死不相负的朋友;挚友是交情深厚的朋友;素友是真诚纯朴的朋友;损友是不为自己着想的朋友;诤友是坦诚相见,直言相劝的朋友。此外,还有益友、恒友、文友、密友、盟友、闺友、网友、笔友,忘年交、忘形交、君子交、贫贱交、莫逆交、刎颈之交、杵臼之交等。

支撑友谊最根本的有三个支柱。一曰忠。《说文解字》解释为:"敬也。从心,中声。"《玉篇》解释为:"直也。"《增韵》解释为:"内尽其心,而不欺也。"忠是发自于内心对朋友的正直,一切友情的维持都应该以忠为根本出发点。二曰信。按字面意思理解是诚实不欺、不怀疑。"与朋友交而不信乎"? 信字多与信用、信任、诚信相联系。它是朋友之间交往的基本原则,也是友情的基本要义。没有了信的内涵,友情就会像一座空中楼阁,经不起风暴的考验。三曰义。多指公正的道理或举动、情谊等。孟子认为"信"和"果"都必须以"君子之于天下也,无适也,无莫也,义之与比"。又:"君子喻于义,小人喻于利。"可见,义不仅是朋友之间行为的良性体现,它更是将普通的友情上升到了公理正义的高度,是一个人高尚道德情操的体现。

此外,朋友包括四种类型。一是血缘之友,即在一个家族里互相之间有血缘关系的人,除了做亲戚,拥有亲情之外,还可以在亲情关系基础上向外延伸扩展出友情。真正的友谊不分年龄、贵贱和亲疏尊卑,亲戚之间同样可以做朋友。二是社交之友,由于社会交往而产生的朋友关系往往是基于双方各自的利益、目的考虑,一旦利益或目的实现和达到,这种关系便逐渐淡漠甚至彻底结束。但另一方面,社会交往也不乏相对持久的朋友关系。如参加兴趣小组而产生的朋友,由于定期地举办类似活动,这种关系也就因为有互动而维持得长久。三是心灵之友,这种友谊像香烟缭绕于心间,虽然看不见摸不着,却是朋友间最纯最可贵的东西。它基于两个有独立人格和思想的社会人,却又远远超出了社会这一范畴,是没有任何俗事干扰的。它的可贵之处就在于它是朋友间心灵的沟通,拥有这样沟通默契的两个人就可以称得上心灵之友了。四是情爱之友,普通的友情再往前递进一个层次就是情爱,也就是通常所说的爱情。当然,友情走到这一阶段已经不能算是纯友情了,因为它里面还掺进了爱情的成分。友情发展为爱情,爱情之外仍然保有友情,拥有这份感情的两个人也就成了情爱之友。

案例链接

图 3-1-1　范式

（图片来源：https://www.google.com.hk/search? q = 范式守信）

东汉时期，汝南郡的张劭与山阳郡的范式同在京城洛阳读书，窗友相知，情深谊长。学业很快就要结束了，分手时二人恋恋不舍，范式拉着张劭的手说："不要难过，两年后的秋天，我一定去你家拜望老人，同你相聚。"两年后的秋天转眼就要到了，张劭急切地盼望着与好友重新欢聚，以至于坐卧不宁，寝食不安。张劭的老母见儿子这样，怕他急坏了身子，就劝道："儿啊，何必如此心焦，朋友之间，总有机会见面的。再说山阳郡离咱们这儿有上千里。路途遥远，又是两年之前随口说的一句话，到现在人家怕是早都忘记了，你也别太上心了。"张劭说："范式为人正直，极守信用，他一定会来。"约定的日期到了，范式果然风尘仆仆地赶来了。旧友重逢，亲热异常。老妈妈激动地站在一旁直抹眼泪，感叹地说："天下真有这么讲信用的朋友！"范式和张劭之交，其信义之风，为后人所敬仰。

点评：与人交往要有信，范式始终记得自己对朋友说过的话，并保守对朋友的信义，这使他与张劭的友谊成为美谈而流传千年。真正的友谊必须饱含朋友之间的相互信任，只有这样，友谊才能持久。

（二）理解和信任是友情的基石

1. 关于理解与信任

（1）理解是基础

《陋室铭》中有一句"谈笑有鸿儒，往来无白丁"。刘禹锡愿意跟自己来往的人也是和自己一样有着丰富学识和思想的人，而不是大字不识一个的乡野村夫。由此来看，朋友的心应是相知相通的。正是这种相知相通的心为两个人建起了友谊的桥。

在这座桥上，两个人可以自由来去，交流思想，达到心灵的交往，这实在是人生一种莫大的乐趣。理解是建立友情不可或缺的因素之一。如果两个人之间，你不明白我，我也不知道你，又何谈成为朋友呢？所以说，理解是真正友谊的基础，没有了心灵的相通，那么朋友将不能成为真正的朋友，友情也不是纯正的友情。

(2)信任是保证

信任，一个分量十足的词，不知道有多少人掂量过它到底有多重。信任是维系人际关系的重要因素。很难想象如果世界没有了信任将会怎样？信任对友情也是同样重要。因为，真正的朋友不仅能分享快乐，更能在困境中给予对方信任。

(3)理解与信任缺一不可

理解和信任就像是友情的两根支柱，缺了任何一根，友情之塔就会失去平衡而最终倒塌。在友谊的构建中，理解是搭建两个人心灵相通的桥梁。朋友相知，贵在知心。没有了理解，两个人就算是离得再近，也像隔了一堵墙，永远达不到默契。所谓“心有灵犀一点通”，没有了这种默契，友谊的发展就会磕磕绊绊。同样，信任在友谊的构建中也有着同等的重要性。与理解相比，信任更像是守护友谊之树的坚强堡垒，任外部环境如何恶劣，只要有信任，友谊之树依然会茁壮生长。但如果没有了信任，友谊之树就会经不起风雨的摧残而慢慢枯萎。

2. 朋友相互信任

(1)朋友间的信任

朋友的信任就像是空气和水之于生命，是友谊的必需品。如果没有了信任，友谊也就不复存在。没有离开信任的友谊，也没有空谈友情的信任。朋友之间需要相互信任。信任是维持友谊的基础，是友情的保证，它就像是友情的保护伞，维持着友谊之树常青。

(2)如何做到相互信任

相互信任不是一句空话。信任是一种无声的语言，只有从心出发并落实在实际行动中，信任才会发挥应有的作用。要做到对朋友的信任，首先要做到不猜忌，本着一颗公正的心去理解、思考，这也是两个人成为真正朋友的必要条件，如果不能做到这一点，就不必再谈什么友情。其次就是要对朋友给予足够的支持，在朋友遇到阻碍、受到非议或责难时，能够挺身而出，而不是一味地怀疑甚至抛弃朋友。

3. 朋友需要理解

(1)朋友间的理解

每个人都渴望被别人理解，因为每个人都是孤独的孩子，而相互之间的理解可以为自己和别人架起一座沟通的桥梁，让我们从彼此那得到温暖。对于朋友，理解更是不可或缺。朋友之间的理解应该是用心去沟通、去体谅、去试着感受朋友的喜怒哀乐。只有达到心灵上的沟通，才算是真正意义上的朋友、知音。

(2)如何做到相互理解

要做到对朋友和友情的真正理解，与朋友达到一种心灵的默契就应该从心出发，用心体会。首先，要做的一点也是最基础的就是要充实和完善自己，通过学习、生活、实践培养自己独立的人格和思考的能力。只有具备了这一点，才能够有条件交朋友。其次，就是在遇到自己觉得可以跟他做朋友的那个人时，要认真、专注地关心朋友。关心他的生活、学习等，同时注重和朋友的思想交流。只有了解朋友的方方面面才有可能去真正理解朋友。

案例链接

图 3-1-2　高山流水

（图片来源：http://image.baidu.com/i? ct = 201326592&cl = 伯牙与钟子期）

战国时期有一个人叫俞伯牙，这人琴弹得特别好。有一天他在深山老林里弹琴的时候，来了一个打柴人叫钟子期。俞伯牙一弹琴，钟子期就说了："峨峨兮若泰山。"俞伯牙心里很惊讶，因为他心里正想表现高山呢，就被听出来了。俞伯牙心想：我换一个主题，我表现流水，看你还能不能听出来。谁知，钟子期一听，又说："洋洋兮若江河。"不管俞伯牙弹什么，钟子期都能听出音乐表现的内容。于是两个人就成了好朋友，成了知音。但是，没多久钟子期去世了，俞伯牙痛失知音，伤心到极点的时候，就把自己的琴给摔了，发誓永远不再弹琴。

点评：人生需要知音，没有知音的人生是苍白的，没有知音的人是孤独的。真正的友谊就是要朋友之间互相关心、理解。

（三）感谢朋友的知心相伴

每个人的一生中都会遇到很多人，认识的或不认识的，都是我们生命的组成部分，我们应该感谢他们，因为没有了他们，我们的生命将会是不完整的。朋友正是人生中必不可少的角色，伴随我们一直到老。小时候，我们都会有好伙伴、好朋友。玩伴也好，同学也好，哪怕只是偶尔一起玩了一次游戏的陌生人，都是我们生命中的一

部分,重要也好,不重要也好,就是他们组成了我们的生活,丰富了我们的生命。不管在多年以后,我们是否还记得他们,他们都将是我们生命中的一抹彩色风景。所以,我们应该向他们说声感谢,用心里的语言,用有声的语言,都要向他们说声感谢,感谢他们的伴随,伴随我们成长,伴随我们走过人生的四季。

1. 感谢朋友伴我成长

(1)感谢朋友伴我长大

在每个人的生命中,伙伴的陪伴是我们健康成长的重要因素。从我们出生到学会走并学会跑开始,伙伴便成了我们生命中快乐的源泉。我们一起嬉戏玩耍、做游戏,从幼年、童年到少年,直到每个人成年,似乎那个时候的童真年代是我们整个人生中最快乐最开心的一段岁月。所以,我们应该感谢在我们的童年、少年时期陪伴我们长大的伙伴,是他们伴随我们长大,伴随我们度过生命中最快乐的时期。

(2)感谢朋友伴我学习

在成长的过程中,学习是我们每个成长阶段都要经历的事情,特别是学校的学习生活,可以说是我们人生的重要阶段也是美好的时期。当我们回忆往事,也许想起最多的还是学校时光。是的,学校的美好时光是我们人生的一笔宝贵财富,曾经的同学是我们人生的美丽组成,不管我们有着怎样的回忆,和同学之间有着怎样的过往,欢乐的也好,忧伤的也好,都是我们擦不掉也抹不去的一道风景。在这里,让我们静下心来,放下所有,静静地回忆曾经有过的美丽校园生活,回想下可爱的同学。在回想过去的时候,让我们以一颗感恩的心来回忆曾经的同学或朋友。感谢他们给了我们美好的回忆,使我们的人生多添了一道绚丽的彩虹。

2. 感谢朋友同甘共苦

(1)感谢朋友相欢笑

人有悲欢离合,成长中,酸甜苦辣每一种味道我们都要品尝,之后才能真正长大。如果在成长的过程中,有人和你一起分享快乐,那么,我们要对这个人说声“谢谢”。因为,有人分享的快乐才是真正的快乐,有人和我们一起分享快乐的人生才是幸福圆满的人生。所以,我们要感谢朋友,是他把快乐和幸福变成了很多快乐和幸福,分享自己的,也分享朋友的。

(2)感谢朋友共困苦

人的一生难免遇到艰难困苦,需要我们有勇气有力量去承担。但是有时候,一个人的力量是很弱小的,这就需要有朋友的帮助。朋友的帮助就像是春天的雨露,冬日的阳光,深深滋润和温暖着我们的心田。也许,他不会给你很多物质上的帮助,却能给你精神上莫大的支持。但就是这种无价的帮助,使我们从阴暗走向光明,从低谷走向高峰,甚至改变了我们的人生,所以,无论是什么样的帮助,我们都要永远铭记在心,不忘朋友。

案例链接

图 3-1-3 托尔斯泰与屠格涅夫
(图片来源:http://image.baidu.com/i=&tn=baiduimagedetail&ipn=d&word=托尔斯泰与屠格涅夫)

托尔斯泰年轻时和屠格涅夫是好朋友。遗憾的是,有一天在朋友家俩人发生了争执,从此断交,一断就是17年。

这漫长的17年,对托尔斯泰来说是忙碌的17年。恋爱、结婚、办学校、办杂志、做调解员、管理庄园、出国游历、写作等等,一天到晚忙得团团转。这期间,他分别用6年和3年的时间完成了《战争与和平》、《安娜·卡列尼娜》。这两部鸿篇巨制的先后问世,把他推到了文学的巅峰。

站在"高山"之巅的托尔斯泰,在步入五十岁时,开始对人生哲理进行新的探索。反躬自省,对自己的过去进行了一次"大盘点"。当他忆及屠格涅夫时,他惊奇地发觉,心中对屠格涅夫不仅毫无敌意,还充满怀念,两人在一起喝酒、聊天、骑马、散步和讨论手稿的情景历历在目。屠格涅夫曾对他说过的那些鼓励和赞扬的话犹在耳边,他情不自禁地给屠格涅夫写了一封信:

"……我自然还记得您的好品德,因为在您同我的关系上它们是这样多。"

"我记得,我的文学荣誉承请于您,我还记得您对我的作品和我个人是多么的喜爱。也许您对我也有同样的回忆,因为我是曾经真诚地爱过您啊。"

"如果您能宽恕我,我真诚地向您贡献出我所能表示的那种友谊。在我们这样的年纪,唯一的幸福就是人与人之间友爱相处的关系。因此,如果我们之间能建立起这种关系,我将感到非常高兴。"

屠格涅夫一收到这封信,立刻从国外赶回来,直奔托尔斯泰的庄园。俩人一见面，就紧紧拥抱在一起。屠格涅夫热泪盈眶地说："我是流着泪读完您那封信的，惭愧的是，首先写那封信的为什么不是我呢！"当晚，两人把酒长谈。

一封和解信，把搁浅了17年的友谊之舟摆渡到彼岸。也许，人世间再伟大的友谊也有受伤的时候，也有被忽略的时候。但只要是真正的友谊，就不会被忘记，它超越时空，与生命同在。友谊需要包容，更需要真诚，唯有真诚能治愈受伤的心，唯有真诚能唤回友人远去的脚步。

点评：这封珍贵的和解信虽然迟到了17年，但终于使两个人重归于好。朋友的知心相伴和真挚的友情是永远都让人难以忘怀的，我们应该记得和朋友曾经有过的种种美好过往，因为它是我们人生中最宝贵的财富。

（四）患难之中见真情

1. 患难之于友情

患难，从字面看，就是在难中将心串起来。这时一个同甘共苦的词语，是饱含深情的字眼。如果不是真正经历过患难，我们很难真正理解这个词的含义，很难真正掂量出它的分量。生活中，人们往往讲患难夫妻，甘苦与共。夫妻本是至情至诚的两个人，用患难来形容夫妻，可见患难在人类的感情世界占有多大的分量。而对于同是人类情感的友情来说，患难同样也有着不可估量的含义。常说患难之中见真情，一点也不假。困难是友谊的试金石，它如同一面魔镜，真情假意在里面分得清清楚楚。

（1）患难之交真朋友

朋友之间能够共欢乐自然好，但真正的朋友是能够陪你度过艰难困苦的人。因为真正的友谊必从困苦磨难中来，经得住火炼刀伐才是真金，经得起困难考验才是真情。没有什么比患难更能检验情谊。能够一起享乐玩耍自然不是难事，但能够共同经历困苦险境还依然百折不挠、全心全意却不是易事。所以说，只有经历的患难才能检验出真正的友情，只有经受住各种困难考验的朋友才是真正的朋友。

（2）患难之交情无价

宝剑锋自磨砺出，梅花香自苦寒来。患难出真情，患难出真交。这种共患难得来的友情弥足珍贵，是值得我们用一生来好好珍惜爱护的。如果有生之年能够真正拥有一份这样可贵的友情，也不枉我们来这世上走一遭。但不是每个人都有幸拥有这种真情，所以，当我们拥有的时候，请好好珍惜吧，因为这是万金也买不来的。

案例链接

有两个朋友患难与共，形同亲兄弟。上帝不相信人间还有真正的友谊，于是就设计考验他们。有一天，这两位朋友在大沙漠中迷失了方向，面临死亡。这时，上帝出现了："我的孩子，前面一棵树上有两个苹果，吃下大的那个，就能抗拒死亡，走出沙漠，吃下小的那个，只能令你苟延残喘，最终还会极痛苦地死去。"两个朋友向前走了一段路，果然发现了一棵树，也发现了树上的两个苹果。可是，他们谁也不会碰那个会给一个人带来生命之光的果子。夜深了，两个好朋友深情地凝望着对方，他们都相信，这是他们的最后一晚。当太阳从沙漠的一端再次升起的时候，其中一个朋友醒了过来，他发现，另一位朋友不在了，而树上只剩下一个干干巴巴的小苹果。他失望了，不是因为死亡，而是因为朋友的背叛。他悲愤地吃下这个苹果，继续向前方走去。大约走了半个多小时，他看见了倒在地下的朋友，朋友已经停止呼吸了，可是他的手上紧紧握着一个更小的苹果。

点评：经受患难考验的友谊才是真正的友谊，是人生一笔弥足珍贵的财富，这样的朋友是值得用我们的一生甚至是生命来珍惜的。

2. 学习患难

(1)患难的真正含义

患难，忧患亦或灾难，都是异常沉重的字眼。患难两个字写起来容易，但只有真正经历了困难、挫折、失败，品尝到了孤独、沮丧甚至悲伤的感觉，才会对其有真切而深刻的体会。人生本是一场丰富多彩的旅程，从我们踏上这个征程，就会在旅途中遇到各种各样的人和事，看到多种多样的风景，有着或悲或喜的心情体验，而患难也是人生旅途中难以避免的遭遇之一。不管我们怎样定义患难，或轻或重，或大或小，可以说，它都是人生的试金石，淬炼出真金，淘汰出渣滓。只有经过了患难，我们才能更加深刻地理解什么是真情意，什么是真朋友，什么是最珍贵，什么是我们一生最宝贵的收藏。

(2)如何经历患难

人生是一部没有排演的话剧，每天都是现场直播，而且天天都在进行着不同的演出，从来没有回放和慢镜头。在困难或磨难到来的时候，没有导演告诉我们接下来应该怎样做。但是，最值得我们庆幸的是，在生命中还有这样一些人，在我们遇到挫折、忧患、困难的时候，他会陪在我们身旁，在我们需要的时候给我们以安慰、鼓励、支持和帮助。同样，在朋友遭遇逆境时，我们同样也应该以一颗感恩的心去回报朋友，给朋友以无私的温暖和帮助。只有相互扶助度过困境，才会看到友谊的彩虹绽放在美丽的蓝天。

3. 患难之后

(1)友情历久弥珍

生命是一个逐渐积累、丰厚的过程。随着时空的转变，经历了风雨的考验和岁月的洗礼，生命会变得更加厚重。随着人生阅历的丰富，伴随着每个人一生的各种思想、感情和观念都会随之改变并且更加趋于成熟。同样，作为人类最宝贵情感之一的友情也会随着人生阅历的增加变得更加醇厚、珍贵和持久。所谓不经风雨，怎见彩虹，患难正是友情的试金石。当困境来袭，作为朋友的我们如何对待，将是摆在我们面前一个严正而现实的问题。如果我们因为惧怕患难带来的危险而抛弃了朋友，放

弃了友谊,那么这份友情就是虚假的。相反,如果我们因为珍爱朋友、珍惜友情而迎难而上,和朋友共度难关,即使有危险的后果,我们也愿意与朋友共同承担,那么我们就保有了世界上最珍贵的东西——真正的友谊,它是无价的。而朋友之间的情谊也正是因为两个人在遭遇困境时的互相扶助和不抛弃不放弃的坚守而经受住了现实的磨砺和考验,从而变得会更加珍贵,更加值得用一生来相守。

(2)学会倍加珍惜

患难让我们对彼此有了更深的认识,让我们对友情有了更深的体量。经历了患难,仿佛是友情经历了一场斗争而最终得胜。在这个时候,我们可以骄傲地告诉自己:"是的,我交到了真正的朋友。"从这一刻起,我们从心底下了决心:从今以后,我们要更尽心尽力地对待朋友,更加珍惜朋友间的这份真情。从点滴小事做起,以实际行动回报朋友。

案例链接

图 3-1-4　荀巨伯

(图片来源:http://image. baidu. com/itn&z = &se = 1&showtab = 0&istype = 2&ie = utf - 8&word = 荀巨伯)

汉桓帝时,颍川人荀巨伯到一偏远地方看望一个生病的朋友,正遇上北方少数民族叛乱,前来攻打郡城。那个朋友对荀巨伯说:"我眼看不行了,你赶快逃走吧!"荀巨伯说:"我打老远的地方跑来看你,现在情况危急,你叫我走。不顾朋友的交情,只求自己活命,这难道是我荀巨伯能做的事吗?"他坚决留下来照顾病友。不久叛军攻进来,看见了荀巨伯,叛军头领问道:"你是什么人?怎么单独留在这里,难道不害怕吗?"荀巨伯说:"我朋友得了重病,我不能丢下他不管,我宁可用自己的生命代替他,你们就为难我好了,千万要放过我的朋友。"叛军头领闻听此话,说道:"我们进了有义之邦,还是走了吧!"说完就命令军队撤退,整个郡城竟因此保全了下来。

点评:危难时刻,要做到对朋友不离不弃,要相信真正的友谊是具有无穷力量的。

二、感恩朋友的帮助和支持

这个世界很大，人在这个广大的世界里显得非常弱小，总有许多事是仅凭个人力量无法做到的，这就需要朋友的帮助和支持。所以，当我们走到今天，不管失败也好，成功也好，都离不开朋友或多或少的帮助。我们都应该怀着一颗感恩的心，感谢朋友的鼓励、支持和热心相助。

（一）感谢朋友给我关怀

1. 朋友的关怀给我希望

朋友的关怀就像是春日里温暖的风，吹绿了心灵的田野，带来了生机和希望。朋友是在你生病时，对你嘘寒问暖的人。从上学开始，我们大部分的时间就是在学校度过，和老师同学一起的时间甚至比跟父母在一起的时间要多，尤其是我们上了大学之后，学习、生活都在学校。这个时期，同学朋友可以说就是我们的家人，有了他们的关心，我们在学校一样可以感受到家的温暖。

大学生活较之中学生活有更多的松散性，大学生在学校比较分散，这就需要加强同学间的沟通和联系，只有彼此之间相互照应，学校生活才能顺利地度过。这时，朋友的一句简单问候就显得非常珍贵，正是有了这句问候，大学生活才更加充满温暖。

同时，生活也是具体的，是由点点滴滴累积起来的。每个人都生活在现实的世界中，或许都有一些自己力所不能及的事情，需要别人来关心、帮助，而且这种温暖的举动是互相的，友情就是在这种互相的温暖中产生的。有时候，我们会看到两位年迈的老人，相互搀扶着走在路上，看到他们，我们难免都会心生感动。友情也是如此，朋友总是在你最需要的时候给你关怀和温暖。

2. 珍惜这份关怀

（1）感谢朋友的关心

当我们生病时，感谢朋友关心我们的身体健康。同学在我们生病时的一句关心的话，为我们递上一个药片，陪我们去医院看病甚至彻夜陪在我们的身边照顾我们，这些点点滴滴都温暖着我们，甚至成为以后奋斗路上的动力和支撑。所以，我们要将这些铭记在心，以实际行动来回报这份友情。

学校生活中，更多的是同学朋友之间的相互鼓励。特别是在学习方面，更是需要相互帮助。由于大学教学没有中学那样具有集中性和规律性，时间和地点上比较分散，如果没有及时得到通知，可能就会错过上课或迟到。在这个时候，友情地提醒就显得格外重要。

珍贵的友情不会在一番高谈阔论之后产生，不会在毫无缘由的注视中产生，它是细致的、体贴入微的。当我们看到某个人背着自己的好友看病，看到某个人安慰伤心的朋友，看到某个人为了自己的朋友而放弃自己的利益时，我们都会感动，因为这是一种温暖人心的情谊。生活中的事情太多了，它们晶晶发亮，就像一滴滴小水珠似地

照射出人与人之间的友情。我们应该感谢世界上有如此多令人感动、让人温暖、感受到希望所在的情谊,应该感谢我们的朋友,感谢他们在我们的生活中关心帮助着我们,在我们的人生旅途上,陪伴我们左右,在我们的生命里,像一颗颗发亮的种子,为我们种下了希望、播撒着温暖,使我们的整个生命焕发出了光彩。

(2)珍惜朋友的倾听

"友谊的主要效用之一,就是使人心愤怨和抑屈之气得以宣泄释放"。如果有人在我们生气时愿意做我们的出气筒,有人在我们难过时愿意当我们的开心果,那就要学会珍惜了,因为,我们已经拥有了世界上最珍贵的感情之一——友情。每个人的人生旅途都不会一帆风顺,都会或多或少地遭遇困苦、磨难,都会有伤心难过的时候,这个时候,我们最需要的就是倾听。将心中的郁郁之气全部发泄出来,心里会舒畅很多,问题也可能因此而得到较好的解决。这就需要有一个人充当倾听者的角色,他会用心去听我们的委屈、难过、不满,用温暖的言语化解我们心中的矛盾和不安。当事情过去之后,我们应该回头想想这个倾听者对于我们来说有多么重要。如果不是他们,我们或许会灰心丧气、悲观失望,甚至一蹶不振。所以,应该深深地感谢身边有这样一个朋友,感谢朋友的聆听和帮助。

(3)给予朋友的回报

在这个世界上,怀着一颗感恩的心是幸福温暖地活着的必备要素之一。在与朋友的相处中,我们更是应该怀有一颗感谢朋友的心真诚地对待朋友,用实际行动来答谢朋友对我们的以心相待、以诚相交。俗语说,"滴水之恩,涌泉相报"。不管我们享有朋友给予我们的什么馈赠,精神的也好,物质的也罢,都是朋友的心意。这对于每个本为孤独者的人来说,都是一笔巨大的财富,我们在享有的同时,更应该怀着感激和尊敬,以一颗最真诚的心回报朋友,并将这份情谊延续下去,使之更加浓醇、珍贵。

(二)感谢朋友给我力量

朋友是一种力量,虽然这力量是无形的,但却是最有力的。在我们成长的路上,这种力量总是在支撑着我们,引导着我们,鼓舞着我们。

1. 自卑时的鼓励

朋友是我们自卑时的鼓励。在亲情之外,总是有这样一种力量鼓舞着我们在成长的道路上不断前进。从小到大,我们感受最多的就是亲情。亲情是离我们最近的一种温暖,时时刻刻呵护着我们,但有时,亲情也有到不了的角落。因为,在长大的过程中,会有许许多多曲折不平的路让我们去摸索,有时,我们也会在黑暗中迷失方向,甚至连父母都不清楚该怎样带领我们走出黑暗的谜团。但是,我们不怕,因为在亲情之外我们还有友情。友情像是一道光,在太阳落山之后,还会像月亮照耀着我们,虽然不及太阳那样光芒万丈,但却能在黑夜里给我们照亮前进的方向。

通常,在暂时性的迷失和不知所措中,我们往往容易产生自卑的心理。虽然这是正常的,但是却容易造成不好的结果,特别是大学生,心理素质并不是非常强健,可能会自我否定，甚至自暴自弃。在这种情况下，就需要有及时的心理疏通和指导。这时，朋友的重要性就得以体现。不管这个朋友是我们的老师也好，同学也好，或者是其他人，他们会给我们鼓励，帮我们分析我们的优势并正确认识自身，从而走出自卑的阴影，使生活的阳光重新照进我们的心里，最终找回自信，继续踏上奋斗的征程。所以，我们应该感谢他们，感谢他们在我们最失落、彷徨的时候，给我们力量。

2. 哭泣时的安抚

每个人都有伤心难过的时候，虽然这是人的正常情感，但伤心总归是每个人都不愿意尝的滋味。所以，我们每个人都渴望在自己伤心难过的时候，有一双手可以轻轻地抚慰我们，有一个肩膀可以让我们倚靠，有一个人可以在我们身旁静静倾听我们的悲伤，有一种心情可以随着我们的心跌宕，这就是朋友。他可以为我们的遭遇默默拭泪，为我们的伤心抑郁难平，为我们的眼泪递上手帕，为我们的倾诉静静倾听，他是我们哭泣时的安抚。每当我们心里难过时，总要记得朋友的抚慰；每当我们回忆起曾经有过的这样一段时光，我们更应该怀着感激的心，感谢我们的朋友。

3. 骄傲时的警醒

前进的路上有成功也有失败，成功失败都不重要，重要的是我们应该随时保持一颗不骄不躁、积极向上的心。但在现在这样一个浮躁的社会现实当中，真正保持胜不骄败不馁的心态却不是每个人都能做到。当我们取得一项成功时，我们身边或许会有许多赞美的声音，但这时，有一种声音是我们最最需要听到的，那就是朋友的警醒。有位思想家曾经说过，友谊的功效之一就是能够让人保持理智和警醒。当我们考试取得好成绩时，有人告诉我们再接再厉，不要为一时的成绩骄傲，说不定下次考试我们会掉以轻心；当我们运动会上得了第一名时，有人告诉我们要注意锻炼的强度，不要因为没有注意锻炼的力度而损伤了身体；当我们买到一件质优价廉的特价物品时，有人告诉我们，你怎么这么不小心呢，刚才挑选商品的时候，钱包差点被被人偷走……这就是朋友，真正的朋友。在你得意的时候，适时地给你“泼一盆凉水”，让你不至“忘形”。也只有这样的朋友，才会值得我们用心去交，更值得我们真心感谢。

4. 努力时的加油

运动员在比赛时，如果听到拉拉队或观众的呐喊助威往往会激起心里更大的斗志，激发出体内强大的潜力，从而在比赛中发挥出更好的水平。其实，这种心理作用在日常生活中也很常见。人们常说，多一份努力，多一份收获。换个角度，换个说法，更是多一份鼓励，多一份成功。在追求成功的道路上，我们每个人都在和看得见的或看不见的对手竞争，想象我们也是运动员，在人生的赛场上竞技。我们也希望身旁有拉拉队为自己呐喊助威，也有自己的观众为自己加油，这样，我们会对自己多一份信心和鼓励，从而获得更多更大的成功。其实这样的观众就在我们身边，只是我们可能没有特别注意到他们。父母、老师、同学等等，都是我们的拉拉队，在我们为梦想努力的时候，他们或者在身后默默地支持着我们，虽然没有激动人心的口号，没有随风摇

曳的旗帜，但就是这种平凡安静却又潜藏着巨大精神动力的支持，给了我们前进的动力。无论我们是成功了也好，没有成功也好，他们都将是我们为生命不断努力奋进的精神支持，是我们人生的一笔宝贵财富。

案例链接

图 3-1-5　朱晖
（图片来源：http://image. baidu. com/i?　= &tn = baiduimagedetail&ipn = d&word = 张堪%20 朱晖）

后汉时，有一个人叫朱晖，他读太学期间，结识了朝廷重臣张堪，两人甚为投机。

张堪对朱晖的才学和人品非常赏识，又恰好是同乡，有意提携他，被朱晖婉言谢绝了。但张堪一心把他当作知己，推心置腹地对朱晖说：“你真是一个自持的人，值得信赖，我愿把身家与妻儿托付给你。”面对张堪把他当作生死之交的话语，朱晖心里非常感动，却只是恭敬地答道：“岂敢，岂敢。”

朱、张二人挥手作别后，便失去联络，再没有碰面。后来，张堪死了，他为官清廉，死后也没有什么丰厚的遗产，家人的生活顿时变得窘迫起来。朱晖知道后，便全力接济张堪的家人。

朱晖的儿子不解：“我们以前没有听说过你与张堪有什么深交，你为什么如此厚待他的家人？”朱晖说：“张堪生前，曾对我有知己相托之言，我嘴上虽然未置可否，心中已经答应了。”“既然你们互为知己，为何常年不见往来？”朱晖答道：“当初他身居高位，并不需要我的帮助；如今他离去了，家人生活得很不好，才需要我这个朋友出面帮忙呀。”

点评：朱晖将朋友的知遇之恩牢记心底，并在朋友落魄之时能够全力帮助朋友的家人，这正是因为他深深地知道这份友谊的珍贵，并懂得以一颗感恩之心回报朋友。

（三）朋友是相互鼓励

曾经有人说过，朋友是一个灵魂蕴藏在两个身体中。对这句话可以有很多种理解，其中一种，应该是朋友应该是一种力量分别积存于两个人的身体中，如果想要这种力量发挥最大的效应，就应使这两人真诚沟通合作。而鼓励正是这种力量发挥作用的一种形式。

1. 鼓励是力量的源泉

一种行为的发生都会有一定的指向性，同时这种指向性越强，那么达到目的的概率也就越大。如何增强这种指向性，使行为发生效用呢？管理学中常说的激励就是一个很重要的途径。美国管理学家贝雷尔森和斯坦尼尔给激励下了如下定义："一切内心要争取的条件、希望、愿望、动力都构成了对人的激励。——它是人类活动的一种内心状态。"激励分为物质激励和精神激励。我们平常所说的鼓励实际上就属于精神激励，它是力量发挥作用的一种，也是非常重要的一种。是的，不管是谁，无论做什么事，鼓励都是我们的力量之源，给我们信心、希望和方向。特别是朋友之间的鼓励。因为真正的朋友是彼此互相理解信任的两个人。正是出于这份彼此之间的信任以及心与心之间的沟通，朋友之间的互相鼓励才显得更有分量和重要。有了这份鼓励，我们即使在前进的路上遇到困难和阻碍，也会充满了动力和勇气，一往无前，朝着既定的目标迈进。

2. 鼓励是友谊的支撑

鼓励不仅是对个人的一种支持力量，也是对友谊的支撑。如果两个人能够做到相互加油、打气，自然对两个人的友谊是一种维护和保养，因为双方从对方那里获得了力量，自然也会心存感激，这样一来两人的友谊会更加深厚。反之，如果两人在奋斗路上各走各的，对对方不管不问，有了什么难事也不向对方倾诉，不给朋友鼓励，这就说明这两个人的友谊正在逐渐淡去。因为，友谊如同爱情，需要两个人用心的呵护，否则，友谊之花会经不起风吹雨打而迅速凋落，甚至再也不能开出新鲜的花朵。

3. 不吝对朋友的鼓励

从人性的角度来说，每个人都是有自身的弱点的，有一点就是每个人希望得到肯定，这一点尤为重要。反而言之，人性都是有相对的优点的，那就是肯定别人。所以，从这个意义上来说，对主动方来讲，我们更应该发挥自己的优点，积极地正面地去肯定别人，尤其是对你的朋友。因为真正的朋友就是能够给对方鼓励，希望对方更好。因而也能够在适当的时候不吝对朋友的鼓励，这不仅能够帮朋友摆脱阴影和不快，更能够使自己也心情愉悦。从一定意义上来讲，帮助别人就是帮助自己，鼓励朋友的同时，也是在帮助我们自己认清形势，更好地看到自身的优点和缺点所在，同时，对朋友之间的情意也进一步地加深。所以，当我们的朋友在不顺心时，请多给他们一些鼓励和帮助，因为这对他们和对我们自己都非常重要。

（四）朋友一生一起走

《朋友》这首歌的歌词写得很好，"一句话，一辈子，一生情，一杯酒"。所谓朋友，

应该是真正的朋友，真正的朋友其实就是你生命的一部分，是人生中不可或缺的重要组成。这种朋友应该是一辈子的。他可以不是生死之交，却要一生相知；他也不必拥有很多财富，却必须是你心灵上的伴侣。朋友是我们一生中宝贵的财富，纵是有千金万金也买不到朋友的一颗真心，“人生得一知己足矣”。如果你拥有这样的朋友，请好好珍惜！

1. 交一生的朋友

千金易得，知音难求。交一生的朋友，容易说却很难做到。在这里，我们不妨把这件事作为我们人生的一个目标或者理想，因为如果仅仅是把交朋友当作一件稀松平常的事，那就有可能这一生都找不到自己的朋友。曾经有人说过，在追逐梦想的过程中，我们需要把梦想尽可能地放大，否则，在追寻的过程中，梦想可能会消失，交朋友亦如此。所以，要准备交朋友，不妨就准备交一辈子的朋友，把交朋友当作一项隆重的事业来做。

(1)如何交朋友

把朋友当作是自己一生重要的事业，要做到尽可能的完美，就需要我们用心地投入，并且不计代价。第一点，就是要用心。用心，这两个字写起来很容易，要真正做到却需要我们用时间和生命去体会去经历。交朋友，我们需要用很多“心”：真心、诚心、爱心、知心、小心、精心、静心、经心……具备了这些心，就有了交到真朋友的基础。第二点，就是织造友谊的实际行动。朋友是人，是真实生活在这个世界上的人，他会有喜怒哀乐，生老病死，而我们要交到真正的朋友，就是要为朋友做尽可能多的事情，为他们做一些实实在在的事情。比如，他们高兴时，和他一起分享他们的快乐，一起大笑，一起疯狂；他们伤心时，和他们一起分担忧愁和不快，陪他们安静，陪他们流泪；他们遭遇困境时，尽自己最大的努力帮助他们解决问题。总之，就是要在朋友最需要我们的时候，尽可能陪在朋友身边，给他们温暖和力量。

此外，当代大学生要交到真朋友、好朋友，应注意从以下几个方面努力。

第一，树立正确的友谊观。首要条件就是建立相互信任。友谊只有建立在相互信任的基础上，才会有继续发展的动力和支持。其次就是要真诚相待。比如当朋友有困难时，我们能够给以真诚的帮助支持；当朋友犯错误时，能给以劝诫和指正。同时能够和朋友平等相待，宽容以对。大学生在交往中，应该学会互相学习，取长补短，并且心胸要宽广，遇事权衡利弊，不能苛求他人。

第二，树立正确的交友、择友观。大学生不应只注重同龄、同性、同专业的交往，要不断拓宽自己的交友范围，这样才能开阔眼界，增长见闻，符合自身发展的需要。同时也要注重择友，特别要认清网络交友的虚假性、欺骗性，明确自己的需求，避免上当受骗。以德才兼备为标准，坚决抵制以权、势、利为标准的择友观。

第三，处理好友情与爱情的关系。爱情是在一定的社会环境中，男女两性基于共同的生活理想，在各自内心形成的对异性最真挚的仰慕，并且渴望对方成为自己的终身伴侣的感情[1]。友谊是朋友之间的一种平等、亲密、互相信赖、支持的感情。两者之间既有区别又有联系，在交友过程中应注意把握好度。

第四，积极参加各种社团活动。通过参加各种社团活动，培养自己多方面的兴趣，这样比较容易找到趣味相投的人，从而建立良好的友谊基础并扩大交友范围。另外还可以充分展示自己的才能，获得同伴的认同和支持，有利于进一步提高友谊质量。

(2)交何样朋友

大学生活汇聚了我们的欢笑与泪水，成长与希望，她是我们一生中最干净明媚也是最绚丽多彩的时光。在这一时期，我们的心智逐渐真正走向成熟，对于人生和未来也有了更多的思考和期望，而朋友这个人生中最重要的课题之一，当然也不能在我们的思考之外。每个人都不能没有朋友，朋友对我们的一生影响重大。所以，交什么样的朋友是值得我们每个人都好好思考的问题。

案例链接

苏沫和姜藤是大学四年的室友，这两个女孩和另外一个男孩之间有一段纠葛的过去。简而言之，就是姜藤把苏沫的男朋友抢了，又把他给踹了。

苏沫知道后，静静地回到宿舍的床上躺着，眼泪沾湿了枕巾。她不是对忧郁王子有多依恋，毕竟一个不爱自己的人，没什么好留恋的。她回忆更多的是姜藤对她的不公：两个人在一起的时候似乎从来都是苏沫吃亏。

大一的时候，学校组织放大片，她和姜藤正在宿舍洗头，本来有两壶开水，但是姜藤冲了一遍又一遍，轮到苏沫的时候，只剩半壶了。眼看电影就要开演，姜藤不停地催促苏沫，她只能头发上挂着蛋黄状的洗发膏去看电影，被外系同学嘲笑。苏沫回来后很生气，可是姜藤轻而易举就化解了苏沫的怨念：她给苏沫打了满满两壶开水，娇滴滴地放到苏沫床边，让苏沫不得不停止了抱怨。

大二的时候，两个人都参加老师的课题项目，苏沫是好学生，兢兢业业，姜藤则有一搭没一搭地应付着，只为混个“三好学生”的奖状。可是最后要拿这个项目去申请成果的时候，姜藤悄悄地把申请书上“负责人”一栏上苏沫的名字改成了自己。成果申请下来了，苏沫独自生气，姜藤硬拉着她去了一家高档西餐厅，用奖金请苏沫吃了一顿大餐。姜藤一边喝着柠檬苏打水，一边哭诉，我的父母在我小时候就离异了，是要强的妈妈一个人把我带大的，我要是没有一点成绩，她心里该多难过啊！我真的是没办法了，对不起苏沫！苏沫又心软了。苏沫出生在一个和睦的家庭，父母都是大学老师，同学也都是大院里一起玩大的孩子。在这样一个友善、不带一丝杂质的环境里长大，苏沫自然不会想到去欺负别人，可也对别人的欺负特别的敏感且没有免疫力。

---

① 冯丽：大学生如何远离恋爱误区［J］，广西青年干部学院学报，2003，(3)。

她想,自己的父母慈爱、心地善良,她应该去体谅别人的酸楚。

大三,也就是姜藤抢走忧郁王子的时候,苏沫沉不住气了。她来找我诉苦,似乎姜藤和忧郁王子的背叛在苏沫心里造成的巨大阴影已经快要把她压垮。转眼到了大四下学期,我忙得焦头烂额,无暇再顾及苏沫。慢慢地我发现苏沫就对姜藤开始不那么冷淡了。后来有一次,姜藤又找机会告诉苏沫,她跟忧郁王子已经分手了。姜藤说,苏沫,我知道自己对你造成了伤害,可是只有你对我好,你能再原谅我一次吗?你就再给我一次机会吧。

后面的事情不用猜你也知道了,两人又一起踏上了求职的漫漫长路,并且合租了一间公寓,苏沫还不计前嫌地把朝南的那间房子让给了姜藤,姜藤对此的理由是她从小就住朝南的房间,住习惯了。两人似乎又恢复了从前的亲密无间。

好景不长,一天夜里,我在熟睡中听到手机响了,苏沫泣不成声,她问了我一个问题:"为什么我一再忍让,还是老被欺负?"

我叹了口气,给她讲了个故事:花园里有两朵花,玫瑰开在土壤贫瘠的地方,它拼命地吸收阳光,汲取养分。牡丹长在肥沃的土壤上,它轻松地哼着歌儿。玫瑰在地底下拼命地抢牡丹的养分。牡丹害怕孤独,就把养分让给它。玫瑰太自私,可是牡丹不知道保护自己。

点评:友谊就像是一颗种子,不仅需要阳光、空气、养分的滋养,更需要生长在一个公平的环境里,否则即使它慢慢长大,友谊之树也会变得歪曲而无法正常生长。苏沫和姜藤之间正是缺乏了这种公平,所谓的朋友情谊才会慢慢变质并逐渐消失。

2. 持一生的友情

马克思说过,人的生活离不开友谊,但要得到真正的友谊才是不容易;友谊总需要忠诚去播种,用热情去灌溉,用原则去培养,用谅解去护理。在日常生活中,友情已经成为我们人生中一种必不可少的成分,就像空气、水和阳光。所以,如果拥有良好的友情,不妨好好地呵护,让这份友情深深滋润我们的生命。那么,怎样才能维护好我们和朋友之间的友情呢?

(1)一生相伴真情意

朋友是生命的重要意义,他有如空气中的氧气。如果没有了朋友,生命就将不成为真正的生命,因为没有一个人是可以离开了朋友而独立走完人生旅程的。每个人都期待真正的朋友,期望至真至纯的友谊,拥有这种珍贵感情的人是幸运的,也是幸福的。假如一个人能一生都有这种感情相伴,那么他的人生价值将得到完美的体现。从另一个角度来说,如果有人能够在你人生的旅途中伴你一生,无论艰苦困境亦或顺风顺水,都永远对你不离不弃,那么这个朋友才是你的真朋友,这种无比珍贵的情谊才是真正的友谊。如果有幸拥有,请让我们用一生真心对待他,用真情去珍惜呵护它。

(2)我以一生持友情

在人的一生中,在亲情、爱情之外,友情应该是人类最高尚和宝贵的情感,每个人都渴望拥有这样一份珍贵的感情。在决定与一个人交朋友时，我们就应该抱着十分的诚意，用真心、真情去对待这份友情。当你拥有之后，请尽心维护保养好它，因为不是每个人都是如此幸运而拥有朋友的爱。如果有朋友用百分之百的情谊对你，请用更多的真心意去对待他，去对待你们之间的这份友谊。做一生的朋友，不因任何风浪波涛，不惧任何艰难困苦，用一颗坚定而温暖的心使友情之树茁壮生长。

案例链接

青年的马克思就有着改造社会的强烈愿望并付诸行动，因而他受到反动政府的迫害，长期流亡在外。1844 年，马克思在巴黎认识了恩格斯，共同的信仰使彼此把对方看得比自己都重要，马克思长期的流亡，生活很苦，常常靠典当，有时竟然连买邮票的钱都没有，但他仍然顽强地进行他的研究工作和革命活动。恩格斯为了维持马克思的生活，他宁愿经营自己十分厌恶的商业，把挣来的钱源源不断地寄给马克思，他不但在生活上帮助马克思，在事业上，他们更是互相关怀，互相帮助，亲密地合作。他们同住伦敦时，每天下午，恩格斯总到马克思家里去，一连几个钟头，讨论各种问题；分开后，几乎每天通信，彼此交换对政治事件的意见和研究工作的成果。他们之间的关怀还表现在时时刻刻设法给予对方以帮助，都为对方在事业上的成就感到骄傲。马克思答应给一家英文报纸写通讯稿时，还没有精通英文，恩格斯就帮他翻译，必要时甚至代他写。恩格斯从事著述的时候，马克思也往往放下自己的工作，编写其中的某些部分。马克思和恩格斯合作了 40 年，建立起了伟大的友谊，共同创造了伟大的马克思主义。

点评：马克思与恩格斯是伟大的友谊，无论面临的怎样的困难和考验，两人始终互相支持互相帮助，为了共同的目标一起努力奋斗，最终做出了伟大的成就，大学生更应该结交有着积极奋斗目标的挚友！

第二节　感恩对手

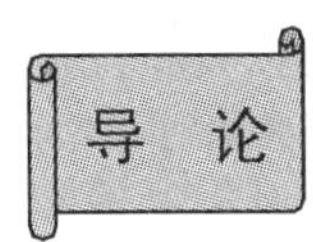

现代社会是一个充满竞争的社会，有竞争就有对手，竞争无处不在，对手也无处不在，不论是在学习中、比赛中，还是在运动场上、情场上、商场上、职场上，竞争和对手都伴随着我们，我们想在任何一方面获得成功，都必须要在竞争中超越同样想要在此方面获得成功的对手。然而，对手并不全是敌人，而是我们获得成功的伙伴，对手

促使我们认清自我,发现弱点、发扬优点,对手磨炼了我们的意志,制造竞争氛围、带来成长压力,对手锻炼了我们的能力,使我们不断完善。在互为对手的竞争中,我们和对手其实是在共同进步,我们要尊敬对手,感恩对手。

一、感恩对手认清自我

> 名言警句:真正的对手会灌输给你大量的勇气。
>
> ——卡夫卡

(一)正确看待对手

现实生活中,许多人都把对手视为眼中钉、肉中刺,认为正是对手的存在,才给他们那通往成功的道路上设置了障碍,有些失败者甚至把对手视为仇敌,认为正是对手的成功,才导致了自己的失败,恨不得处之而后快。然而,仔细想一想,即使失败也是因为自己没有足够的强大去获得成功。当今社会时时处处都存在着竞争、存在着对手,拥有一个强劲的对手,反倒是上天给予的礼物,他能使你拥有更旺盛的斗志去排除一切困难与险阻,激活你的内在潜能去超越自我,去夺取胜利。我们不应该把对手视为敌人,仇视他们,反而应该欢迎他们、欣赏他们、尊重他们、感谢他们。

1.对手不全是敌人

什么是对手?对手的基本解释为:①竞赛或斗争的对方,如我们的对手是个素负盛名的球队;②劲敌,特指本领、能力、水平不相上下的竞赛的对方,如棋逢对手。

什么是敌人?敌人的基本解释为:①企图使某人或某事受到损害,或企图推翻使某人某事遭到失败的人;②互相仇恨而敌对的人或敌对的方面,例“然仓皇中不可落于敌人之手以死”。

由此,即便是从字面上来理解,对手也不等同于敌人,对手中可能有一部分是仇恨我们的敌人,但对手并不完全是敌人。

在战争年代,在你死我活的阶级对立和斗争中,人们会视对手为敌人,必须打倒或者消灭,否则对方就会打倒自己或者消灭自己。因为在那样的年代那样的境况下,成王败寇,胜利的一方总会想要把对方置于死地、斩草除根、永绝后患。然而,在人类社会的发展历程中,不是只有阶级对立,也不是只有战争,发展更需要和平,尤其是在当代的国际交往中、人们在竞争中、在对抗中学会了妥协,思维方式发生了改变,要对话不要对抗,要合作共赢,不要武力冲突,人类的发展更需要和睦、和谐、友善、合作。社会发生着翻天覆地的变化,科学技术日新月异,人民生活蒸蒸日上,我们只想要和平安定,我们倡导构建和谐社会,我们不需要你死我活的战争,即便是竞争也只想要良性竞争。因此,现在的对手已不全是非要置对方于死地的敌人。

在今天的生活中，对手往往是竞争的对方，有着共同的利益追求，发生着利益冲突，都想要在某一方面获得成功，即便只有一方能获得这个成功，这种成功的获取也并不需要损害对方的利益或者要置对方于死地，更何况竞争的双方是可以共赢的，即双方都在竞争中获益。所以，对手并不全是敌人。有人认为，世界上有百分之九十九的人介于“敌人”和朋友之间，做人不要除了朋友就是敌人。

案例链接

图 3-2-1　苹果 VS 微软

（图片来源：http://www.win7china.com/html/12467.html）

美国的微软和苹果公司在争夺计算机这一市场控制权上，一直处于炽热的竞争状态。从 20 世纪 80 年代开始，直到 90 年代中期，微软公司已经居于上风，占据了领先地位，90%的市场份额全揽到了自己身上，而苹果公司却到了山穷水尽的绝境。苹果公司为了挽回败局，迫于无奈，竟向美国联邦法院起诉，指控微软公司违反《反垄断法》，并要求微软公司赔偿十亿美元，然而起诉没多久，官司还没有得到判决，苹果公司首席执行官格拉塞却向比尔·盖茨致电，希望能得到微软的技术支持，使自己的音乐文件能在微软网络和便携设备上播放。

起初人们认为比尔.盖茨一定会拒绝，但出人意料的是，比尔·盖茨却十分支持，通过微软的发言人，对格拉塞的提议表示欢迎，并希望能真诚地合作。1997 年，微软向苹果公司投资 1.5 亿美元，把苹果公司从倒闭的边缘拉了回来，2000 年，又为苹果公司推出 office 2001。

自然，微软与苹果公司实现了真正的双赢。

点评：在管理职场中，常常会遇到许多竞争对手，在对待竞争对手上，按常理，那就是把它当作敌人，集中精力，不屈不挠，把它彻底打败，直至坚决消灭。然而，竞争对手既然可以成为你的对手，它应该具有旗鼓相当，不差上下的实力，一味把它作为

敌人去对付、去打败它，到头来。或是你获胜了，也有可能损兵折将，大伤元气，更何况今天你将它打败，谁能保证它不会养精蓄锐、卧薪尝胆，日后东山再起呢？到时你还要全力以赴做好应战还击的准备。经验告诉我们，打击对手，如若让对手无路可逃，逼上绝境，对手一旦豁出去，死马想变成活马，反扑的力量那是相当大的。

竞争就像一扇门，不同的门里有着完全不同的品位，最低劣的竞争就是为了自己的利益，不择手段，哪怕置对方于生死而不顾。最完美的竞争，就是良性为之，含蓄待之，在面对竞争对手时，会像比尔·盖茨那样，站在对手身边，把对手变成朋友，然后携手合作，取长补短，共同发展，实现双赢。

2. 对手是获得成功的伙伴

在社会生活中，为什么会成为对手？或有相同利益需要，或有相同目标追求。在人类社会发展的某一历史阶段，人们为了实现自身的需要，往往与对手势不两立，不屈不挠地要把它彻底打败，直至坚决消灭；而今天人类发展面对更多的共同利益需要，对手就是相互应对的双方，向对手学习其优点，在对手营造的压力中不断成长，甚至和对手携手合作，取长补短，优势互补，共同发展，才是最佳的选择，才能让自己不断强大，获得成功。

互为对手的人或者组织，往往有着共同的目标，在相同或者相近的领域做相同或相似的事情，都想要获得成功。一般，我们把共同参加某种组织或从事某种活动的人称为“伙伴”。由此看来，我们可以把对手称为我们在通往成功道路上的伙伴。这样的“伙伴”是我们最坚定的伙伴，存在于我们想要获得成功的各个方面，小时候在学习中、在运动场上、在比赛中、在评优评奖中，长大了在求职中、在升职过程中、在争取爱情过程中等。因为有着共同的成功目标，这些“伙伴”总是和我们并肩作战，甚至当我们的亲人、朋友不理解我们的想法不支持我们的做法时，这些“伙伴”依然对我们“不离不弃”。著名作家、学者、历史学家、社会问题专家、公共知识分子易中天说过一句人生感悟——要成功，需要朋友；要取得巨大成功，需要对手。

案例链接

苏拉今年32岁，才华、勤奋已让她稳做了五年的广告部主管。面对轻车熟路的工作，她渐渐地失去了创业的热情与勤奋，部门业绩连续几个月下滑，一些散客户纷纷撤资。有个新来的下属提出了个建议，可是苏拉很是不以为然，我经手了多少百万的大订单，你一个刚毕业的毛孩子知道什么。

一天，即将因升职而卸任的经理突然在广告部里宣布了一个惊人的决定：由于那个新来的下属表现出色，公司决定给三个月的时间让苏拉和下属共同竞争部门主管这个位置，谁的企划好、业绩高，公司就将选择谁。

苏拉开始是难以置信、愤愤不平，直到发现那个下属已经快速行动起来了。职场不相信眼泪，苏拉如梦初醒，拿出了前所未有的精力和热情投入到竞争当中。三个月过去了，苏拉惊喜地发现，自己这三个月创造的业绩竟然是来时的两倍。与此同时，其他部门的员工也都倍感压力，业绩纷纷飙升，公司状况大为改观。

可是宣布结果那天，经理却出人意料地代表公司把部门主管的位置授予了业绩比苏拉少一点的下属。正当同事为苏拉不平之际，经理又微笑着说："这次考核，苏拉的业绩要比新来的小王好，为什么还是小王当上了部门主管呢？那是因为，公司决定——让潜力出众的苏拉出任经理。"

点评：有对手才会有竞争，有竞争才会有发展。苏拉和新来的小王为了同一个"主管"的职位而成为了竞争对手，在竞争的过程中，两人都创造了很好的业绩，最后小王当上了主管，而苏拉出任了经理，她们都获得了成功。对手不全是敌人，他们互为获得成功的伙伴，在竞争中可以和对手都获益，达到双赢。

（二）对手促使我们认清自我

"不识庐山真面目，只缘身在此山中"，这是宋朝苏轼的著名诗句，为什么不能辨认庐山的真实面目呢？因为身在庐山之中，视野为庐山的峰峦所局限，看到的只是庐山的一峰一岭一丘一壑，局部而已，这必然带有片面性。我们每个人对自己的认识也是如此，可能带有片面性，不识自己的真面目，不能够完全地认清自我。不能正确地认识自我，我们就不能发现自己所有的弱点和优点，不能发现自己的潜在能力，可能我们面对风险时就不能准确地判断和应对，可能我们就不能树立起自己本可以实现的远大目标，可能我们就不会发挥出最佳的状态，可能我们取得成功的机会就会减少。认清自我对于获得成功如此重要！当我们自己只有片面认识的时候，对手却能促使我们认清自我。无处不在的对手，总是要想方设法打败我们争取最后的成功，从而不停地分析我们，以规避我们的优势，攻击我们的弱点。所以，一方面，我们想要抵御住对手的竞争，获得成功，就不得不全方位、多角度地去分析自己和对手，在对手的促使下、"帮助"下去认清自我，正所谓"知己知彼，百战不殆"。另一方面，对手同时成为我们的镜子，我们在与对手的竞争中，在认识对手的过程中，也会从对手那里进一步深刻认清自我。正是由于对手的存在，我们才能在竞争中不断地发现自己的不足和优点，不断地完善自我，不断发扬优势。

1. 对手促使我们发现弱点

中国有句古话："金无足赤，人无完人。"意思是说世界上没有含金量百分之百的金子，也没有完美无缺的人。任何人，都是有自己的弱点。然而，人们往往在自尊心的作用下，一般不愿意去发掘自己的弱点，或者不愿意承认自己的弱点。即使我们愿意去发掘自己的弱点，也有很大的局限性和片面性，对自己的弱点认识有限。有人说发现自己身上的弱点，发现自己的短处有两种重要途径：一是和比自己优秀的人交往，他们优秀的品质能使我们的缺点暴露出来；二是和对手过招，对手想要打败我们，就会不断分析我们，努力找到我们的不足和弱点，把进攻的矛头指向我们的最软弱的

不足之处，所以我们可以通过对手发现自己的这些弱点。的确，竞争中的对手往往会不断地分析找出我们的弱点，以己之长、攻其之短，以此超越我们获得成功。一方面，这促使我们审视自我、分析自我，力争在对手发现我们的弱点进行“攻击”之前，自己先找出弱点以进行“防御”；另一方面，对手的“进攻点”帮助我们看到自己没被发现的弱点。找出弱点，我们才能有的放矢地进行弥补，力争无懈可击，立于不败之地。

案例链接

图 3-2-2　MIA2 坦克

（图片来源：http://pp. faloo. com/v/1231081. html）

海湾战争以后，美军提出了一个全新的理念：战争状态下士兵的“生存能力”远比“作战能力”更重要。于是，研制世界上最坚固的 MIA2 坦克防护装甲，被列为改进美军装备的当务之急。

1988 年，美国陆军最优秀的坦克防护装甲专家乔治·巴顿中校接受了研制 M1A2 型防护装甲的任务。为了能研制出性能更高、质量更好的坦克，巴顿找来一位“天敌”——毕业于麻省理工学院的著名破坏力专家麦克·马茨担任工程师，与自己做搭档。请马茨来，并不是要他一起研究，而是要他来搞破坏。两人各带一个研究小组开始工作，不同的是，巴顿带领的研究小组负责研制防护装甲，而马茨带领的是破坏小组，专门负责摧毁巴顿研制的新型防护装甲。

起初，巴顿研制出的坦克防护装甲，马茨轻而易举地就炸坏了。每当坦克防护装甲被炸坏后，巴顿就会找马茨进行交流，找寻问题所在，以便在下一次研制中解决。马茨一次次地破坏，巴顿一次次地修改着自己的设计方案，并一次次地更换材料，直到有一天，马茨用尽各种方法也没能破坏巴顿的新坦克防护装甲。于是，巴顿宣布 MIA2 坦克防护装甲研制成功。一种世界上最坚固的坦克防护装甲，就在这种近乎疯狂的“破坏”和“反破坏”的反复试验、反复较量中诞生了。

这种被称为“艾布拉姆”式的MIA2型坦克，其防护装甲可以承受时速超过4 500千米、单位破坏力超过1.35万千克的打击力量。一直到现在，这种坦克防护装甲仍然是世界上最具有高科技含量的，也是最坚固的。巴顿和马茨这两个技术上的“对手”因为这种坦克防护装甲而同时赢得了象征美国军事科研领域最高荣誉的“紫心勋章”。

事后，巴顿深有感触地说“事实上，有问题并不可怕，可怕的是不知道问题出在了哪里。我们请马茨来做‘天敌’，就是请他帮助我们找到问题，从而更好地解决问题。一句话，我们之所以成功，就是因为请了一个好的‘天敌’来做搭档!”巴顿说：“我请马茨做对手是因为他最强大。以强手为对手，是让自己成功的有效捷径，如果成功有捷径的话。”

点评：互为对手的最优秀的坦克防护装甲专家巴顿和破坏力专家马茨在不断进行的“破坏”与“反破坏”中研制成功了世界上最坚固的坦克防护装甲。即便是专家巴顿也有找不出自己问题的时候，还是请“对手”马茨来帮忙才找出问题，从而解决问题，最后做到无懈可击。

2. 对手促使我们发扬优点

哲学家莱布尼茨说过“世界上没有两片完全相同的树叶”，人也是如此，每个人都有不同于其他人的特点，都有自己的闪光点。而在一般情况下，人们往往比较谦虚，不会去刻意发掘自己的优点，更不会经常显摆自己的优点。然而对手的存在，促使我们不得不去发掘自己的优点并发扬优点。因为竞争是残酷的，而竞争的直接目的其实很简单，就是要强于对手、战胜对手。这不是靠对手的同情、怜悯，而是靠自己的实力，靠自己优势的发挥。如何做到强于对手呢？发现自己的弱点，弥补自己的不足，让对手无懈可击，这仅仅只能让自己不落后于对手。要想真正地强于自己的对手、真正地超越对手，就必须在与对手的过招中，增长实力，充分认识到自己的优点、发扬优点，不断扩大自己的优势，完善自我，提升自我。

在与对手过招的过程中，对手一方面分析我们的弱点，作为“进攻点”，努力通过攻击我们的弱点试图打垮我们，另一方面，他们也会分析我们的优点，采取措施在竞争过程中规避我们的优点，甚至抑制我们的优势发挥。这促使我们自己在竞争之初就开始进行自我分析，找到自己优点，力争采取措施发挥我们的优点，以在竞争中占据优势地位。另外，对手在竞争中采取的规避措施或抑制措施，也可以从侧面帮助我们发现一些还没被自己发现的优点。通过对自己优点的全面认识和全面把握，我们可以在对弱点进行防御、加强的同时，不断扩大自身优势，不断进行自我提升，使自己立于不败之地，在竞争中获胜。

案例链接

图 3-2-3 狼和羚羊
(图片来源:http://xingge.baike.com/article-26848.html
http://www.enterdesk.com/view/332/1141_5.html)

一位动物学家对生活在非洲大草原奥兰治河两岸的羚羊群进行研究,他发现东岸羚羊群的繁殖能力比西岸强,奔跑速度要比西岸的羚羊每分钟快 13 米。这些差别让动物学家百思不得其解:羚羊的生存环境和属类是相同的,饲料来源也一样,都以一种叫莺萝的牧草为主,是什么原因使东西两岸的羚羊群在生存状态上有如此巨大的差异呢?

他在动物保护协会的协助下做了一个大胆的试验:在东西两岸各捉 10 只羚羊,把它们送往对岸。一年后,从东岸运到西岸的 10 只羚羊繁殖到 14 只,从西岸运到东岸的 10 却只剩下 3 只,其余 7 只全被狼吃了。

动物学家终于明白了,东岸的羚羊之所以强健,是因为在它们附近生活着一支狼群,它们时时生活在警觉和危机的"竞争氛围"之中,变得越来越有"战斗力",逐渐养成了较强的繁衍能力、应变能力和奔跑速度,西岸的羚羊所缺少的正是这么一群天敌,太平盛世,毫无压力,生命便懈怠起来。

点评:众所周知,奔跑速度快是羚羊的优点之一,东西两岸的羚羊种类相同,并且生长环境也相同,东岸的却比西岸的奔跑速度快很多,这正是由于东岸的羚羊有着与它进行"生存竞争"的强大对手——狼群,他们为了在与狼群的竞争中取胜生存下来,就不断地发扬自身的优点,不断地扩大自己的优势,从而使得奔跑速度有了很大程度的提高。

二、感恩对手提升自我

名言警句：

假如没有昔日的对手，也就不会有今天的拳王。所以，感谢对手。

——拳王泰森

一匹马如果没有另一匹马紧紧追赶并要超过它，就永远不会疾驰飞奔。

——拿破仑

同我们角斗的对手强健了我们的筋骨，磨炼了我们的技巧，我们的对手就是我们的帮手。

——埃德蒙·伯克

（一）对手磨炼了我们的意志

宝剑锋从磨砺出，梅花香自苦寒来。人也如此，通往成功的道路从来都不是平坦的大道，这条道路坎坷、曲折、遍布障碍。我们必须具有顽强的意志才能在这样的道路上走下去并获得成功。正是对手的存在，才使得我们在走向平庸与懒惰的时候，促使我们奋发图强，让我们在故步自封、踏步不前的时候，促使我们革故鼎新、锐意进取，让我们在畏惧艰难、想要放弃的时候，促使我们斗志昂扬、迎难而上……在这样的过程中，对手制造了竞争氛围，带来了成长压力，对手磨炼了我们的意志，让我们变得越来越顽强。

1. 对手制造了竞争氛围

因为有了石块的阻拦，河水才会飞溅起美丽的水花；因为有了海浪的撞击，沙滩才会变得广阔无垠；因为有了风雪的侵袭，松树才会愈发青翠挺拔；因为有了对手的竞争，我们才会充满活力，生活才会精彩纷呈。“有竞争才有发展”这是从古至今人们用事实证明的公理：周武王姬发以残暴的商纣王为对手，励精图治，积极准备灭商，终于取而代之；越王勾践时时不忘自己的对手是吴王夫差，因而卧薪尝胆，最后也夺回了江山；刘邦因为有项羽这样强大的对手而谨小慎微，明修栈道，暗度陈仓，遂夺天下。在竞技场上，运动员们正因为有强劲的竞争对手，才能不断创造新的成绩；在生意场上，商家也正因为有激烈的竞争，才不断改进经营和服务；练兵场上更是如此，因为有明确的假想敌人，才能把兵练得更强、更精。

对手给我们制造了竞争的氛围，才促使我们挖掘潜力，保持活力，不断发展，获得成功。上海光明乳业有限责任公司董事长、总经理王佳芬曾经在接受记者采访时表示：“当初，上海市政府为了给企业发展营造一个开放、竞争的氛围，市领导亲自出面四处邀请外地企业来沪经营，与沪上同类企业一道分割本埠市场，当地企业把这个称之为市长帮企业找对手。我们不仅不生气，反而从心底里感谢市政府。因为，一定是一个竞争的市场,企业才有希望。”在计划经济时代,光明乳业以其老品牌已经习惯地为上海市民所普遍接受。市政府一路绿灯、各路诸侯纷纷抢滩上海的时候,“王佳芬们”虽然感到了前所未有的危机感,但他们没有责怪政府,没有妒忌和恶意竞争,而是沉下心来,主动转换企业自身内部经营机制,进一步完善全程营销服务,提升产品科技含量,同时,积极拓展上海以外的全国市场,在全国各省建立了生产基地和遍布全国的电子商务销售网络,不仅稳住了本地市场,还及时占领了外埠市场。在蒙牛、伊利等进入上海,竞争加剧的情况下,光明乳业不仅没有丢掉市场,反而成了赢家,公司销售额猛增。王佳芬说:“伊利、蒙牛的进入,带给我们公司的是加快发展的动力。”“我们并不惧怕竞争,回过头看,如果不是竞争,我们光明乳业也许至今还沉迷在昔日的风光里,如果真是那样,最大的可能是我们已经被竞争的市场所淘汰,而绝不会是今天这样一个光景,所以我们感谢竞争”。

案例链接

图 3-2-4　美国队选手迈·菲尔普斯(右)和队友韦伯·格尔
(图片来源:http://www.wuzhoudaily.cn/html/2008-08/12/content_34484.htm)

当菲尔普斯一次次将世界纪录远远甩在身后,人们都在感叹这个泳坛奇才的强大。而当看到5支队伍同时超越世界纪录的惊人场面,那个一直以来,特别是最近异常清晰存在的问号又被放大了若干倍:究竟是什么让这些“大鱼”越游越快?

是2月以来成为焦点的“神奇泳衣”的奇迹?是独具蓝色魅力的“水立方”的奇迹?还是,难道是……

“是与对手的较量让我越游越快”,得到接力铜牌的沙利文11日再次强调。“这里的泳池非常好。至于泳衣,穿上它在水里的确感觉很棒,而感觉对于比赛来说当然很重要。不过,我觉得还是激烈的竞争让我们游得这么快,我从来都没有经历过这么刺激的接力”。

其实关于对手刺激重要性的肯定,沙利文在刚来北京时就有过表示。当有记者问为什么俄罗斯人波波夫保持了8年之久的50米自由泳世界纪录今年以来会被他屡次攻破,这位22岁的短距离高手就曾说,是他与法国人贝尔纳的较量让世界纪录的标线不断前移。

“我们促使对方不断前行,而这种推动力会持续很长时间”沙利文说。

说起贝尔纳,这个在接力最后一棒被美国人超越的大个子显然很不甘心,赛后伤心地趴在池边发呆。他的金牌变成了银牌,百米世界纪录也让与他人。不过,在法国队教练眼中,这样神伤并无意义。

“比赛有冠军,还有亚军和季军,大家凑在一起,才创造了激动人心的比赛。我们的成绩比世界纪录快了将近4秒,却没有夺冠,我们只比美国队慢了百分之几秒,我们是值得尊敬的对手”这位教练说。他同时强调,正是澳大利亚队的穷追不舍,让法国队游得异常出色。

同样,状态不佳的两届世锦赛冠军汉森当日虽然没有对北岛构成威胁,但却是驱使日本人奋发向前的极大动力。

“上届奥运会上我战胜了他,但之后他越来越强大。不过,我没有放弃,一直在努力”北岛说。“赛前我的确想着要和他一争高下,获胜后也兴奋异常,而当他走上前对我说‘你很棒’时,我真的很感谢他。”

即使是所向披靡的菲尔普斯,也要感谢对手。他承认同胞罗切特的逼近让他不断突破自我。而有关索普不相信他能成就八金的报道,据说被他贴在了更衣室的柜子里。

点评:奥运会是影响力最大的世界体育盛会,每四年才有一届,能够在奥运会上面获得好的成绩站在最高的领奖台对于运动员来说,是对自己多年艰苦训练的最高肯定。然而,每个项目冠军只有一个,来自不同国家或地区的多个体育健儿必须展开激烈的竞争,击败所有的对手,才能获得唯一的金牌。在2008北京奥运会男子4×100米自由泳接力决赛中,虽然只有美国队获得了冠军,但是在激烈的竞争氛围中,八支队伍中的五支队伍都游出了超越世界纪录的好成绩。可见对手制造的竞争氛围多么的重要。

2. 对手带来了成长压力

我们肯定都有过这样的体会:如果身边出现了竞争的对手,我们就会感到无形的压力。这种压力让我们时刻保持紧张,头脑中的弦儿一刻也不能放松;这种压力让我们格外小心谨慎,生怕一时的疏忽提供给对方战胜自己的机会;这种压力让我们加倍努力拼搏,充满活力和激情,战胜困难,甚至经常会出现超水平的发挥……对手给我们带来的压力,也变成了我们前进的动力。正是对手的存在,我们才会有比较的参照

物，才会保持前进的目标和方向，才不会松懈，才不会倦怠，才有最佳的表现，才能发挥出最好的成绩。

案例链接

图 3-2-5　赖斯

（图片来源：http://gb.cri.cn/8606/2006/10/17/1865@1260512.htm）

美国前国务卿赖斯，于 1954 年 11 月 14 日出生于美国亚拉巴马州的伯明翰，1963 年全家移居丹佛。赖斯小的时候，美国的种族主义还很严重，特别是在她生活的伯明翰种族隔离制度盛行，黑人地位低下，处处受白人欺压，但她是在该市一个追求上进、事业有成的黑人中产阶级城区里长大的。1965 年，11 岁的赖斯跟随父母到了首都华盛顿。他们在宾夕法尼亚大道上散步，最后在白宫大门前停下来，因为肤色，他们不能进去参观。他们看着那座举世瞩目的建筑物徘徊良久，最后，赖斯转过身平静地告诉父亲："我现在因为肤色而被禁止进入，但总有一天，我会在那间屋里。"自尊心很强的她立志有一天要在白人面前找回黑人的尊严，因为她知道黑人并不比白人差。

为了能"赶在白人前头"，她数十年如一日，以超过白人"八倍的辛劳"发奋学习，积累知识，增长才干。普通美国白人只会讲英语，她则除母语外还精通俄语、法语、西班牙语；普通美国白人大多只能进一般大学学习，她则在 19 岁时，就获得丹佛大学政治学学士学位，之后，她又分别于 21 岁和 26 岁获得圣母大学的政治学硕士学位和丹佛大学国际研究生院政治学博士学位；普通美国白人 26 岁可能研究生还没有读完，她则已经成为斯坦福大学的讲师，随后又出任斯坦福大学教务长，她是该校历史上最年轻的教务长，也是该校第一位黑人教务长；普通美国白人大多不会弹钢琴，可她不仅精于此道，而且还曾获得美国青少年钢琴大赛第一名；此外，她还精心学习了网球、花样滑冰、芭蕾舞、礼仪，白人能做到的她要做到，白人做不到的她也要做到。25 年后，赖斯如愿以偿地进入白宫，担任布什总统的国家安全事务助理，她一直是布什总统的得力助手。而 30 年后的 2005 年 1 月，赖斯出任美国国务卿，她是继克林顿政府的马德琳·奥尔布赖特之后美国历史上第二位女国务卿。她是有史以来美国政府里最有影响的女性，也是世界上最著名的黑人女性之一。

点评：赖斯小的时候一直都处于"美国白人"的种种压力之下，这种压力成为了赖斯的巨大动力，激发了赖斯“要强于白人”的斗志，也推动着赖斯更加发奋学习、增长才干，最终获得了巨大的成功。

（二）对手锻炼了我们的能力

与对手的竞争，不是一时一刻的事情，而是有着为时不短的过程，在这个过程中，会出现很多我们意想不到的困难，这个过程不会是一帆风顺的，我们要想经历过这个充满艰辛和曲折的过程，要想打败对手，获得最后的成功，不仅需要我们有坚韧的意志，还需要我们有很好的能力。伟大的思想家孟子有句名言：“生于忧患，死于安乐。”一个国家，没有敌对国家的忧患，国力很容易衰弱，最后导致亡国；一个人，没有对手和他竞争就会不思进取，不会增长才能。在现在这样幸福安定的生活中，人们很容易就安于现状、贪图享乐，正是由于对手的存在，给我们带来了竞争，带来了压力，我们才有了忧患的意识，我们才会更加努力地去提升自己的综合素质和能力，以期在竞争中能立于不败之地，进而获得更大的成功。人们常说“机会总是留给有准备的人”，是的，如果机会来临的时候，我们没有足够的能力去把握住它，那么非但我们不能获得成功，还要被对手把机会抢了去，让我们在与对手的竞争中败下阵来。正是在与对手竞争对抗的过程中，我们不断地完善自我，不断地超越自我，才会使我们的能力越来越强。

1. 对手使我们不断完善

我们想要成功，对手也想要成功，为了击败我们，对手往往会不停地用他们的长处来攻击我们的短处，这促使我们必须先于对手之前对自己进行分析，找到自己的弱点，对自己进行查漏补缺，加强弥补自己的弱点和不足，让自己更加完善，不给对手可乘之机。同时我们也要对对手进行分析，发现他们的弱点和优点，我们一方面攻击他们的弱点，另一方面学习他们的优点，师夷长技以制夷。世界乒乓球冠军邓亚萍在获得冠军后曾说，“一谢教练，二谢陪练，教练精心指导，陪练模仿对手，给自己制造麻烦，从中使自己经历磨难，得到锻炼，不断完善。”也许，我们会在激烈的竞争中被对手击败，但是没有关系，失败是成功之母，失败会最快地显现出我们的问题和不足，我们以失败为出发点去分析找到解决办法，更加能够更快更好地完善自我。

案例链接

从小时候打玻璃球开始，我的好胜心便出奇的强，别人比我厉害，我就要比别人更厉害，不知道这点是否影响了我以后的跨栏生涯，但觉得，给自己设立个目标，总是好事。

刚进孙指导队里的时候，我是队里年龄最小的一个，也是水平最差的一个，我的师兄们大多是有冠军头衔在身了。而我的目标，最终锁定在和我同跑110米栏的师

图 3-2-6　刘翔

（图片来源：http://www.sucai.com.cn/bizhi/3705.html）

兄沈真声身上。

沈真声比我大两岁，1997 年到 1998 年，他三次打破全国少年跨栏纪录，而最厉害的是，他曾获得 1998 年世界中学生运动会 110 米栏的冠军，那可是世界冠军啊！

记不清了，多少个傍晚，我自己留下来单独加练，其实我也想和沈真声他们一起去玩，但我知道不可以。我的底子比别人差很多，要超过别人，就必须付出加倍的汗水和努力。

和沈真声的正式交锋，其实就是那次入队一个多月后的全国田径大奖赛，也就是我跑出 14 秒 18 的“健将”级成绩的那次，那次沈真声只比我快了 0.01 秒！虽然有点遗憾，但我有种强烈的感觉：“我能超过他！我可以的！”说来很奇怪，每次我有这种感觉，我就会真的在下一次比赛中超过对手，比如之后与陈雁浩的对决，再后来和约翰逊的对决。

果然，2000 年的全国田径大奖赛南京站，我跑出了 14 秒 06，获得第二名，而沈真声是 14 秒 27。我真的超过他了！

而那时，或许是下意识的，我开始留意另一个人的名字，那个名字写在了那次南京站比赛第一名的位置上：陈雁浩。

……

陈雁浩这个名字，当时在我们练跨栏的人听起来，恐怕就像在 NBA 打球的人听到乔丹的名字一样，至少在国内范围里，是这样。当时的陈雁浩从 1993 年开始，称霸全国，乃至称霸亚洲近六年，没有一个人能够超过他。而他也是我师父孙海平的弟子，可以说是我的大师兄。

在此之前，我和陈雁浩的交手，都以我的失败而告终，但那次大奖赛，虽然我仍输给了陈雁浩而获得了第二名,但我只比他慢了0.03秒。我的心头,又产生了当初和沈真声比赛时的那种奇怪感觉:“我一定能超过大师兄,下次一定能!”

广东那次比赛回来后,我每天的训练格外卖力,有时候训练的投入程度,连师父孙海平都有点弄不懂了。他有时候开玩笑对我说:“看不出来嘛,怎么一下子练得那么卖力?”我笑了笑,没有回答。但我心里知道是怎么回事——当一件你盼望已久、原以为是遥不可期的事情,一下子变得触手可及的时候,那种迫切的心情,会转化为怎样的一种巨大动力。

才过了十几天,全国田径大奖赛又移师宁波,我和陈雁浩作为对手,又一次站到了跑道上。上一次我那奇怪的直觉果然没错,13秒45,我超过了陈雁浩,获得了冠军。陈雁浩的成绩只比我慢了0.02秒,但,毕竟,是我赢了。

这是我第一次超过陈雁浩,尽管有些心理准备,但一度还不敢相信,这是真的。

如果说上一次宁波之战,可以看作陈雁浩偶尔失手的话,那这一次,他必须全力以赴。同样,作为我而言,如果上一次是侥幸获胜的话,那我就必须再战胜他一次,才能真正证明自己的实力。

5月6日,我清楚地记得这一天。天空灰蒙蒙的,又开始飘起了细雨,和当年我第一次参加成人比赛,达到健将级标准的那天的天气一模一样,而这一次,我会不会有超水平发挥呢?

110米栏决赛马上就要开始的广播声响了,几乎所有的观众把目光都投向了我和陈雁浩,而在场内的人,更是“呼”的一声都围到了跑道旁,顿时,跑道两边都是黑压压的人群。

“叭!”发令枪响了,我的脑子里顿时什么都不想了,只知道一个字:跑!跑!跑!一个栏,两个栏,三个,四个……我能明显感觉陈雁浩处在和我几乎平行的位置,他也在努力向前飞奔。冲过终点的时候,我感觉我和他是平行的,或许,我快了一点点,就那么一点点……但我自己一点把握都没有。

成绩终于出来了,我的成绩是13秒32,他的成绩是13秒37,快了0.05秒,我赢了!

就这样,仿佛在一夜之间,我就战胜了陈雁浩。到后来的九运会,我比陈雁浩快0.06秒夺得了110米栏的冠军,很多媒体都说从那时开始,我超过了陈雁浩,但只有我自己心里最清楚,真正意义上的超越,是2001年5月6日的上海站比赛,我完成了我进孙指导队里后最大的一个心愿,那是一个看似不可超越的目标,但我做到了!

很早就知道阿兰·约翰逊的名字了,我想每一个练跨栏的人,都知道他的名字,就像踢足球的人知道贝利,打篮球的人知道乔丹那样。

事实上,我一直很关心约翰逊,我知道他以前和我一样,也曾练过跳远,但一次左腿韧带的伤让他选择了跨栏,我为他感到庆幸,如果他真的去练跳远了,那跨栏世界

里就少了一位王者了,在110米栏20个快于13秒的成绩中,有9个是他创造的!他是当之无愧的"跨栏王"。

刚练跨栏那会儿,根本就不敢奢望有朝一日能看见约翰逊。必须承认,他已成为了我的一个偶像,在我看来,他就是一座远方的大山,我到山脚下的那一天都遥不可期,更别提要逾越这座大山了。

2001年在埃德蒙顿举行的国际田径锦标赛,我清楚地记得,那是我和约翰逊的第一次碰面。

很遗憾,那时的我还略显稚嫩,虽然说跑了13秒51,基本发挥了自己的水平,但这个成绩摆到世界的范围来看,就显得太普通了。也正是因此,我没有进入决赛,只能作为观众,在一旁感受约翰逊那风驰电掣一般的速度。那次他得到了冠军,成绩是13秒04。我暗暗地问自己:"刘翔,你将来能和他跑得一样快吗?"

比赛一结束,我就找到了约翰逊,让他给我签了一个名,然后,我又和他照了一张相。约翰逊对我很客气,也很友好。我知道,找他签名和要求合影,其实是他的FANS才会做的举动,而我是他的对手,这样做并不是很有"面子"。但我才懒得管这些,我欣赏强者,约翰逊就是我所在的跨栏世界里的强者,即便承认他是我的偶像,也并不难为情。

2002年,我参加了在希腊雅典举行的国际室内田径锦标赛。那是我第一次和约翰逊肩并肩地站在跑道上,是我和他第一次同场竞技。但真的是很遗憾,那次比赛,我在跨第二个栏的时候,摔倒了,根本没有完成比赛,我所能看到的,只是约翰逊的背影。

随着我成绩渐渐提高,我和约翰逊面对面"过招"的次数也越来越多。有时候,回首那段历史,我自己也禁不住有些气馁,整个2003年,我和约翰逊大大小小比了近10次,我全军覆没,没有一场胜绩。但可以看到的是,我的成绩,从原来徘徊在第4、5名慢慢进步到了一直跻身前三名,更多的时候,我一直拿第二名,而约翰逊一直第一名。

毫无疑问,那时候,约翰逊仍然像一座山那样横在我的面前,但我隐隐感觉到,这座大山已远不像当初那样遥不可期了,我甚至觉得我已经站在了山脚下,接下来要做的,就是翻越它!

2004年5月8日,日本,大阪,国际田联大奖赛。

我等的那一天,终于到来了。

我跑了13秒06,而约翰逊的成绩是13秒13。我第一次面对面地战胜了约翰逊。此前在瑞士的洛桑,我曾跑出13秒12战胜过他的13秒17,但那时我们并不是在一个组,称不上是面对面,我也丝毫没有战胜他的感觉。

然而,当我第一个冲过终点,第一次让约翰逊看到我的背影的时候,很奇怪,我并没有特别的兴奋。尽管，我跑出了13秒06，打破了自己当初创造的13秒12的亚洲纪录，而这个成绩也是当年的世界最好成绩。

但在数万观众的呐喊声中，我还是有点迷糊：我打败了约翰逊？是真的吗？

是约翰逊让我认识到，这是真的。比赛完，他第一个走向我，同样是那个友好的微笑，他拍拍我的肩膀，说了一句："干得漂亮，祝贺你！"那一刹那，我才回过神来，这一切都是真的，我击败了世界"跨栏王"！

点评：沈真声、陈雁浩、阿兰·约翰逊，这是"跨栏王"刘翔进入他教练的训练队时，为了不断促使自己提高而给自己设立的一个又一个目标对手，为了在竞争中超越对手，刘翔勤学苦练，分别以14.06 s，13.45 s，13.06 s的好成绩战胜了一个个对手，还独创了"七步跨栏法"。后来他在2004年雅典奥运会上以12.91秒的成绩平了保持11年的世界纪录；之后在瑞士洛桑举行的田径超级大奖赛中，以12秒88打破了保持13年的世界纪录。正是一路上的对手，促使着刘翔不停地完善自我，超越自我，超越对手。

2. 对手，我们共同进步

竞争，有成功、就有失败。但，这是相对的，是相对于参与竞争的对手方而言的。对于参与竞争的任何一方来说，成功也好，失败也罢，在竞争的过程中自己都是有提升，有进步的。在和对手营造的竞争氛围中、在对手带来的成长压力下，对手双方都充满了活力、充满了斗志，在相互的促使下认识并弥补了自己的不足，也分析并发扬了自己的优点，磨炼出了顽强的意志，锻炼好了全面的能力，不论最后谁成功了，谁失败了，相对于以前来说，对手双方在竞争的过程中都实现了自我的完善和自我的超越，都获得了巨大的进步。我们应该感恩对手，对手双方在竞争中是共同进步了。

案例链接

大专毕业那年，我费了九牛二虎之力才进入一家不错的公司，可还没来得及高兴，就被告知我所应聘的岗位只需要一个人，而公司却招聘了三个人，让我们三人在公司学习两个月，最后录取成绩最好的人。其中一个人觉得浪费时间，选择了离去，留下我和阿飞。阿飞毕业于一所重点大学，跟我学的是同一专业，领导自然更重视他，我也想过放弃，但又觉得这样走了也太对不起自己，而且还会被人笑话，再说没到最后谁也不知道结果，于是我打算坚持下去，即使失败至少我也曾努力过。

阿飞是位很勤奋的人，什么时候他都带着笔记本，上班时没完没了地向老员工请教问题，下班了还抱着笔记本看，又查阅了大量与公司生产有关的书籍，每天都忙到很晚才休息。说实话，我从来都没像他那么用功过，但现在我不得不像他那样拼命，尽自己最大的努力去学习与岗位有关的知识。

在经过两个月紧张的学习后，终于迎来了决定去留的时刻。第一关，笔试，我俩的成绩都是满分；第二关是抢答，因为反应慢和紧张的缘故，我失败了。虽然失败了但我却很平静，因为阿飞综合素质比我好，我愿意服输，只好收拾了简单的行李，离开了那家公司，又开始找工作。

幸运的是我找了还不到一周的时间，居然又遇到一家同类型的公司在招聘相同的岗位，我立即投了简历，在经过简单的回答后，招聘官当即决定让我到公司参加面试。

到公司参加面试的人还真不少，但我面试却很顺利，一路过关斩将，势如破竹，所遇到的提问都能一一解答。因为那两个月的努力，让我对这个岗位了如指掌，就连最后面试我的老板都对我露出了满意的神情，给我的礼遇也很让我满意。

如今我在这家公司已工作了四年，已升为部门负责人。我对阿飞充满了感激，当初如果不是因为他的努力激发了我，我想当初也学不到那么多的知识，也进不了这家公司，更没有今天的我。

点评：在大学刚毕业的时候，“我”和阿飞为了争夺公司的同一个岗位而展开了激烈的竞争，成为了对手，要么他走要么“我”走 。阿飞的勤奋努力激发了“我”拼命用功，虽然最后他进步更大更优秀而成功留下了，“我”失败离开，可是在“我们”竞争的过程当中，“我”也学到了很多，有了很大的进步，这才使得“我”在后面的找工作的竞争中脱颖而出，应聘成功并受到公司重用。在“我”和阿飞的竞争过程中，其实“我们”是共同进步的，都使自己比以前变得更加强大。

思考与练习

阅读书目

1. 戴尔·卡耐基. 友谊的秘密. 呼和浩特：内蒙古人民出版社，2003.
2. 卡勒德·胡赛尼. 追风筝的人. 上海：上海人民出版社，2006.
3. 埃德蒙多·德·亚米契斯. 爱的教育. 北京：北京少年儿童出版社，2007.
4. 张瑜. 感恩折磨你的人. 北京：电子工业出版社，2012.
5. 靳鹤琼. 感恩对手：成功背后的99个秘密. 北京：光明日报出版社，2009.

思考题

1. 什么才是真正的友谊，现实生活中的我们应该怎么维持一份珍贵的友谊？

2. 如何理解患难，假如面临危难，你会作出怎样的选择？
3. 你如何看待对手？
4. 对手和敌人有区别么？区别在哪里？
5. 你觉得从小到大自己有哪些对手？
6. 对手的存在有哪些意义？你觉得你的对手给你带来了什么？
7. 如果没有对手，你觉得自己会是什么状态？
8. 面对对手，我们应该抱有什么样的态度？

视频链接

图 3-3-1 “这才是真正的朋友”

（视频链接地址：http://v. ku6. com/show/OTfrpNmGnI94NYCA. html？ nr = 1）

案例讨论

加州的《动物保护》杂志里接受了这样一则故事：在迷路的国家级森林公园里生活着一只年轻的美洲虎。美洲虎是一种濒临灭绝的珍稀动物，现在世界上尚存不足20只。为了好好保护这只珍稀的老虎，公园的管理人员专门在公园中央开辟出了一块近20平方千米的森林作为虎园，并精心地设计和建盖了豪华的虎房，好让老虎能在此舒舒服服地生活。虎园里森林茂密，百草芳菲，沟壑纵横，流水潺潺，还有成群的人工饲养的牛、羊、鹿、兔等供老虎尽情享用。凡是到过虎园参观的人都说，这么美妙的环境，真是“虎的天堂”。

但是，让人感到奇怪的是，美洲虎从来没有去捕捉过那些专门为它预备的“活食”，也从没有显示过它的王者风范，霸气十足地纵横于雄山大川，啸傲于莽莽丛林，甚至连像模像样地吼上几嗓子都没有过。人们经常看到的是它整天躺在装有空调的虎房里，或打着盹儿，或耷拉着脑袋，睡了吃，吃了睡，一副无精打采的样子。有人说，它也许是太孤独了，如果有个伴儿也许会好些。于是，政府又通过外交途径，从哥伦比亚租来一只母虎与它做伴，但结果还是老样子，那只老虎最多陪伴外来的“女友”走出虎房，到阳光下站一站，不久就又回到它的“卧室”。

图 3-3-2　美洲豹

（图片来源：http://skin.client.xunlei.com/thunder7/pages/content/skins_1000000387.html）

一次，一位动物行为学家来到森林公园参观，一见美洲虎那副懒洋洋的样子，便对管理员说，老虎是森林之王，在它的生活环境中，不能只放上一群整天只知道吃草、不知道猎杀的动物。这么大的一片虎园，即使不放进去几只狼，至少也应该放上两只豺狗，否则，不管怎样美洲虎都提不起精神。管理员们听从了动物行为学家的意见，不久便从其他动物园中引进了几只美洲豹投进了虎园。这一招果然奏效，自从美洲豹进了虎园的那天开始，这只美洲虎就再也躺不住了。它每天不是站在高高的山顶上愤怒地咆哮，就是有如飓风般在山冈或者在丛林边缘地带警觉地巡视和游荡。老虎那刚烈威猛、霸气十足的本性被重新唤醒了，它又成了一只真正的老虎，成了这片广阔的虎园里真正意义上的森林之王。

思考问题：

1. 为什么在美洲豹引入“虎的天堂”之前，里面的美洲虎不但没有显示出王者风范，反而每天耷拉着脑袋、吃了睡、睡了吃？

2. 美洲豹和美洲虎是什么关系？

3. 美洲豹的到来对美洲虎起到了什么作用？为什么？

4. 这个故事给我们人类有什么启示？

热点讨论

一些人蜕化变质，往往就是从交友不慎开始的。为此，官员们如何交友，应该结交什么样的朋友，不仅成为公众和社会讨论的热点话题，也日益受到党政机关和监督部门的高度重视。

原中央纪委副书记刘丽英曾说，领导干部有四类朋友不可交：名声不好特别能往你身上贴的、地位不高活动能力特别强的、能力不大特别想当官的、收入不多特别能花钱的。

官员的社会交往不同于普通人，因为它与权力的行使相联系，直接影响到官员形象、政府公信和权力绩效。普通人交友不慎，不过造成一些感情伤害，最多是个人财产上的一些损失，而官员交友不慎，那受损失的就不仅仅是官员个人，往往伴随权力的被利用和社会利益的损失。

在观察诸多案例的基础上，我们发现，领导干部身边往往活跃着这样四类“朋友”：能花钱的朋友、想当官的朋友、“爱上你”的朋友和能量大的朋友。他们是益友、诤友、善友，还是损友、佞友、恶友？可谓当局者迷，旁观者清。

思考问题：

1. 中国官员应该结交什么样的朋友？

2. 你如何看待上述资料中所说的四种朋友？

践行建议

1. 在建立与朋友之间的友谊上，认真学习前人的先进事迹，从别人身上发现闪光点，并对比自身，找出差距和不足。

2. 在维持与朋友的友谊中，认真思考自己有哪些地方做得好，哪些地方做得有所欠缺，并为自己制定改进的计划。

3. 请在阅读了本节内容以后，分析自己曾经的和目前的对手，并给对手发一条短信，或打一个电话或写一封信。

第四章
感恩祖国，感谢母校

“假如我是一只鸟，我也应该用嘶哑的喉咙歌唱：这被暴风雨所打击着的土地，这永远汹涌着我们的悲愤的河流，这无止息地吹刮着的激怒的风，和那来自林间的无比温柔的黎明——然后我死了，连羽毛也腐烂在土地里面。为什么我的眼里常含泪水？因为我对这土地爱得深沉”。诗人艾青以一只鸟作比喻，将自己满怀的深沉真挚而强烈的爱国之情表达得淋漓尽致，真切感人。祖国，多么温暖的字眼，这两个字饱含着多少中华儿女的深情厚爱，饱含了多少壮怀激烈的英雄事迹，饱含了多少艰险苦难的峥嵘岁月，饱含了多少前赴后继的奋斗征程。如果有人问我们：心中最爱是什么？答案只有两个字：祖国！

第一节　心系祖国　胸怀报国志

名言警句：假如我还能生存，那我生存一天就要为中国呼喊一天；假如我不能生存——死了，我流血的地方，或者我瘗骨的地方，或许会长出一朵可爱的花来，这朵花你们就看作是我的精诚的寄托吧！在微风的吹拂中，如果那朵花是上下点头，那就可视为我对于为中国民族解放奋斗的爱国志士们在致以热诚的敬礼；如果那朵花是左右摇摆，那就可视为我在提劲儿唱着革命之歌，鼓励战士们前进啦！

——方志敏

一、我的祖国

（一）悠久的历史

1. 夏、商、周

中国历史悠久，从公元前2070年禹建立夏朝到公元前476年止，中国奴隶社会延续了千年。公元前16世纪，商汤推翻了夏桀的统治，建立商朝。公元前14世纪，商王盘庚迁殷，因此商朝也叫殷朝。公元前1046年，周武王在牧野打败纣王，灭了商朝，建立周朝，定都镐京，史称西周。

2. 秦始皇统一中国

中国历史上最伟大的政治家、改革家、战略家、军事统帅秦始皇，是首位完成中国统一秦朝的开国皇帝，秦庄襄王之子，13岁即王位，39岁称皇帝，在位37年。他建立皇帝制度，中央实施三公九卿，地方废除分封制，代以郡县制，统一文字货币和度量衡等，北击匈奴，南征百越，修筑万里长城，奠定了中国版图的基本格局，把中国推向大一统时代，为建立专制主义中央集权制度开创了新局面，对中国和世界历史产生了深远影响，奠定了中国两千余年政治制度的基本格局。

3. 汉、唐、元、宋、明、清兴盛历史

中国进入封建社会以后，在政治、经济、文化、科技领域都取得了前所未有的成就，历史上曾出现过文景之治、贞观之治、开元盛世、康乾盛世等强盛时期。公元前206年，刘邦建立了强大的汉王朝。汉代的农业、手工业、商业都有了极大发展，人口达到5 000万。汉武帝刘彻在位期间是汉王朝最为强盛的时期，他使中央政权实际控制的地方从中原扩展到了西域（今新疆及中亚一带）。他派使臣张骞两次出使西域，打开了从长安（今陕西西安）经新疆、中亚直抵地中海东岸的道路，被称为“丝绸之路”，中国绚丽的丝织品经此源源西运。

随着东西交往的密切，佛教也于公元一世纪时传入中国。公元105年，官员蔡伦总结了民间造纸的经验，发明了造纸术，使人类的书写材料发生了根本性变化。汉之后，经历了三国、晋、南北朝、隋等朝代，李渊于公元618年建立了唐朝。李渊的儿子唐太宗李世民实行一系列开明的政策，把中国封建时期的繁荣昌盛推向了顶峰：有发达的农业、手工业和商业，纺织、染色、陶瓷、冶炼、造船等技术也都有了进一步的发展，全国水陆交通纵横交错。公元7世纪60年代，中国的力量不仅在塔里木盆地、准噶尔盆地、伊犁河流域牢牢扎根，甚至扩展到中亚的许多城邦。中国与日本、朝鲜、印度、波斯、阿拉伯等许多国家建立了广泛的经济和文化联系。

唐亡后，经历了五代十国战乱频繁的时期。公元960年，后周大将赵匡胤建立了宋朝。宋朝曾先后有北宋、南宋，南宋时政权南迁，将北方先进的经济、文化推广到南方，促进了该区域的经济开发。宋代天文、科技以及印刷术均居世界前列，毕昇发明

的活字印刷，堪称人类印刷史上的一大革命。

1206年，成吉思汗建立蒙古汗国。其孙子忽必烈1271年入主中原，建立元朝，定都大都（今北京）。忽必烈结束了长达数百年的多政权并立的局面，实现了包括新疆、西藏及云南地区在内的全国大统一。造纸、印刷术、指南针、火药是中国古代科技的“四大发明”，至宋元时期相继传入世界各地，对世界文明作出了巨大贡献。

1368年，明太祖朱元璋在南京建立了明朝。其子朱棣即位后，开始大规模营建北京城池和宫殿，并于1421年正式迁都北京。1405年至1433年，他派太监郑和率领庞大的船队进行了七次规模巨大的海上远航，途经东南亚各国、印度洋、波斯湾、马尔代夫群岛，最远到达非洲东海岸的索马里和肯尼亚，是哥伦布时代以前世界上规模最大、航程最远的海上探险。

明朝后期，中国东北部的满族人迅速崛起，于1644年建立清朝，定都北京。清朝最著名的皇帝康熙统一了台湾，遏止了沙俄的入侵。他还加强对西藏的管辖，制定了由中央政府最终决定西藏地方领袖的一整套规章制度。在其统治下，中国疆土面积超过1 100万平方公里。

案例链接

公元前100年，苏武奉汉武帝之命作为汉朝的使臣出使匈奴。然而匈奴人违背诺言，将苏武扣留，还劝他投降，被苏武严词拒绝。于是匈奴人把他放进地窖，不给吃喝，他就吃羊皮，吃雪，顽强地活着，后来，苏武又被送到遥远的北海（今贝加尔湖）放羊。然而苏武没有忘记自己是汉朝的使臣，他坚决不做有辱国格的事，宁可每天挖野菜，吃田鼠，受冷挨饿，也坚决不向匈奴人屈服。他把那根代表汉朝、表明使者身份的“使节”一直放在身边，直到“使节”上的穗子都掉光了，他仍然紧握不放。最终在匈奴历尽了19年的艰险困苦，被匈奴人放还回汉朝。

图4-1-1　苏武
（图片来源：http://image. baidu. com/i? ct =2 = 苏武图片）

戚继光抗击倭寇——明朝时，我国东南海疆倭寇横行，杀人放火，抢夺财物，无恶不作。明朝派了许多优秀将领到沿海平倭,戚继光是最杰出的一个。他 17 岁就继承父业,成为一个能文能武的青年将领。他组建了由矿工和贫苦农民组成的能征善战的新军,严格训练、严明军纪,人称戚家军。戚家军先后在浙江、福建抗击倭寇并取得了骄人的战绩。在戚继光和其他将领的共同努力下,危害我国沿海达 300 年之久的倭寇被彻底平定了。戚继光作为伟大的统帅、民族英雄,和他的戚家军一起为祖国立下了不朽的功勋。

图 4-1-2　戚继光抗倭
（图片来源:http://image. baidu. com/i? ct =503316480）

图 4-1-3　邓世昌
（图片来源:http://image. baidu. com/i? tn = baiduimage&ipn = r&ct =201326592&cl = 邓世昌）

邓世昌献身大海——邓世昌是清朝北洋舰队中“致远”号的舰长,是我国最早的一批海军军官之一。他常对士兵们说:“人谁无死?但愿我们死得其所,死得值!”1894 年 9 月的一天,日本舰队突然袭击中国舰队,一场海战打响了。邓世昌指挥的致远号在战斗中最英勇,连连击中日舰却被日舰围击并遭受重创。就在最后时刻,邓世昌对部下说:“我们就是死,也要壮出中国海军的威风。报国的时刻到了!”他下令开足马力向日舰吉野号冲过去,要和它同归于尽。不幸的是,致远号被鱼雷击中,沉入大海,200 多名官兵大部分牺牲。邓世昌曾被部下用救生圈救起,可他却因为其他部下没有生还而毅然丢下救生圈,沉入大海,献出了宝贵的生命。

点评:祖国悠久的历史孕育了灿烂的文化,更孕育了一代又一代优秀的中华儿女。当祖国母亲身处危难中,她的子女们前赴后继,为挽救祖国的命运做出了艰苦卓绝的斗争和巨大的牺牲。正是有了这种爱国救国、抗争不屈的伟大品格和精神,中国才从一个又一个苦难中脱身并不断发展富强,中华民族才从一波又一波的民族危机中解救出来,不断发扬光大。

(二)屈辱的百年

1. 鸦片战争以及不平等条约签订

鸦片战争始于 1839 年 6 月的虎门销烟,随后英国发动侵略战争。后因战事不利道光帝派直隶总督琦善与英国议和,签订了中国历史上第一个不平等条约《南京条约》。中国第一次向外国割地、赔款、商定关税,严重危害中国主权。1843 年 10 月 8

日，中英签署了《虎门条约》，重新规定了英国所享有的最惠国待遇和领事裁判权。1844 年 7 月 3 日，中美签订《中美望厦条约》。1844 年 10 月 24 日，法国与中国签订《黄埔条约》。从 1845 年起，比利时、瑞典等国家也都胁迫清政府签订了类似条约，中国的主权遭到进一步破坏。

2. 沦为半封建半殖民地国家，任列强宰割欺蹦

鸦片战争的失败和《南京条约》等一系列不平等条约的签订，使中国社会发生了根本性的变化。政治上独立自主的中国，战后由于领土主权遭到破坏，自给自足的自然经济解体，逐渐成为世界资本主义的商品市场和原料供给地，中国开始沦为半殖民地半封建社会。政治上，清朝政府开始一步步成为列强统治中国的工具；经济上，原本占主导地位的自给自足的自然经济受到强烈冲击，中国日益成为世界资本主义市场的一部分；社会矛盾上，中国社会的主要矛盾也由地主阶级和农民阶级的矛盾，变成外国资本主义与中华民族的矛盾、封建主义与人民大众的矛盾，中国人民的革命任务，从反封建变为既反封建又反侵略。外国资本主义从中国得到了割让香港，赔款 2 100 万元，开放广州、福州、厦门、宁波、上海五口通商，以及协定关税权、领事裁判权、片面最惠国待遇等一系列特权，《南京条约》签订后，美国、法国接踵而来，乘机索取特权，鸦片战争标志着中国近代史的开端，从此中国开始经受更加深重的苦难，中国人民面临着更为复杂曲折的斗争。

3. 屈辱的百年，同时也是抗争的百年

（1）辛亥革命，推翻帝制

在清王朝日益腐朽、帝国主义侵略进一步加深的危难时刻，中国爆发了旨在挽救民族危亡，争取国家的独立、民主和富强的辛亥革命，它推翻了腐朽清政府的专制统治，结束了中国长达两千年之久的君主专制制度。辛亥革命是一次伟大的革命运动，是近代中国比较完全意义上的资产阶级民主革命。它在政治上、思想上给中国人民带来了不可低估的解放作用，使民主共和的观念深入人心，从此，反帝反封建斗争更加深入、更加大规模地开展起来。

（2）五四运动，唤醒民众

1919 年 5 月 4 日，在北京爆发了一场以青年学生为主的学生运动，包括广大群众、市民、工商人士等中下阶层广泛参与的一次示威游行、请愿、罢课、罢工、暴力对抗政府等多形式的爱国运动。五四运动是中国革命史上划时代的事件，是中国人民彻底的反对帝国主义、封建主义的爱国运动，更是一场深刻的思想解放运动，它使中国人民进一步认识到帝国主义侵略的本质和军阀统治的黑暗，进一步提高了中国人民反帝反封建的决心和觉悟，并促进了国人对改造中国问题的反思和探索。

（3）抗日战争，洗百年耻辱

中国抗日战争，是 20 世纪中期中国抵抗日本侵略的一场全面战争，1937 年 7

月,日本发动全面侵华战争,中国人民奋起抗战,拉开了全面抗日战争的序幕。在战争中,中国人民空前团结起来,前仆后继。经过八年的浴血奋战,1945 年 8 月 15 日,日本向包括中国在内的同盟国无条件投降。抗日战争的胜利,是中国人民一百多年来第一次取得反对外来侵略斗争的完全胜利,它洗雪了中国的民族耻辱,大大增强了中国人民的民族自尊心和自信心,成为中华民族由衰败到振兴的转折点,为中国的独立和解放奠定了基础。

(三)辉煌的今天

"起来,不愿做奴隶的人们,把我们的血肉筑成我们新的长城……"一曲悲壮雄浑的国歌将我们带回了那令人难以忘怀的年代。就在公元 1949 年 10 月 1 日,中华人民共和国成立,军乐队高奏国歌《义勇军进行曲》,在庄严雄壮的国歌声中,毛泽东主席亲自升起了第一面五星红旗,宣读《中华人民共和国中央人民政府公告》,向全世界宣布中华人民共和国成立了,中国人民从此站起来了。新中国的成立是中华民族生生不息的见证,是共和国崛起的象征。这样一个具有划时代意义的时刻标志着中国的历史发展进入了一个新时期,中国从此以一种新的姿态巍然屹立于世界民族之林。从这一时刻起,中国经历了风风雨雨,从一个发展缓慢落后的国家逐步成长成为社会主义经济政治强国,取得了举世瞩目的成就,并为全世界所惊叹。

1. 新中国的崛起

(1)政治制度巩固完善

新中国成立以来,中国的政治发展走出了一条有中国特色的社会主义道路,在这个过程中,虽然经历了许多挫折和曲折,但是我们最终还是走出了一条适应社会发展需要,使广大人民群众安居乐业、国家走向繁荣富强的政治道路。我国的政治制度日渐成熟完善并日益体现出了社会主义的优越性。

——人民代表大会制度。1953 年 3 月 1 日,《全国人民代表大会及地方各级人民代表大会选举法》由中央人民政府正式颁布,这是新中国第一部规范选举活动的法律,标志着人民依法行使当家做主权利的开始,人民代表大会制度确立和保障了人民当家做主的地位;1954 年 9 月,第一届全国人民代表大会第一次会议在北京召开,大会经过充分讨论,一致通过了《中华人民共和国宪法》,中国民主政治揭开了历史新的一页。

——民族区域自治制度。1949 年《中国人民政治协商会议共同纲领》中明确规定:"各少数民族聚居的地区,实行民族区域自治,按照民族聚居的人口多少和区域大小,分别建立各种民族自治机关。"后来,民族区域自治又明确载入历次宪法,成为我国的一项重要政治制度。实践证明,实行民族区域自治符合历史的发展,有助于把国家统一和少数民族自治结合起来,有助于把国家的方针政策和少数民族地区的具体特点结合起来,做到因民族制宜,因地区制宜,有助于把国家富强和民族繁荣结合起来,有助于把各民族热爱祖国的感情和热爱本民族的感情结合起来。

——多党合作和政治协商制度。“中国共产党领导的多党合作和政治协商制度是我国的又一基本政治制度。这一基本的政治制度,植根于中华民族几千年来赖以生存发展的深厚土壤,产生于中国共产党和各民主党派争取民主自由和人民解放斗争的光辉实践,发展于建设中国特色社会主义的伟大进程。”①对于巩固和发展广泛的爱国统一战线,促进民族团结,维护祖国统一,共同推进我国的社会主义现代化事业,具有重要意义。

(2)经济建设蒸蒸日上

1949 年中华人民共和国成立时,党和政府就着手于对旧中国半殖民地半封建的经济制度进行根本性的改造和变革,要创建一个社会主义新中国的经济体制。经过三年恢复和第一个五年计划,到 1957 年,新的社会主义经济体制初步建立和形成。

改革开放以来,我国的经济体制和运行机制已发生了深刻的变化,以行政手段为主的计划经济体制已逐步被市场经济体制所取代,市场在国家宏观调控下对资源配置的基础性作用逐渐加强,对外开放的格局基本形成,综合国力大大增强,人民生活水平显著提高;行政指令性、计划纵向分配资源的方式已基本上向多家竞争、市场横向配置资源的方式转变:实现了由凭票供应、商品匮乏的卖方市场向品种繁多、产品丰富的买方市场转变;由封闭半封闭的经济向多层次、全方位开放的经济转变;经济运行由以“短缺”为基本特征的供给约束型向以市场需求约束为主并与资源约束相结合的类型转变;经济增长方式正由粗放经营向集约经营转变;国民经济由大起大落转向持续、快速、健康发展。

(3)文化事业发展壮大

新中国成立以来,文艺作品日益繁荣、精品佳作不断涌现,文化保护成效显著,文化事业发展取得了巨大成就:公共文化服务体系建设逐步完善,城乡文化发展差距不断缩小,文化体制改革稳步推进,中华文化在全世界大放异彩,影响力不断扩大。不断前进的文化事业增强了中华民族的凝聚力,弘扬了民族精神,满足和丰富了人民群众的精神文化生活,从发展群众文化事业到构建公共文化服务体系,从计划性的文化产品供应到尊重人民群众文化消费的自主性和选择权,我国文化设施建设面貌一新,人民群众基本文化权益进一步实现。与此同时,我国的文化产业发展也不断向前推进:在重大工程、项目的开发和建设中,能够充分利用国际国内两个市场、国内国外两种资源,主动参与国际合作和竞争,扩大对外文化贸易交流,逐步形成了以民族文化为主体、吸收外来有益文化、推动中华文化走向世界的文化开放格局。

---

① 人民日报评论员:《基本的政治制度 重要的民主形式—— 一论坚持和完善中国共产党领导的多党合作和政治协商制度》,人民日报,2009。

(4)人民生活极大改善

新中国成立后，特别是改革开放以来，人民生活水平发生了质的飞跃，各项保障制度也不断完善。从吃穿住用行方方面面，人们的生活质量和生活标准都有了明显的改善和提高。从商店里琳琅满目的商品，从马路上川流不息的车流，从城市里巍巍高耸的高楼，从小区里的健身设施，从过去的凭票购买，到如今的网上购物，从过去单一的服装颜色，到今天五光十色的流行服饰，桩桩件件都是我们看得到的改变。经济繁荣了，人民生活富裕了，各项保障制度也随着发展和完善。国家以法律的形式规定："中华人民共和国公民在年老、疾病、或者丧失劳动能力的情况下，有从国家和社会获得物质帮助的权利。"我国的社会保障主要由社会保险、社会救济、社会福利、优抚安置等组成，这就为人们提供了较为可靠的保障，免除了人们工作生活的种种后顾之忧，可以说是对人民群众的最大的福利和保护。相信，在我国建设小康社会的征途上，人民生活将会越来越幸福美满。

案例链接

王进喜——1959年9月，新中国第一代钻井工人王进喜在参加全国"工交群英会"期间，参观首都"十大建筑"路过沙滩时，看到行驶的公共汽车上还背着重重的"煤气包"，这位坚强的西北汉子感到一种莫大的耻辱，蹲在沙滩北大红楼附近的街头哭了起来。从此，这个"煤气包"便深深地印在了他的心里，成为为国分忧、为民族谋发展的动力源泉。

邓稼先——中国杰出的科学家、中国"两弹"元勋邓稼先于1984年指挥中国第二代新式核武器试验成功；翌年，他的癌细胞扩散已无法挽救，1986年7月29日，邓稼先同志离开人世。临终前留下的话仍是如何在尖端武器方面努力，并叮咛："不要让人家把我们落得太远……"

钱学森——"我一直相信，我一定能够回到祖国的，今天，我终于回来了！"这是中国著名科学家和火箭专家钱学森对接待他回国的中国科学院科学家代表朱兆祥同志所说的一句万分感慨的话。钱学森于1935年8月，作为一名公费留学生赴美国学习和研究航空工程和空气动力学的，他于1955年9月17日在周恩来总理的关怀下踏上回国航程。

点评：正是因为怀着对祖国母亲深切的爱，中华儿女克服重重险阻和困难，尽其所能，用尽自己的智慧和生命，甚至在人生历程的最后一刻仍不忘自己对国家的责任，始终以一颗赤子之心报答着祖国母亲的养育之恩。

2. 五年规划谋发展

新中国成立以来，我们所取得的种种成就与党和国家对我国长远发展的战略性

图 4-1-5　铁人王进喜

（图片来源：http://image. baidu. com/i? ct =503316480&z =0&tn = baiduimagedetail&ipn = d&word = 王进喜图片）

图 4-1-6　“两弹”元勋邓稼先

（图片来源：http://image. baidu. com/i? tn = baiduimage&ipn = r&ct = 邓稼先）

规划是分不开的。“五年规划”是一个国民计划和社会发展的中短期规划，属于国民经济计划的一部分。它是对全国重大建设项目、生产力分布和国民经济重要比例关系等作出规划，为国民经济发展远景规定目标和方向。我国从 1953 年第一个五年计划开始，至今已经编制了十三个“五年规划”。

图 4-1-7 著名科学家钱学森

图片来源:http://image.baidu.com/i?ct=503316480&z=0&tn=baiduimagedetail&ipn=d&word=钱学森)

"一五"计划是从 1953 年到 1957 年发展国民经济的计划。根据党在过渡时期的总路线的要求,"一五"计划所确定的基本任务是:集中主要力量进行以苏联帮助我国设计的 156 个建设项目为中心、由 694 个大中型建设项目组成的工业建设,建立我国的社会主义工业化的初步基础,发展部分集体所有制的农业生产合作社,以建立对农业和手工业社会主义改造的基础,基本上把资本主义工商业分别纳入各种形式的国家资本主义的轨道,以建立对私营工商业社会主义改造的基础。通过"一五计划"的实施,我国对个体农业、手工业和私营工商业的社会主义改造的任务基本完成。1957 年底,在我国人民的努力和当时苏联等国家的大力援助下,计划所规定的各项建设任务胜利完成,我国初步建立起社会主义工业化基础。

此后,从第二个五年计划一直到第十个五年计划,在不断筹备和实施的过程中,我国的各项事业都在不断取得进步。从 2006 年到 2010 年的"五年规划"是"第十一个五年规划"。从"十一五"起,国家将"五年计划"改为"五年规划"。从第一五计划到十一五规划的实施,我国的经济建设取得了辉煌的成就。与"一五"到"十二五"一样,"十三五规划"也有明确的发展目标。

3."十三五"规划

2016 年 3 月 16 日上午,第十二届全国人民代表大会第四次会议表决通过了关于国民经济和社会发展第十三个五年规划纲要的决议。会议要求,要认真实施"十三五"规划纲要,高举中国特色社会主义伟大旗帜,以邓小平理论、"三个代表"重要思想、科学发展观为指导,深入贯彻习近平总书记系列重要讲话精神,坚持全面建成小康社会、全面深化改革、全面依法治国、全面从严治党的战略布局,坚持发展是第一要务,牢固树立和贯彻落实创新、协调、绿色、开放、共享的新发展理念,以提高发展质

量和效益为中心,以供给侧结构性改革为主线,扩大有效供给,满足有效需求,加快形成引领经济发展新常态的体制机制和发展方式,保持战略定力,统筹推进经济建设、政治建设、文化建设、社会建设、生态文明建设和党的建设,确保如期全面建成小康社会,为实现第二个百年奋斗目标,实现中华民族伟大复兴的中国梦奠定更加坚实的基础。

(1)面临的机遇与挑战

"十三五"时期,国内外发展环境更加错综复杂。从国际看,和平与发展的时代主题没有变,世界多极化、经济全球化、文化多样化、社会信息化深入发展。国际金融危机冲击和深层次影响在相当长时期依然存在,世界经济在深度调整中曲折复苏、增长乏力。主要经济体走势和宏观政策取向分化,金融市场动荡不稳,大宗商品价格大幅波动,全球贸易持续低迷,贸易保护主义强化,新兴经济体困难和风险明显加大。

新一轮科技革命和产业变革蓄势待发,国际能源格局发生重大调整。全球治理体系深刻变革,发展中国家群体力量继续增强,国际力量对比逐步趋向平衡,国际投资贸易规则体系加快重构,多边贸易体制受到区域性高标准自由贸易体制挑战。局部地区地缘博弈更加激烈,传统安全威胁和非传统安全威胁交织,国际关系复杂程度前所未有。外部环境不稳定不确定因素明显增多,我国发展面临的风险挑战加大。

从国内看,经济长期向好的基本面没有改变,发展前景依然广阔,但提质增效、转型升级的要求更加紧迫。经济发展进入新常态,向形态更高级、分工更优化、结构更合理阶段演化的趋势更加明显。消费升级加快,市场空间广阔,物质基础雄厚,产业体系完备,资金供给充裕,人力资本丰富,创新累积效应正在显现,综合优势依然显著。新型工业化、信息化、城镇化、农业现代化深入发展,新的增长动力正在孕育形成,新的增长点、增长极、增长带不断成长壮大。全面深化改革和全面推进依法治国正释放新的动力、激发新的活力。同时,必须清醒认识到,发展方式粗放,不平衡、不协调、不可持续问题仍然突出,经济增速换挡、结构调整阵痛、动能转换困难相互交织,面临稳增长、调结构、防风险、惠民生等多重挑战。有效需求乏力和有效供给不足并存,结构性矛盾更加凸显,传统比较优势减弱,创新能力不强,经济下行压力加大,财政收支矛盾更加突出,金融风险隐患增大。农业基础依然薄弱,部分行业产能过剩严重,商品房库存过高,企业效益下滑,债务水平持续上升。城乡区域发展不平衡,空间开发粗放低效,资源约束趋紧,生态环境恶化趋势尚未得到根本扭转。基本公共服务供给仍然不足,收入差距较大,人口老龄化加快,消除贫困任务艰巨。重大安全事故频发,影响社会稳定因素增多,国民文明素质和社会文明程度有待提高,法治建设有待加强,维护社会和谐稳定难度加大。

(2)指导思想、主要目标和发展理念

"十三五"时期是全面建成小康社会决胜阶段。必须认真贯彻党中央战略决策和部署，准确把握国内外发展环境和条件的深刻变化，积极适应把握引领经济发展新常态，全面推进创新发展、协调发展、绿色发展、开放发展、共享发展，确保全面建成小康社会。

（3）实施创新驱动发展战略

把发展基点放在创新上，以科技创新为核心，以人才发展为支撑，推动科技创新与大众创业万众创新有机结合，塑造更多依靠创新驱动、更多发挥先发优势的引领型发展。

（4）构建发展新体制

发挥经济体制改革牵引作用，正确处理政府和市场关系，在重点领域和关键环节改革上取得突破性进展，形成有利于引领经济发展新常态的体制机制。

（5）推进农业现代化

农业是全面建成小康社会和实现现代化的基础，必须加快转变农业发展方式，着力构建现代农业产业体系、生产体系、经营体系，提高农业质量效益和竞争力，走产出高效、产品安全、资源节约、环境友好的农业现代化道路。

（6）优化现代产业体系

围绕结构深度调整、振兴实体经济，推进供给侧结构性改革，培育壮大新兴产业，改造提升传统产业，加快构建创新能力强、品质服务优、协作紧密、环境友好的现代产业新体系。

（7）拓展网络经济空间

牢牢把握信息技术变革趋势，实施网络强国战略，加快建设数字中国，推动信息技术与经济社会发展深度融合，加快推动信息经济发展壮大。

（8）构筑现代基础设施网络

拓展基础设施建设空间，加快完善安全高效、智能绿色、互联互通的现代基础设施网络，更好发挥对经济社会发展的支撑引领作用。

（9）推进新型城镇化

坚持以人的城镇化为核心、以城市群为主体形态、以城市综合承载能力为支撑、以体制机制创新为保障，加快新型城镇化步伐，提高社会主义新农村建设水平，努力缩小城乡发展差距，推进城乡发展一体化。

（10）推动区域协调发展

以区域发展总体战略为基础，以“一带一路”建设、京津冀协同发展、长江经济带发展为引领，形成沿海沿江沿线经济带为主的纵向横向经济轴带，塑造要素有序自由流动、主体功能约束有效、基本公共服务均等、资源环境可承载的区域协调发展新格局。

(11)加快改善生态环境

以提高环境质量为核心,以解决生态环境领域突出问题为重点,加大生态环境保护力度,提高资源利用效率,为人民提供更多优质生态产品,协同推进人民富裕、国家富强、中国美丽。

(12)构建全方位开放新格局

以“一带一路”建设为统领,丰富对外开放内涵,提高对外开放水平,协同推进战略互信、投资经贸合作、人文交流,努力形成深度融合的互利合作格局,开创对外开放新局面。

(13)深化内地和港澳、大陆和台湾地区合作发展

支持港澳巩固传统优势、培育发展新优势,拓宽两岸关系和平发展道路,更好实现经济互补互利、共同发展。

(14)全力实施脱贫攻坚

充分发挥政治优势和制度优势,贯彻精准扶贫、精准脱贫基本方略,创新扶贫工作机制和模式,采取超常规措施,加大扶贫攻坚力度,坚决打赢脱贫攻坚战。

(15)提升全民教育和健康水平

把提升人的发展能力放在突出重要位置,全面提高教育、医疗卫生水平,着力增强人民科学文化和健康素质,加快建设人力资本强国。

(16)提高民生保障水平

按照人人参与、人人尽力、人人享有的要求,坚守底线、突出重点、完善制度、引导预期,注重机会公平,保障基本民生,不断提高人民生活水平,实现全体人民共同迈入全面小康社会。

(17)加强社会主义精神文明建设

坚持社会主义先进文化前进方向,坚持以人民为中心的工作导向,坚持把社会效益放在首位、社会效益和经济效益相统一,加快文化改革发展,推动物质文明和精神文明协调发展,建设社会主义文化强国。

(18)加强和创新社会治理

加强社会治理基础制度建设,构建全民共建共享的社会治理格局,提高社会治理能力和水平,实现社会充满活力、安定和谐。

(19)加强社会主义民主法治建设

坚持中国共产党领导、人民当家作主、依法治国有机统一,加快建设社会主义法治国家,发展社会主义政治文明。

(20)统筹经济建设和国防建设

坚持发展和安全兼顾、富国和强军统一,实施军民融合发展战略,形成全要素、多领域、高效益的军民深度融合发展格局,全面推进国防和军队现代化。

(21)强化规划实施保障

保障“十三五”规划有效实施，要在中国共产党的领导下，更好履行各级政府职责，最大程度地激发各类主体的活力和创造力，形成全党全国各族人民全面建成小康社会的强大合力。

坚信在以习总书记为核心的党中央的领导下，全党全国各族人民会更加紧密地团结在一起，为实现“十三五”发展目标而奋斗，虽然各项目标任务繁重，但是伟大的中国人民有决心也有信心完成这一历史使命，高举中国特色社会主义伟大旗帜，坚定不移走中国特色社会主义道路，解放思想、实事求是，与时俱进、改革创新，万众一心、艰苦奋斗，共同夺取全面建成小康社会决胜阶段的伟大胜利！

(四)新起点、新征程

中国共产党的十九大会议主题是不忘初心，牢记使命，高举中国特色社会主义伟大旗帜，决胜全面建成小康社会，夺取新时代中国特色社会主义伟大胜利，为实现中华民族伟大复兴的中国梦不懈奋斗。十九大精神丰富，内容繁多，现主要列举以下几点。

一是确立了新时代中国特色社会主义思想。它是对马克思列宁主义、毛泽东思想、邓小平理论、“三个代表”重要思想、科学发展观的继承和发展，是马克思主义中国化最新成果，是党和人民实践经验和集体智慧的结晶，是中国特色社会主义理论体系的重要组成部分，是全党全国人民为实现中华民族伟大复兴而奋斗的行动指南，必须长期坚持并不断发展。

二是明确坚持和发展中国特色社会主义，总任务是实现社会主义现代化和中华民族伟大复兴，在全面建成小康社会的基础上，分两步走在本世纪中叶建成富强民主文明和谐美丽的社会主义现代化强国；明确新时代我国社会主要矛盾是人民日益增长的美好生活需要和不平衡不充分的发展之间的矛盾，必须坚持以人民为中心的发展思想，不断促进人的全面发展、全体人民共同富裕；明确中国特色社会主义事业总体布局是“五位一体”、战略布局是“四个全面”，强调坚定道路自信、理论自信、制度自信、文化自信；明确全面深化改革总目标是完善和发展中国特色社会主义制度、推进国家治理体系和治理能力现代化；明确全面推进依法治国总目标是建设中国特色社会主义法治体系、建设社会主义法治国家；明确党在新时代的强军目标是建设一支听党指挥、能打胜仗、作风优良的人民军队，把人民军队建设成为世界一流军队；明确中国特色大国外交要推动构建新型国际关系，推动构建人类命运共同体；明确中国特色社会主义最本质的特征是中国共产党领导，中国特色社会主义制度的最大优势是中国共产党领导，党是最高政治领导力量，提出新时代党的建设总要求，突出政治建设在党的建设中的重要地位。

三是中国特色社会主义进入新时代。这意味着近代以来久经磨难的中华民族迎

来了从站起来、富起来到强起来的伟大飞跃，迎来了实现中华民族伟大复兴的光明前景；意味着科学社会主义在二十一世纪的中国焕发出强大生机活力，在世界上高高举起了中国特色社会主义伟大旗帜；意味着中国特色社会主义道路、理论、制度、文化不断发展，拓展了发展中国家走向现代化的途径，给世界上那些既希望加快发展又希望保持自身独立性的国家和民族提供了全新选择，为解决人类问题贡献了中国智慧和中国方案。

四是这个新时代，是承前启后、继往开来、在新的历史条件下继续夺取中国特色社会主义伟大胜利的时代，是决胜全面建成小康社会、进而全面建设社会主义现代化强国的时代，是全国各族人民团结奋斗、不断创造美好生活、逐步实现全体人民共同富裕的时代，是全体中华儿女勠力同心、奋力实现中华民族伟大复兴中国梦的时代，是我国日益走近世界舞台中央、不断为人类作出更大贡献的时代。

五是全党要深刻领会新时代中国特色社会主义思想的精神实质和丰富内涵，在各项工作中全面准确贯彻落实：坚持党对一切工作的领导；坚持以人民为中心；坚持全面深化改革；坚持新发展理念；坚持人民当家作主；坚持全面依法治国；坚持社会主义核心价值体系；坚持在发展中保障和改善民生；坚持人与自然和谐共生；坚持总体国家安全观；坚持党对人民军队的绝对领导；坚持“一国两制”和推进祖国统一；坚持推动构建人类命运共同体；坚持全面从严治党。

六是我们既要全面建成小康社会、实现第一个百年奋斗目标，又要乘势而上开启全面建设社会主义现代化国家新征程，向第二个百年奋斗目标进军。综合分析国际国内形势和我国发展条件，从二〇二〇年到本世纪中叶可以分两个阶段来安排。第一个阶段，从二〇二〇年到二〇三五年，在全面建成小康社会的基础上，再奋斗十五年，基本实现社会主义现代化；第二个阶段，从二〇三五年到本世纪中叶，在基本实现现代化的基础上，再奋斗十五年，把我国建成富强民主文明和谐美丽的社会主义现代化强国。从全面建成小康社会到基本实现现代化，再到全面建成社会主义现代化强国，是新时代中国特色社会主义发展的战略安排。

七是我国经济已由高速增长阶段转向高质量发展阶段，正处在转变发展方式、优化经济结构、转换增长动力的攻关期，建设现代化经济体系是跨越关口的迫切要求和我国发展的战略目标。建设现代化经济体系的六大任务：深化供给侧结构性改革；加快建设创新型国家；实施乡村振兴战略；实施区域协调发展战略；加快完善社会主义市场经济体制；推动形成全面开放新格局。

八是要坚持农业农村优先发展，巩固和完善农村基本经营制度，保持土地承包关系稳定并长久不变，第二轮土地承包到期后再延长三十年。确保国家粮食安全，把中国人的饭碗牢牢端在自己手中。加强农村基层基础工作，培养造就一支懂农业、爱农村、爱农民的“三农”工作队伍。

九是既要创造更多物质财富和精神财富以满足人民日益增长的美好生活需要，也要提供更多优质生态产品以满足人民日益增长的优美生态环境需要。必须坚持节约优先、保护优先、自然恢复为主的方针，形成节约资源和保护环境的空间格局、产业结构、生产方式、生活方式，还自然以宁静、和谐、美丽。推进绿色发展，着力解决突出环境问题，加大生态系统保护力度，改革生态环境监管体制。共商共建共享的全球治理观，倡导国际关系民主化，坚持国家不分大小、强弱、贫富一律平等，支持联合国发挥积极作用，支持扩大发展中国家在国际事务中的代表性和发言权。中国将继续发挥负责任大国作用，积极参与全球治理体系改革和建设，不断贡献中国智慧和力量。

二、认清使命

名言警句：天行健，君子以自强不息。

——《周易》

中国是一个邻国众多的国家，地缘矛盾众多，与周边国家在领土、领海等权益上，存在较大问题。十八大后，我国依然面临严峻的国际形势。中菲黄岩岛事件到南海争端，中日钓鱼岛问题、中印藏南问题及双方边界对峙，中韩海上边界线尚存争议，一系列国际事件影响着我国的国家安全。其中南海问题日益紧张，周边国家侵犯我国主权的行为在某些大国的支持下更为得寸进尺；而中日钓鱼岛冲突随着日本首相执政，更是愈演愈烈。面临如此严峻的国际形势，我们大学生更要认清自身的使命，清楚祖国面对的困难，努力奋斗，振兴中华！

“世界是你们的，也是我们的，但归根结底是你们的。你们青年人朝气蓬勃，正在兴旺时期，好像早晨八九点钟的太阳。希望寄托在你们身上”。当年，毛泽东主席的这句话可谓意味深长，满含着对青年学生的无限期待。作为当代的大学生，作为新时代的青年，我们肩负着振兴中华、报效祖国的历史重任，我们有责任也有义务为祖国贡献自己的聪明才智。全面建设小康社会和实现社会主义现代化需要我们的参与，中华民族的伟大复兴需要我们为之奋斗，人生只有融入国家和民族的伟大事业才能闪闪发光。因此，作为新时代的大学生，我们应该认清自己的历史使命，明确奋斗目标，确立为国家、民族奋斗的志向，努力成长为对党、国家和人民有贡献、有抱负的新时代有为青年。

“作为确定的人，现实的人，你就有规定，就有使命，就有任务，至于你是否意识到这一点，那都是无所谓的。这个任务是由于你的需要及其与现存世界的联系而产生的”。对于每一个人来说，只有具备了对国家、社会的责任心，才能做到以天下为己任，把国家繁荣富强、人民生活幸福作为自己人生理想和奋斗目标。马克思说过，人的本质是一切社会关系的总和。人是社会人，在处理与国家、集体和其他个人的关系时，必须遵循一定的行为准则。每个人对于集体、社会都负有一定的责任。当代大学生要做好社会主义事业的建设者和接班人，要维护国家主权和民族尊严，实现强国富民的伟大理想，就必须提升这种责任意识。

在社会中生活，每个人都不仅要走完自己的人生历程，还要完成各种各样的人生任务，人们所担负的重大的历史责任就是人的历史使命。同样，作为新时代的青年，当代大学生是中国青年中的优秀群体，面对新的历史课题。当代大学生的成长成材，影响和决定着中国现代化建设的进程和参与国际竞争的能力。自新中国成立以来，中国人民始终勇敢而自信地面对国际竞争，为实现祖国的繁荣和富强而努力奋斗着。当代大学生处在这样一个国际竞争日益激烈的历史时代，更是应该承担起中华民族伟大振兴的历史使命。

（一）加快民族振兴

我国社会主义现代化建设取得了举世瞩目的巨大成就，社会主义在中国显示出蓬勃生机和活力。但是我们还应该看到，在地球环境日益恶化、自然资源日益紧缺的前提下，在国与国之间的激烈竞争中，我国的社会主义事业发展还面临着诸多挑战：国际局势正发生新的深刻变化，世界多极化和经济全球化的趋势继续在曲折中发展，影响和平与发展的不稳定因素增多；各种文化在世界范围内相互激荡，互有排斥斗争、甚至渗透，对各国的经济、政治和社会发展的作用越来越突出；我国社会发展中还存在着各种各样的问题和矛盾亟待解决等。这些挑战，既是对社会主义事业的挑战，也是对当代大学生的挑战。

当前正是国家发展的重要战略机遇期，时代为当代大学生提供了施展才华的大好机遇和广阔空间。作为我国社会主义事业的建设者和接班人，我们要勇于承担起时代赋予我们的历史使命，继承前辈开创的伟大事业，推进中国特色社会主义事业继续前进。

当代大学生应当具备高度的历史责任感、强烈的忧患意识和宽广的世界眼光，保持清醒的头脑，培养大无畏的胆略和气概，坚定中国特色社会主义的信念，做一个有理想、有远见的人，为振兴中华贡献力量。一要坚持正确的政治方向，因为中国特色的社会主义道路和模式的探索来之不易，只有珍惜、爱护，避免走弯路，才能建设富强、民主、文明的中国；二要牢固树立以人为本、和谐发展的社会理念，树立正确的世界观、人生观、价值观，做社会主义和谐社会的践行者；三要培养自强自立的社会责任感，树立与市场经济体制相适应的自立意识、效率意识、竞争意识、法制意识等现代观念，在积极投身经济与社会发展的人生实践中，自觉遵守社会公德、职业道德，维护社会公平和正义；四要坚持走群众路线，牢固树立群众观点，一切相信群众，一切依靠群众，尊重人民群众的劳动，善于总结群众的智慧和经验，在密切联系人民群众的过程中实现自己的人生价值。

(二)促进社会发展

当代大学生是当今社会组成中占有相当比例的一部分,对于社会发展有着不容忽视的重要影响。无论是大学生群体也好,还是大学生个人也好,对于社会发展进步都有重要的作用。尤其是我国当前正处于构建和谐社会的时期,我们所要建设的社会主义和谐社会,应该是民主法治、公平正义、诚信友爱、充满活力、安定有序、人与自然和谐相处的社会。社会主义和谐社会是全面系统的和谐,构建社会主义和谐社会这一伟大事与当代大学生有着密切联系。

当代大学生在社会发展中已经起到越来越重要的作用:大学生在生活面貌、消费趋势、社会时尚等方面,具有发动、参与和影响的重要作用;在社会关注的高等教育和其他教育领域,大学生人数占相当大的比例。这样一个充满生机和活力、处于社会变动前沿的庞大群体,不可避免地会将自己的价值观念、行为方式和对生活目标的理解带到社会生活中,以至影响整个社会的道德规范、人际关系和社会心理。因此,当代大学生无疑将成为构建和谐社会的重要力量,大学生更是应该尽己所能对我国社会发展起到推动作用。每一位在校大学生都应该为构建和谐社会尽一份力,这不应是一句空话,它更应该转化为实实在在的行动。就像南京晓庄学院的王景光一样,虽然自己是贫困生,但却能够坚持打工,每天省吃俭用,甚至每天只吃一顿饭,却将自己打工的全部收入捐给困难孩子,资助他们上学。虽然这些都是小事,却体现了当代大学生助人为乐的珍贵美德,这对于我国建设和谐社会无不起到推动作用。如果我们每个人都能够做些力所能及的事,那么和谐社会的建成将指日可待。

建设社会主义和谐社会,当代大学生应该承担起这个历史责任,坚持学习科学文化与加强思想修养的统一,坚持学习书本知识与投身社会实践的统一,坚持实现自我价值与服务祖国人民的统一,坚持树立远大理想与继续艰苦奋斗的统一,努力成长为有理想、有道德、有文化、有纪律的人。作为大学生,我们应该学会从自我做起,做一些自己力所能及的事情:从我做起,树立自我诚信法治意识,在学校里对老师、同学讲诚信,同时要做到知法守法,坚决不做法律禁止的事;从我做起,讲究道德品质修养,学会自我修养,提高道德水平,多做有益于他人、有益于社会的事,在人与人之间的交往中要学会包容,对己严对人宽,对他人要宽宏大量,要理解人、尊重人、赞美人;从我做起,专心学术研习,坚决抵制学术腐败行为。

(三)维护家庭和睦

家庭是由婚姻关系、血缘关系或收养关系,以共同经济为纽带结合成的亲属团体,是社会结构的重要组成部分,是社会稳定的重要因素。对于个人来说,家是一个人可以休息放松的场所,是享受亲情的温馨港湾。特别是对于大学生来说,家是大学生的重要的生活来源和精神支柱,和谐温馨的家庭氛围有利于大学生的健康成长。

而作为家庭一份子的大学生个人,也有着不可推卸的对家庭的责任。也许在成长过程中家中父母也好,弟兄姐妹也好,对于大学生并没有刻意要求去做些什么,而大学生个人也并未意识到自己对于家庭的责任,对家尽到的责任很少。而在成为大学生之后,我们对于责任二字有了一定的了解和认识,也就更应该增强责任心,对自己的家庭尽一份心,出一份力。毕竟,家是一个人从出生之日起就有的小环境,当失意时,或许我们第一个想到要回去的地方就是家。家庭成员之间应该是甘愿为其他家庭成员奉献的,尽一个家庭成员应尽的责任,既是对生我养我的父母的报答,也是给予自己心灵的反馈。所以,作为大学生,我们更是应该倾己所能去爱自己的家,爱自己的父母兄弟姐妹,维护家庭的和睦稳定。

此外,随着年龄的增长和心智的日渐成熟,当代大学生已经有能力促进家庭的和谐稳定。因此,我们有义务也有能力去维护自己的家庭,要促进家庭稳定和谐,就要从以下几点努力。

首先,尊敬长辈。在家里,无论自己的父母也好,还是其他长辈也好,他们都有着比自己更多的人生阅历和丰富的人生经验,从一定意义上来说,他们都可以是自己人生道路上的老师,自己能从他们身上学到很多书本中没有的东西。因此,从这个意义上来说,我们都应该尊敬长辈,不仅仅因为血缘关系,也不仅仅因为他们的养育之恩,更多的是因为他们是我们人生的第一位老师,从我们牙牙学语开始,就教会了我们很多东西,一步一步扶着我们走过来,帮助我们成长为一代大学生。我们应该学会从心底里尊敬他们,爱他们。只有尊敬长辈,一个家庭才会有和睦的基础。

其次,爱护兄弟姐妹。在个人的成长过程中,除了父母跟自己朝夕相处之外,还有一种亲情常伴我们左右,那就是自己的兄弟姐妹。他们会和我们一起嬉戏玩耍,会和我们一起学习功课,会和我们一起讨论问题,是我们人生中一道不可或缺的风景。因此,对自己的兄弟姐妹,一定要学会珍惜,要尊重、爱护和帮助他们。不能因为小事而破坏了兄弟姐妹之间的情意。只有这样,家庭的和谐温馨才多了一道防护线。

最后,正确处理家庭矛盾。作为大学生,我们每个人都有一定的判断力和理解力,也能够顺应时势的发展去处理某种问题。而在家庭中,家庭成员之间难免不发生一些摩擦和纠纷。这个时候就需要我们从中加以调节,化解矛盾,做家庭润滑剂,帮助家庭成员和谐地相处。这就需要在日常的家庭生活中多注意观察和练习,做个生活的有心人。

(四)谋求个人发展

1.认清现实 端正思想

当代大学生处在一个新的变革时期,面对激烈的社会竞争和日益多元化的文化,他们的思想难免会受其影响。整体来看,当代大学生的思想主流是积极向上的。但是,大学生的思想由于受到各种社会因素如生活、就业、经济格局、利益关系、信息传播方式等多样化的诸多影响，大学生的思想也表现出多变性、差异性和独立性。因此，在这种情况下，端正思想，弘扬正气是每个大学生都应该主动参与和努力的事情，因为事物发展的根本原因在于自身，只有大学生自己参与进来，实际地参与和体会了，才能有根本的转变并做出正确的选择。

目前，在大学生的实际生活中，主要存在着这样一些思想问题：盲目崇洋，爱国意识淡薄，思想道德认识存在偏差；人生价值观倾向多元化、利益化，无私奉献已不再成为每个人的价值道德标杆，理想境界出现空虚；意志力薄弱，对人对事表现出较强的依赖性、冲动性，缺乏毅力和恒心、惰性太强；自我道德约束力较低；学习态度不端正，甚至厌学弃学；迷恋虚拟网络世界，逃避现实追求和人生责任等。当前大学生中存在的种种思想问题，应该说是由多种因素造成的，包括经济发展、社会建设、高等教育、家庭因素等都对大学生的思想具有重要的影响，但是，对于大学生而言，只有自身有一个明确的认识和端正的态度，自己的思想、心理状态才能慢慢调整并朝着健康的方向发展。具体来讲，作为大学生可以从以下几个方面努力。

首先，大学生应该树立正确的人生观和价值观。无论从生活中的小事也好，从学校的学习中也好，我们应该从点点滴滴中去仔细体味人生的意义，慢慢理解人生的意义是什么，自己活着是为了什么，在生活中应该如何与人相处，自己有哪些方面做得好，有哪些方面还做得不够。无论从书本上学习也好，从实践中学习也好，我们要分清楚什么是真善美，什么又是假恶丑，具备了分明的是非观和价值观，并在正确的观念指引下，正确地处理好与自己有关的事情，学会如何说话做事。同时借着这样一种科学正确的观念激发出自己强烈的学习和奋斗理想，把社会理想、为祖国做贡献的理想落实到自己的奋斗目标中去，并在理想信念的驱动下产生强烈的责任感和使命感，从而树立起正确的人生观、世界观，最后做到真正远离错误的观念而端正思想。

案例链接

雷锋同志是一位共产主义战士，更是全心全意为人民服务的楷模。他的生命虽然短暂，然而他却在这短暂的一生中帮助了许多许多人，正如他在日记中写到："人的生命是有限的，可是，为人民服务是无限的，我要把有限的生命，投入到无限的为人民服务之中去。"正是这样一种正确和积极的人生观、价值观指引着他的一生，为人民大众服务，用尽自己所能积极履行着自己的义务和责任，也正是这样一种雷锋精神激励着一代代的人们不断前进。

点评：人的一生应当怎样度过呢？当我们回忆往事的时候，能够"不因虚度年华而悔恨，不因碌碌无为而羞耻"，那就可以说我们没有在这世上白白地走一遭，雷锋就是这样的人。作为当代大学生和有志青年，我们理应像雷锋同志一样，在正确人生观、价值观的指引下，以积极、严肃、认真的态度，努力过好自己的人生。

图 4-1-8　向雷锋同志学习
（图片来源：http://image. baidu. com/i? tn = baiduimage&ipn = r&ct = 201326592&cl = 雷锋）

其次，在校大学生应积极参加集体活动。计算机网络的普及给大学生的生活带来了方便和多样性，但同时也带来了种种隐患。一些大学生对于网络形成了较强的依赖性而不愿与人有过多交往，甚至与外界隔绝，从而导致性格孤立，学习成绩下降等不良后果。因此，作为大学生，我们应该多多参与学校组织的社团和文体活动，加强跟老师和同学的交流沟通，这对于自身性格的完善将会起到不容忽视的作用。因为在和别人的交往过程中，自己可以加强沟通力和理解力，增强自己为人处世的能力，活跃师生关系，同时也能使自己心境开阔，性格开朗起来，最终在不知不觉中成就了较为完善的人格，这对于大学生心理健康成长能起到有效的推动作用。

最后，在校大学生应该多多参加社会实践。因为我们每个人都是不可能在学校待一辈子的，每个人总要走入社会，与各种各样的人打交道，最终成为一个社会人的。社会就是一所大学，我们在校大学生在学习里学习的大部分都是书本理论知识，而且在学校里，老师更多的只是传授知识，大学生无法亲身体会到社会实际，感受社会的方方面面，这也就导致了在校大学生对社会缺乏足够的认识从而没有较强的自我保护能力和强健的心理承受力。所以，在校大学生更应该抓住每一次珍贵的社会实践锻炼的机会，多与社会接触，多一些对于社会、对于人性的了解，知道社会是什么样子，有一些什么样的现象和事情发生，人们都是怎样的心态，如果我们将来走入社会应该怎样应对。认清了现实，知道了自己该怎么做，只有这样才不至于在大学毕业参加工作的时候不知所措。

2. **树立目标 勤奋学习**

常言道,活到老,学到老。人生在世,知识就是我们人生的力量源泉,只有不间断地学习,不断地为自己补充新鲜的知识,人生的路才会越走越远,越走越开阔。大学作为教育机构,有着传输知识,培养人才的社会职能。大学四年的时光,是大学生人生中一段非常珍贵的经历。作为大学生,我们经过了从幼儿园到小学,从小学到中学再到大学,学习始终是学生阶段的首要任务。因此,做一个称职的大学生,首先就是要努力学习好文化知识,所有人共同努力,形成全校爱学习、会学习的良好学习风气。但是,实际上,大学校园里往往存在着许多不利于学风建设的现象,大学生中多少存在着一些片面甚至极端的思想,如大学浮躁风、专业无用论、官本位思想、极端个人主义等。这些思想和现象极不利于大学生的健康成长和大学学风建设。作为大学生,为了自身的成长和学校的建设,每个人都有义务有责任去做些自己力所能及的事情。

(1)端正学习态度

之所以将这一点放在第一位,是因为正确的态度对于学习效果好坏可以说具有决定性的作用。从一定意义上来说,态度决定一切。因为态度不仅是一种看法,一种观点,更是一种心态,一种追求,甚至是一种精神,一种信念。对于大学生来说,对学习持什么样的态度,将决定我们在大学阶段的学习成绩。"所谓学习态度,一般是指学生对学习及其学习情境所表现出来的一种比较稳定的心理倾向。它通常可以从学生对待学习的注意状况、情绪状况和意志状态等方面加以判定和说明。学生的学习态度,具体又可包括对待 课程学习的态度、对待学习材料的态度以及对待教师、学校的态度等"①。美国心理学家琼斯曾以大学生为样本做过类似的实验来证明学习态度对学习效果的影响,结果发现:学习材料与学生态度一致时,学习材料更容易被吸收、记忆,而与学生的信念、价值观违背的学习材料,却容易被阻止或歪曲。由此可见,学习态度对学习的效果有着不容忽视的作用。因此,在校大学生应该充分重视态度对于学习的意义,端正自己的学习态度。

要树立正确的学习态度,在校大学生应该首先明白一件事情,那就是我们为了什么而学习,自己学习是要达到什么样的目标。在高中阶段付出辛苦努力用功读书而去考取大学是为什么,在大学里面的学习需要我们做到些什么。要学会向自己要答案,只有清楚了这一点,才能把心思真正用到学习上,并在学习的过程中,逐渐为自己树立阶段性的目标和任务,这样一步一步走下去,就会由一个渐趋明朗的奋斗目标,最终为着这个目标而不断努力奋斗。

(2)要对自己的专业有一个清醒的认识

闻道有先后,术业有专攻。专业之所以称为专业,就是因为其专而不同,有着特

① http://baike.baidu.com/view/1145175.html? wtp=tt。

定的领域和内容。对大学生来讲,专业是每个人在校期间所要学习和研究的主要领域,将来也很有可能要成为自己终身从事的事业。此外,我们最初之所以选择自己现在学习的专业,必定有着各自不同的原因和考虑。因为通过大学四年的专业学习,我们总是希望为自己积累一定的专业知识储备,这样才能在将来的发展中具备强大的专业优势,并在激烈的社会竞争中为自己赢得一席之地。正是由于专业具有如此的重要性,每个在校大学生都要对自己所学习的专业有透彻的了解和认识,并在这个前提之下,为将来的发展打下牢固的基础。

在对专业的认识上,每个人都应该有自己独立的想法,不要人云亦云,武断地认为专业无用,学什么都没用而放任自己随波逐流,这样就会在以后的发展中不知所措,迷失方向。要对自己的专业有清醒的认识:首先,要弄清楚自己所学专业的知识架构,自己主攻的这门专业需要学习哪些方面的知识,学校对于这一专业都有哪些课程设置,学习每一门课程需要达到什么要求,本专业的就业前景和就业方向是什么,等等;其次,就是要加强和专业课老师的沟通交流,因为作为专业老师有着比我们更为丰富的专业经验,更清楚此专业的就业前景和发展前途,所以,我们应该多向专业课老师请教,向他学习专业的学习方法,向他多多了解专业要求和就业方面的信息,这一点是非常重要的;再者,就是要注重培养自己的专业兴趣,既然我们已经选择了这个专业,就应该热爱这个专业,尽自己最大的努力学好专业课程,掌握牢固的专业知识,练就扎实的基本功,为自己将来的就业打下稳固的基础;最后,就是要做好自己专业计划和将来的就业计划,专业计划是针对自己在学校的学习而制定的计划,主要包括自己的学习目标、学习步骤、学习方法等多个方面,计划制定可以以一个学期或一个学年为期,也可以以某一门课程为内容和范围,具体以个体差异而定,这样在学习的时候,我们可以对照计划,将自己的学习效果和成绩与自己制定的目标相对照,分析优势与不足,以便改进,就业计划的制订也是一样,结合个人的优势与不足,分析就业环境的优劣,制定自己的主要就业方向和次要就业方向,做到有进有退,游刃有余,这样一来,在自己有步骤、有计划的安排和努力下,既保证了自己在学校学好了理论知识,同时也能有助于自己在毕业时尽快找到心仪的工作。

(3)保持良好的学习习惯

坚决抛弃和抵制好逸恶劳的不良风气,始终坚持发扬勤奋刻苦的学习精神。还是那句古话,书山有路勤为径,学海无涯苦作舟。要当好学生,学到真东西,首先就要学会不怕吃苦,只要具备了这一点,相信没有什么是学不会的。因为世上无难事,只怕有心人。当代大学生就是应该做个学问上的有心人,抱着认真严谨的治学态度,在学习中学会享受学习的快乐,向着自己心中的目标前进。要保持良好的学习习惯,我们应该做到以下几点。

第一,养成不迟到、不早退、按时上课的好习惯。实际上,这一点是作为学生应该遵守的最起码的纪律,但就是这一点看似容易做到却不是每个人都会做到的小事,却往往容易被忽视。因为在现实生活中,大学生中普遍存在这样的思想,那就是在大学里,不逃课旷课就等于白白上了回大学。其实,有这种思想是很正常的,因为每一个大学生都是经历了高中时代艰苦学习的岁月才考上了大学,都想在大学里好好放松休息一下,于是逃课旷课现象难免会发生。虽然说大学里的学习主要以学生的自学为主,老师只是起到一个引导作用。但是,这种旷课的行为仍然会影响到学习的效果,而且在学生中容易滋生散漫不守纪律的作风,甚至会影响到其他学生,从而不利于良好学习风气的养成。所以,不管对于学校学习风气来说,还是对于大学生个人的学习来说,按时上课、不迟到不早退都是非常重要的。从小事做起,从点滴做起,养成准时上课的好习惯,对于保持学习状态和惯性都将会有很大的益处。

第二,在学习中养成勤思考的好习惯。学而不思则罔,思考的力量是无穷的。经常思考可以锻炼我们的思维能力和逻辑分析能力,从而对事物有更加深入的了解和体会。在学习的过程中,我们应该养成勤奋思考的好习惯。特别是我们大学生,更是应该养成独立思考问题的好习惯。一方面,从学习的角度来讲,经常对老师的讲解进行回想和分析,更容易对知识点或相关理论理解地更加透彻,从而在以后的应用中达到举一反三的效果。另一方面,我们都知道,事物是不断发展变化的,真理是相对的,世界上没有绝对的真理。一种理论在某一阶段或者情境下或者是正确的,但是一旦外部环境发生了变化,这种理论的正确性也就因为缺乏适应性而变得相对有限。所以,我们在看书学习的时候,应该以批判的角度去学习,要对书本知识多加思考,勇于提出怀疑。即使我们的想法是错的,但我们通过自己的思考,不仅掌握了知识,而且还培养了自身的分析判断能力,可见思考益处多多。所以,在学习过程中,要勤动脑多思考,只有在不断地思考中我们才能真正掌握知识。

第三,加强与老师同学的交流和沟通。在学习的时候,往往需要我们自己去思考和练习。但这并不意味着学习是完全封闭的,在学习过程中与他人的交流同样是重要和必不可少的。首先就是跟老师的沟通。老师在我们的学习中起着重要的引导作用。对于自己在学习过程中存在的疑问、学习方法以及其他和专业相关的事情,我们应该多向老师请教。毕竟,在专业领域内,老师有着比我们更丰富的知识储备和经验阅历,可以在专业方向的学习和就业方面给予我们很多有益的建议。因此,多跟老师沟通学习对我们学好各门课程有很大的帮助。其次,就是多和同学沟通交流。从所学专业来讲,自己和其他同学选择专业或许是出于不同的考虑,这就需要我们多和同学交流,互相交换对于专业学习和将来就业问题的想法,在思想的碰撞摩擦中产生更好的想法和观点,这样不仅加强了同学之间的交流沟通,增进了感情,对于自己的学习、生活也有很大帮助。所以,不管是内向的学生也好,还是不愿和别人沟通也好,都要试着张开嘴,多向老师请教,多和同学沟通。

3. 学有所成 业有所精

学有所成,这不只是简简单单的四个字,而应该是每个大学生大学四年时光最后的总结。不管是对于自己的父母也好,对于我们自己也好,每个大学生都有责任有义务去圆满完成大学阶段的学习。如果有人在大学即将毕业为自己作总结的时候,不能对自己说,“我已经学有所成了”,而他自己也为此而后悔不迭,那么这将会是一件多么遗憾的事情。是的,许多大学生都是在迷茫混沌中度过四年时光的,到最后也不知道自己到底学会了什么,会做什么,这不能不说是一种失败。

要做到学有所成,其实并不难。首先,我们应该有这样一种信念,那就是我们进入大学是为了更好地学习深造,更好地完善自己,而不是为了上大学而上大学。目前来讲,有相当一部分在校大学生不明白自己读大学的目的和意义,对于大学生活也没有细致的规划和安排,总是处于一种懵懵懂懂的状态,甚至有的大学生经常逃课、考试作弊、沉迷游戏世界而贻误学业,这些都是很不利于大学生以后发展的。所以,不管是刚入校的大学新生,还是已经在读两三年的大学生,都应该清楚明白自己进入大学的目的,对于自己将要面临的学业、生活有自己的主张和想法,这样才能为以后的人生道路打好基础;再者,明白了自己读大学的目的和意义还不够,我们还应该将其转化为实际行动。作为在校大学生的我们,现在还有很多事情可以做,集中到一点就是做好自己的生涯规划,明确地认识自己,清楚地了解自身的优势和不足,并将其与自己的目标相结合,制定切实可行的学习计划和安排,并且一步一个脚印地去实施。在执行计划的过程中,不断地思考执行的效果怎么样,同时可以试着去和以往的成绩相对照,看看自己是不是有进步,有没有达到自己想要的效果。如果没有达到既定目标,就要去分析是什么原因造成的,自己该从哪些方面去改正,并不断地发现问题和解决问题。相信在这样一种持之以恒的计划执行中,自己会获得不断的进步并最终做到学有所成。

业有所精,这里的“业”有两方面的含义。一是指学业。对于在校大学生来说,学习无疑是最为重要的事情。学生应该以学习为首要任务,要全心全力搞好自己的学业。既然自己选择了进入大学学习,选择了自己主修的专业,那么我们就要去努力学好,学出成绩,对自己有所交代,不辜负自己高中的努力和大学四年的宝贵时光。另一是指职业。职业是构成人生必不可少的重要因素,缺少职业生涯,整个人生将是残缺的。对于在校大学生,将来我们总是要走入社会,走上工作岗位的。在这样一个新的领域,我们要学会更换角色,从学生转变为一个社会人,并在职业领域做好自己。

要做到业有所精,就要付出努力。

首先,我们应该努力学习。虽然这已经是老生常谈了,但作为学生,我们不得不谈。在学校里学习,每个人的水平都不一样,虽然在学习成绩上,第一名只有一个,但是在学习的精神上,每个人都可以争取第一。因为精神的世界没有边界,只要我们去努力付出,即使自己不是第一名,但也不负自己这四年的时光。因此,所谓业有所精,不仅是我们学习成绩上的精益求精,更多的还是我们为之付出的辛苦和努力。在追求好成绩的同时,我们更应该追求自己精神境界的圆满,只有具备了这样一种执著和坚持,相信每个人都会在将来的人生道路上面对种种困难和挫折时,能够坚强地坚持不放弃。

其次,要对自己有一个明确而稳定的职业定位。经过大学四年的学习,我们除了学到了专业理论知识之外,更重要的是通过自己在学校的学习和自己在专业方面的优势能够找到一份自己心中理想的工作,从一定程度上来说,这应该是一切工作的落脚点,也可以说对自己有所交代。要找到心仪的工作,前提之一就是对自己要有一个准确的职业定位。这就要从多方面分析:第一就是要确立人生理想,人生理想确立了之后,就有了源源的动力,朝着自己的理想不断地前进;第二就是要认识自己,对自己的兴趣爱好、品质个性、动机、能力、不足去思考,知道自己适合做什么工作;第三就要对相关的社会外部环境进行分析,利用可以利用的优势条件,避免可能阻碍自己就业的障碍。同时还要不断注意对自己适应社会能力、专业能力与工作能力、团队合作精神与沟通能力的培养。只有多方面努力,才会尽快找到自己想要的工作。

最后,在实践中培养自己动手动脑的能力。实践出真知,我们不仅要在课堂学到知识,也要在实践中锻炼才干,为以后走入社会参加工作打好基础。一方面,在学校,我们可以加入各种社团组织,参加各种竞赛,培养各种兴趣爱好,锻炼自己与人打交道的能力;另一方面,参加各种社会实践,锻炼自己的才干。当然,这些都是一般意义上的社会实践,作为大学生,我们能够参加的实践还有很多。其实,生活就是一门最大的学问,只要我们用心,从一点一滴的生活小事,我们都可以学到为人处世的道理。

生命不息,奋斗不止。在找到自己理想工作的同时,我们又站在了一个新的起跑点上。踏上了新的征程,还有更多的目标等待我们实现,还有更多的梦想等待我们去完成。所以,我们更不能因为已经找到了一份工作而有所怠慢和松懈。相反,在工作中,我们应该更加努力奋斗,去展现自己多方面的才能。在专业领域内,做到精益求精,在奋斗的路上,踏踏实实地走好每一步,不断成长进步,最终获得事业上的成功。

案例链接

邓中翰,1987 年—1992 年就读于中国科技大学地球与空间科学专业。在大学期间,邓中翰就在黄培华教授的指导下,进行科学研究并分别在国际应用核物理学杂志及中国科学通报上发表 3 篇相关文章。1999 年,邓中翰从美国回国后,与国家信息产业部在北京中关村共同创建了“中星微电子有限公司”,任董事长,“星光中国芯工程”总指挥,成功地开发出中国第一个打入国际市场的“中国芯”——“星光中国芯”,彻底结束了“中国无芯”的历史,并成功占领计算机图像输入芯片市场 60% 以上份额。被业界称为“中国芯之父”。同时中星也在美国纳斯达克成功上市,这是中国电

图 4-1-9　邓中翰

(图片来源:http://image. baidu. com/i? tn = baiduimage&ipn = r&ct = 邓中翰 &f)

子信息产业首家拥有核心技术和自主知识产权的 IT 企业在美国上市,是中国企业在 2005 年原始创新、发展核心技术、走向世界的标志性动作。

点评:邓中翰的成功不是偶然的,这是因为他对自己的将来有一个清醒的认识和了然的目标计划,并为此做出了不懈的努力,才换来了自己和中星微电子的成功。因此,在大学学习期间,每位大学生都应该为自己将来的发展找准定位,制定发展目标计划书,并为实现目标尽一切努力。

三、志存高远

新中国成立以来,面对纷繁复杂的局面,党领导全国各族人民,不畏艰难阻碍,披荆斩棘,白手起家,经历了风风雨雨,克服了重重困难,使我国从一个贫困落后的国家发展成为一个具有高度物质文明和精神文明的社会主义强国,取得了举世瞩目的成就和辉煌。为此,我们每个中华儿女都应该感到自豪骄傲。作为新时代的大学生,我们更是应该为自己是一个中国人而自豪,为自己能够生在这样一个伟大的国家而骄傲,也为自己能够在这样一个和平环境下健康成长而感恩,感谢伟大的祖国母亲给予了我们如此丰富宝贵的财富。所以,我们没有理由不爱自己的国家。作为当代大学生,我们应该有一颗拳拳赤子之心,胸怀祖国,以一颗真诚的爱国心,树立崇高的理想和奋斗目标,不断努力奋斗,以自己的实际行动报效祖国,为实现中华民族的伟大振兴而贡献自己的一切。

(一)胸怀爱国心

1. 了解、认识祖国,培养爱国主义高尚情操

热爱自己的祖国是每个人应该具备的起码的道德准则,是每一个中国公民从小就应该培养的道德情操。从古至今,中华民族历史上曾出现过无数爱国的仁人志士:郑成功、屈原、林则徐、岳飞、张謇、孙中山、陈天华、邹容、吉鸿昌、文天祥、鲁迅、黄继光、董存瑞 、戚继光 、江姐 、杨靖宇 、詹天佑、钱学森……就是这一个个闪亮光辉的名字凝聚成了雄浑豪迈的爱国情怀,树立了中华民族巍然不倒的丰碑。在新时代,同样涌现出了一批批爱国者,他们身上流淌着爱国的热血,激荡着新时期中华民族的浩然正气。

作为新一代大学生,我们每个人都应怀有这样一颗拳拳赤子般的爱国心。要真

正地怀有一颗爱国心,首先就是要对自己的祖国有一定的了解和认识,只有在这个前提之下,才有基础培养爱国主义道德情操。知之深,才能爱之切。对伟大祖国无比热爱的深厚感情,首选于对祖国历史、民族文化、国家发展的深刻了解。如果一个人连自己的祖国都不了解,那又何谈爱国呢?因此,当代大学生要了解自己的祖国,就应认真学习祖国的历史、地理、文化等等多方面的知识,只有对祖国有了一定的认识,才能进一步培养自己的爱国精神,增强自己民族自豪感和自信心。

鲁迅先生说过:“唯有民魂是值得宝贵的,唯有她发扬起来,中国才真正有进步。”这一“民魂”是中华民族生生不息、不断发展壮大的灵魂动力,是支持中国人民面对一切艰难困苦不退缩不退让的坚定信念,是一种坚定而强有力的民族自尊心和民族自信心。中华民族是一个伟大的民族,有着源远流长的民族历史和积淀深厚的民族文化。在经历了苦难深重的斗争时期,经过了先烈们前赴后继的抗争,中国人民终于站起来成为了国家的主人,不断继承着中华民族的优良传统,不断创造着新的光辉历史。作为一个中国人,我们有什么理由不去热爱自己的祖国,不为祖国的强盛而奋斗和奉献自己呢?回顾中华民族的历史,这样一种爱国情怀是早已深深植根于祖国悠久的文化和历史之中。在了解历史、认识祖国的过去的基础上,我们新时期的青年大学生应该真诚地热爱祖国,希望祖国繁荣富强,应该热爱我们的社会主义制度,不断加强学习,积极培养自己的爱国主义情怀,树立我们的民族自信心、自豪感和奋发图强、拼搏进取、艰苦创业的民族精神,与党和人民同心同德,再造民族的辉煌。

2. 爱国心,爱国行

我们青年大学生要真正做到这一点,就要从以下几个方面努力。

首先,学习用高尚科学的思想理论指引自己。21 世纪的中国,机遇与挑战并存,新时代的大学生应该具备一定的政治理论修养,自觉以马克思主义为指导,高举毛泽东思想、邓小平理论和“三个代表”重要思想伟大旗帜,深入落实科学发展观。只有在科学理论的指引下,我们才能站在全民族的角度,把热爱祖国同热爱党,热爱社会主义统一起来,把自己的满腔爱国之情,报国之志,化为报效祖国的实际行动。“要在深入学习中国特色社会主义理论体系上狠下工夫,努力用马克思主义中国化最新成果武装头脑,牢固树立科学的世界观、人生观、价值观,牢牢把握人生的正确航向”。

要自觉以马克思主义为指导,热爱社会主义。马克思主义是人们认识世界和改造世界的强大思想理论武器。正是有了马克思主义这一强大思想理论的指导,我们党在半个多世纪的奋斗历程中,才先后取得了新民主主义革命的胜利,建立了社会主义制度,并领导中国人民走上了一条中国特色社会主义道路。在社会主义核心价值体系中,马克思主义提供的是科学的世界观,是认识世界和改造世界的方法论。科学发展观,不仅是我国当前经济社会发展的重要指导思想,也是全面建设小康社会和社会主义现代化国家必须长期坚持的重要指导思想。“经济增长不能以浪费资源、破坏环境和牺牲子孙后代利益为代价。在发展过程中不仅要尊重经济规律,还要尊重自然规律,充分考虑资源、环境的承载能力,加强对土地、水、森林、矿产等自然资源的合理开发利用,保护生态环境,促进人与自然相和谐,实现可持续发展”。学习科学发展观必须树立合理利用能源资源、注重生态环境保护的观念,增强我国的可持续发展能力。我国是个拥有九百六十多万平方公里领土的文明古国,虽然自然资源丰富,但人均资源占有量却相对较少。当代大学生应该自觉地用科学发展观来指导自己的行动,将环保、节约、可持续作为自己行动的标准,时刻注意衡量自己的行为是否符合科学发展观的要求,以己之力深入践行和落实科学发展观。希望同学们志存高远,刻苦学习,勤奋钻研,努力成为党和人民事业发展需要的优秀人才。

其次,立足自身实际,努力学习书本知识。一个国家要想屹立于世界民族之林,在世界范围占有自己的一席之地,必须具备强大的综合国力。而当今世界各国的竞争归根到底是人才的竞争,只有具备了充足的人才储备,国家才能有长远的发展。当代大学生作为国家的科技预备力量,要把满腔的爱国之情化为报国之行,最根本的就是扎扎实实地打牢自己的文化基础,只有自己具备了扎实的文化知识,掌握了先进的理论,才有能力为祖国的发展出谋划策、贡献力量。从另一个角度来讲,在当代青年大学生的成长过程中,传统的课堂知识学习是学生接受教育,增长知识的主要方式,一直到大学,这种学习方式也没有发生非常大的改变。因此,作为大学在校生,当代大学生一项最重要的任务就是要努力学好书本知识,不仅要对祖国的过去有所了解,同时更应该注重对祖国现状的了解,努力学好我国当今社会发展所需要的理论知识,只有这样,才能在将来大学毕业之后,对祖国建设有所帮助。

再者,在学好书本知识的同时,更要利用各种机会增长才干,提高自己为人处世的能力,实现自我的全面发展。一方面我们要树立崇高的爱国理想和报效祖国的伟大志向,不断奋发图强、努力学习。另一方面,我们在学好书本知识的同时,也要多方面发展自己,增长各种才干和能力。只有自己得到充分全面的发展,才有更多的机会实现自己的爱国理想。“要在提高综合素质上狠下工夫,既努力学习科学知识,又积极陶冶文明素养,既努力增加知识积累,又积极加强品德修养,既努力锻炼强健体魄,又积极培养良好心理素质,真正实现自身的全面发展。要在提高实践本领上狠下工夫,积极参与社会实践,向人民群众学习,磨炼意志,增长才干,切实提高创造能力和创业能力,为今后走上社会、成就事业打下坚实基础”。

在大学生活中,除了掌握本专业知识理论,我们还要试着扩大自我生活的圈子,学会关心他人和社会,积极投身社会实践活动,充分利用自己的课余时间深入社会,开展形式多样的社会调查、科普宣传、智力扶贫、社区服务等活动,加深自己对社会的了解,增强社会责任感,把为人民服务作为自身追求的一种需要,提升人生境界;同时，对于国内外已经发生和正在发生的事情多加关注思考，提高自己的分析判断能力。“风声、雨声、读书声，声声入耳；家事、国事、天下事，事事关心。”是的，爱国不只是一句空话，要热爱自己的祖国，就要关心此时此刻自己的国家正在发生着什么样的事情。新世纪面临着新机遇和新挑战，国际国内形势都在发生深刻变化。在诸多因素、诸多矛盾交织发展的情况下，对人们产生较大冲击影响的国内或国际性、地区性的事件会不断发生。这些可预见或难以预见的重大事件，无一不牵涉着那些民族与国家的利益。当代大学生是不断成长的一代知识新人，对国内外发生的重大事件一般具有较高的敏感度和关注度。这种必要的不可避免的关注，是大学生有觉悟的表现。因此，身为在校大学生，不仅要上好每一节课，学好书本知识，同时还应该多关注国内外发生的变化，用自己的思考去作出判断。

案例链接

图 4-1-10　张海迪

（图片来源：http://image. baidu. com/i? tn = baiduimage&ipn = r&ct = 201326592&cl = 张海迪）

中国的“保尔”张海迪——张海迪 1955 年 9 月生，5 岁时被确诊患上了脊髓血管瘤。以后的 4 年里，她动过 3 次大手术。虽然保住了生命，却因高位截瘫而再没有进过学校，从此便开始了顽强的自学，先后自学了小学、中学和大学的专业课程，并从 15 岁时就教别的小孩读书。

张海迪还自学了英语、日语、德语和世界语，翻译了近 20 万字的外文著作和资料。翻译出版了《海边诊所》、《丽贝在新学校》、《小米勒旅行记》、《莫多克——一头大象的真实故事》等作品，并著有多部散文集和长篇小说，多本著作在国外出版，曾获全国“五个一工程”图书奖。后来张海迪做过癌症手术，并学习了哲学专业研究生课程。1993 年，她在吉林大学哲学系通过了研究生课程考试，并通过了论文答辩，被

授予哲学硕士学位。

雷锋传人郭明义——郭明义,1958 年 12 月生,1977 年 1 月参军, 1980 年 6 月加入中国共产党,曾被部队评为“学雷锋标兵”。他爱岗敬业,每天都提前 2 个小时上班,15 年中累计献工 15 000 多小时。1990 年以来,他坚持 20 年无偿献血,累计献血 6 万毫升;1994 年以来,他为希望工程、工友和灾区群众捐款 12 万元,并资助了 180 多名特困生。2006 年以来,他曾 8 次发起捐献造血干细胞的倡议,有 1 700 多名矿业职工参与;2007 年以来,他曾 7 次发起无偿献血的倡议,累计献血 15 万毫升;2008 年以来,他发起希望工程捐资助学活动,资助特困生 1 000 多名,捐款近 40 万元;2009 年以来,他发起成立的遗体(器官)捐献志愿者俱乐部,是目前国内参与人数最多的遗体(器官)捐献志愿者俱乐部。

图 4-1-11　郭明义

(图片来源:http://image. baidu. com/i? tn = baiduimage&ipn = r&ct = 201326592&cl = 郭明义)

人民好警察任长霞——任长霞,1964 年 2 月 8 日生,1983 年到郑州市公安局中原分局从事预审工作。她刻苦钻研业务,成为“办案能手”。1992 年 11 月,两次岗位练兵大比武中,勇夺双冠。1994 年 11 月,她又在全省政法战线大比武中,以优异成绩夺得第一名。任长霞在中原分局预审科工作期间,共挖余罪、破积案 1 072 起,追捕犯罪嫌疑人 950 余人,创造了河南公安预审史上无可比拟的成绩。在郑州市公安局从事公安法制工作,她 4 年里审核案件千余起,无一错案。2001 年 4 月,任长霞被任命为登封市公安局局长,成为河南省公安系统有史以来第一位女公安局长。由于当地各类积案堆积严重,任长霞组织“百日破案会战”。由于大案要案和疑难案件被接连攻克,她被群众称为“女神警”。2004 年 4 月 14 日晚,任长霞在郑州市公安局汇报完工作,连夜赶回登封部署一起重大案件侦破途中,不幸遭遇车祸,于 4 月 15 日零时 40 分牺牲,年仅 40 岁。

点评：张海迪、郭明义、任长霞，他们是新时代的楷模，他们身上流淌着爱国的热血。正是因为爱国，他们才能在自己的人生坐标上努力奋进，取得成功。也正是有这样一种爱国主义理想信念的支撑，中国才取得了如此让世人刮目相看的骄人业绩。每个人只有一次生命，对于这仅有的一次生命，我们应该如何对待呢？是的，我们应该珍惜她，认真过好生命里的每一分钟。也许每个人都有自己生活的方式，但不管我们选择了怎样的生活方式，我们作为当代大学生是祖国的骄傲，更是祖国的未来和希望，更应该心存崇高的理想和抱负，为国家、个人定方向、谋发展，只有这样才不枉费仅有一次的生命和人生。

（二）心装报国志

认识、了解自己的祖国，热爱自己的祖国，做好一切我们能够做的事情就是为了要报答祖国，因为祖国就是我们每个中华儿女的母亲，没有祖国就没有我们，没有祖国的繁荣昌盛，就没有我们个人的良好发展，因此，作为当代大学生，我们每个人都要怀着一颗感恩的心，以满腔的爱国报国热忱积极地投入到生活学习当中去。

1. 志当存高远

“少年智则国智，少年富则国富，少年强则国强，少年独立则国独立，少年自由则国自由，少年进步则国进步，少年胜于欧洲则国胜于欧洲，少年雄于地球则国雄于地球。”虽已年岁久远，但梁启超先生这博大精深而又富有哲理的论断却依旧振聋发聩，发人深省。青少年是国家的希望，青少年的成长关系着国家的前途和中华民族的兴旺发达。尤其是大学生，他们是经过了重重选拔而进入大学深造，无论是从知识结构还是从综合素质来说，他们都是最具创造力和创新精神的新一代。当今大学生的素质高低决定着我们国家的核心竞争力强弱，他们可以说是祖国建设事业的接班人和社会主义事业未来的领导者，大学生的发展好坏决定了将来他们能否支撑得起整个祖国的宏伟事业。作为当代大学生——社会主义事业的接班人，认识到这一点非常重要。

要想做好社会主义事业的接班人，首先就是要有崇高的理想，并在这一理想信念的指引下为自己的人生树立一个崇高的目标。有了这一崇高目标的支撑，才会有动力和支持去为之不断努力奋斗。志远则宏，目短则贱。遍古阅今，凡成大业者无一不怀抱远大志向。“一个人追求的目标越高，他的才力就发展越快，对社会就越有益”，“追求目标”带动了才力的发展。历史上的英雄、名家无一不是胸怀大志者，有大志才能出激情，出才智，出行动，出成果。因此，我们应该充分重视崇高目标和理想信念的巨大力量，使之为我们的人生增添光辉。作为在校大学生，即使你现在还没有为自己树立奋斗目标，或者是已经有了一定的目标，只要我们抱着坚定的信念，相信自己，那么就让我们从现在做起，心存远志，明确目标，做好自己人生的规划，并为之不断努力奋斗，那么成功总有一天是会降临的。

2. 路从脚下起

爱国不是一句空话,更不是简单的喊喊口号,而应是实实在在的看得见的件件大事小事。路是一步一步走出来的,作为当代的大学生,我们是成长在祖国蓝天下的幸福的一代,远离了硝烟弥漫的战争年代,享受着父母老师的宠爱和关怀,所以我们更加有理由去热爱自己的祖国,做自己力所能及的事情去表达自己的满腔爱国情。具体来说,大学生应该从以下几个方面努力。

(1)爱自己

常言道,身体是革命的本钱,有一个良好的身体,才能有基础读书学习做事情。因此,要爱国,第一重要的就是要爱自己,爱护自己的身体,否则一切都谈不上。作为在校大学生,我们不仅应该保有强健的体魄,同时也应该保持一个良好的心理状态。同时拥有健康的身体和良好的心理素质,是我们在校学习和以后从事工作劳动的前提和基础。在校大学生要保持身体健康,充满活力,就要养成良好的生活习惯并经常参加体育锻炼,增强体质和抵抗力。另一方面,也要强健自己的心理素质,凡事要抱着“不以物喜,不以己悲”的平常心,不应患得患失,只有这样,在面对困难、失败和挫折的时候,才能积极地应对而不至于做出错误的决定。要做到这一点,就要加强日常生活中的磨炼,遇事要多多思考,多读一些心理健康方面的书籍,同时加强与老师同学的沟通,不要自己心里有事就默默地承受,无端地加重自己的心理负担。

(2)爱父母

古语有言“百善孝为先”。一个人是否孝敬父母,是衡量其道德品质高低的基础,也是一个人为人处世的道德底线。如果一个人连自己的父母都不爱,不愿意孝敬他们,那还何谈他能热爱祖国,奉献社会。诗人孟郊在《游子吟》中写道:“慈母手中线,游子身上衣,临行密密缝,意恐迟迟归,谁言寸草心,报得三春晖。”诗中字字句句倾诉着母爱的点点滴滴。我们如今正沐浴着母爱织成的阳光吮吸着充满母爱的琼浆玉露。母爱伟大,父爱亦然,父母给予我们的是他人所不能及的无私的爱。父母给予我们生命,哺育我们成长,教育我们长大,没有父母便没有我们,当我们嬉戏于课堂之上,玩耍于操场,我们的父母却正为我们高昂的学费而不辞辛苦地奔波着,如此,我们还有什么理由不爱自己的父母,不为他们尽一份孝心。

案例链接

任月丽——“西单女孩”任月丽,一个普普通通的街头卖唱的女孩,之所以受到如此之多的关注,除了她身上有一种为理想而坚持不放弃的精神,或许更是因为这个女孩坚强的毅力和不怕吃苦的精神。这个来自河北农村的女孩,由于父母多病,为了减轻家庭负担,年仅16岁便孤身一人来到北京,用自己的力量支撑起家庭的重担。她在北京西单的地下通道一唱便是四年,风雨无阻。或许,我们的家庭环境并不比任

图 4-1-12 任月丽
（图片来源：http://image.baidu.com/i? tn = baiduimage&ipn = r&ct = 201326592&cl = 任月丽）

月丽差到哪里，但是我们不妨问下自己，我们是否也有像任月丽那样一颗勇于承担的心。

点评：父母，每个人都有，生我者父母，养我者也是父母。我们在校大学生更是应该注重对自己孝敬父母这一品质的培养，从生活中的点点滴滴做起，真正地关心父母，用自己的所思所想尽自己所能去爱自己的父母。

(3) 爱母校

相对于祖国来说，学校对于个人是一个小集体。在人的一生中，学校是我们每个人都要停留的地方。学校生活是我们人生中最美好的时光，它占去了我们一生中很大一部分。在学校里，我们学习知识，结交朋友，获得了人生中不可代替的宝贵经历。因此，作为在校的大学生，我们应该好好珍惜这难忘的青春岁月，热爱自己的学校、老师、同学。作为在校的大学生，我们要用心做好每一件与学校有关的事，因为学校就像我们的家，老师同学就像我们的家人，只要我们每个人都爱自己的学校，我们的学校和我们自己才能越走永远、越走越好。

案例链接

案例 1：科研路上的学术新星

高翔，男，清华大学生命科学学院 2007 级直博生。

他师从著名生物学家施一公教授，入学两年后即开始在《科学》、《自然》等顶级杂志发表文章；他曾作为中国的 30 名博士生代表之一受邀参加第六十届诺贝尔奖得主交流大会，受到相关领域权威学者的高度认可；他曾获得中国晶体学会颁发的大奖等众多荣誉。

2007年,高翔着手对AdiC蛋白进行研究,利用X射线晶体学技术以及相关的生化手段,试图解释反向转运蛋白AdiC是如何识别并运输底物。一年半的时间里,高翔尝试了多种不同去垢剂的组合,探索过各种不同的实验方式,进行了十几次去同步辐射,检测了上千颗晶体,终于找到了四种去垢剂的组合可以使AdiC的晶体衍射到较高的分辨率。2009年5月,《科学》杂志接收并发表了高翔的研究成果,使高翔站在了该领域研究的世界前沿。

点评:作为大学生,我们应该向高翔学习,在学习中注重学习的实践性,不能读死书,要培养创新意识,争取做出突破,为国家做出自己的贡献。

案例2:大学生创业的一颗星

李海星,男,中共预备党员,中南大学机电工程学院2009级硕士研究生。

他带领团队,拼搏创业,创办长沙恒润机械有限责任公司,获湖南省"挑战杯"创业大赛金牌。2010年,李海星研发的电动轮椅实现了产业化,在创业路上迈出了坚实的一步。

创业路上,伴随李海星的是艰难与执著。刚开始,只有简陋的厂房,简单的设备,可怜的资金。经过艰辛的打拼,他创办的长沙恒润机械有限责任公司资产已达400万元,办公面积500平方米,员工近30人。公司建立了研发、生产、销售一整套完整的体系。目前,仅电动轮椅车这一个产品,月产量可达70台以上,产值40万左右。

2010年4月,李海星与公司主创成员赶赴长沙市岳麓区敬老院,为敬老院的老人们送去自己研发的开福乐电动轮椅车。

定期去敬老院、残疾人服务机构看望需要帮助的人,为他们送去关心与爱心。

点评:李海星不仅在创业方面做出了很好的成绩,更为难能可贵的是他关注敬老院的老人,并送去慰问。我们大学生不仅要学习他的独立和坚强,更要学习的他的爱心和善良。

案例3:创新让寝室更精彩

复旦大学电子工程系2008级5023寝室,由徐健、卢元达、张侃、王新宇四名男生组成。寝室组建以来,他们积极实践、发展兴趣爱好,并始终秉持学以致用、为同学服务的理念,先后创作出包括"5023大讲堂"、"单词随意背"软件、寝室智能监控系统、复旦大学世博志愿者表彰大会灯箱在内的一系列科技创新作品,自制的寝室宣传片网络播放量已超百万次。

"5023"的生活就像真实版的《生活大爆炸》,他们用聪明才智制作了多项小发明,比如寝室智能监控系统、热水器定时节能系统等。2010年3月,在徐健的建议下,"5023"的四个大男孩开始录制《5023大讲堂》放到网上,向其他同学介绍专业知识,分享使用电脑的小技巧,如《紧急复原误删文件》、《Office实用技能集锦》等,十分钟一期,共制作了十期,在同学中引起强烈反响。

点评:这个时代需要创新,需要发明,这四名大学生和我们千千万万的大学生一样都是普通的同学,但是他们却做出了不平凡的事情,充分运用自己所学的专业知识,做到了学以致用,我们需要向他们学习。

案例4:服务西部　情系藏乡

豆本加,男,藏族,天津理工大学自动化学院2008级本科生。

豆本加的家乡在青海省的一个偏远山区,贫困的家境练就了他自强不息的性格。通过学习和实践,豆本加更加深刻地了解到地区间经济文化的差异,他感到家乡缺的是知识,是科技。他拿出自己的奖、助学金购买了1 500余册图书捐给家乡的中小学校,让家乡的孩子们能阅读到更多的书籍,获得更多的知识。

豆本加发现家乡灌溉条件极其简陋,他产生了为家乡修建一条水渠的想法。经过实地调查、多方查阅资料,他撰写了英文的调查报告,并在多方帮助下,为水渠项目筹款45 900元。水渠建成了,困扰村庄几十年的农田灌溉难题终于得以解决。他还积极募集资金65 000元,亲手测绘并帮助村民修筑了一条方便收割机作业的道路,使大型收割机终于在他的家乡落户。

点评:面临困难的时候,很多人都会选择退缩,尤其是看似不可能完成的任务,豆本加虽然生活在贫困的家庭,但是他这种自强不息的性格最终使其为家乡成功修建了水渠和道路,现在的大学生很多人都需要具备这种顽强的意识品质。

案例5:伴飞小雏鹰　六年不辍

郎坤,女,满族,中共党员,武汉理工大学管理学院2009级硕士研究生。

大一时一次偶然读报,郎坤看到了武汉农民工子女艰苦的求学环境。被称为"屋顶小学"的凌智小学建在江汉区的一个菜市场楼顶的平台。她决心帮助他们。经过与校方的17次沟通和实地走访后,郎坤组织成立了第一支义务支教团队。四年里,郎坤采取接力支教的形式,共招募了近170名大学生志愿者参与"屋顶小学"支教。

2008年8月大学毕业,郎坤参加了武汉理工大学第十届研究生支教团,奔赴贵州省黔南布依族苗族自治州龙里县进行为期一年的支教工作。工作之余,郎坤走访了全县全部14个乡镇、数十个村,130多名贫困儿童。一年来,郎坤共为留守儿童、农民工子女募集价值4万余元的物资。

六年来,郎坤坚持关爱帮扶农民工子女,服务时数累计达5 000余小时,帮扶1 400多人,走访行程超过1.8万公里。

点评:很多事情人们想到了,却没有去做。郎坤不仅想到了,而且还做到了,尤其是能够长期坚持做下去,我们大学生应该学习她这种持之以恒,不怕困难的精神。

案例6:一颗永不生锈的钉子

黄船钉,男,沈阳理工大学应用技术学院艺术设计系2007级本科生。2010年1

月27日，黄船钉为救一落水儿童，不幸遇难，献出年轻而宝贵的生命，年仅21岁。

黄船钉勤学笃行、奋发向上。他在自己的QQ空间这样写道："大学这段时间是最佳的学习时间，所以请你们放弃享受，努力地重塑自我，为以后的腾飞积聚力量。"黄船钉淳朴善良、乐于助人。

2010年寒假，黄船钉放假回到家乡宝鸡市。1月27日17时40分左右，正在驾校学习的黄船钉和其他4名学员突然听到呼救声，一名5岁儿童不慎落入近4米深的引渭渠中！情况万分危急！黄船钉等5名学员及附近群众搭起人梯施救，经过20多分钟的努力，男孩得救了！不满21周岁的黄船钉却消失在湍急的水流中。1月28日清晨，当黄船钉的遗体被打捞出水的时候，他的双手仍然保持着托举的姿势。

点评：人最宝贵的是生命，如果说比生命还要宝贵的那就是信念。黄船钉正是具备了这种崇高的舍己为人的精神，我们需要思考，当我们面对同样的情况时，会做出怎样的取舍！

第二节　母校 成长的摇篮

一、母校的精神

名言警句：母校就是那个你一天骂他八遍却不许别人骂的地方。

——李培根

(一)我的母校

1. 什么是母校

什么是母校？就是那个左看右看不顺眼，但还是要回来的地方。

什么是母校？就是你刚来的时候巴不得早点走，可真要离开的时候又急切地希望能多留一天的地方。

母校一词来源于日本，它是在20世纪初传入中国的，通常地人们把自己毕业或者肄业的学校称为母校。母校一词饱含亲切感，又易于被接受，后来在全国流行开来。

(1)母校是一种情感意向的浓缩

母校是青春的记忆和见证。母校留下了我们的青葱岁月，褪去了我们的青涩，让我们成长；母校是我们人生旅途中永远的港湾、坚强的后盾和永远的家。季羡林老先生曾说过："母校对一个人的成长有很重要的作用。任何人都是这样，他的成长离不开母校。”我们每个人都有母校情结，事业有成的人喜欢回到母校，将成功的喜悦告诉曾经培养你的老师们；即使事业上并不辉煌的人也喜欢回到母校，站在校园某一熟悉的角落寻找自己曾经的模样。就如同我们的相貌和姓名一样，母校是伴随我们一生而挥之不去的符号。当我们的记忆随着时间的流逝而渐渐淡去，当我们曾经的青春也随着时光幻化成令人唏嘘的惆怅，但关于母校的人、母校的事、母校的景的记忆却永不褪色；当我们长大成人，当我们天南海北，当我们鬓发如霜，我们依旧割不断对于母校的眷念，如同孩子对母亲般的依恋。

经典文学作品中不乏对“母校”这一情感意向的抒写，其中最著名的当为徐志摩的《再别康桥》：“轻轻地我走了，正如我轻轻地来；我轻轻地招手，作别西天的云彩。”轻轻地挥手与母校作别，不带走的云彩饱含诗人无限的眷恋，独特的意向、优美的意境表达了对母校依依不舍的心情。康桥即英国著名的剑桥大学的所在地，1920 年 10 月—1922 年 8 月，诗人徐志摩曾游学于此，康桥时期是徐志摩一生的转折点，而“康桥情结”也贯穿在徐志摩一生的诗文中。

(2)母校是一种集体经验的凝练

校园时光用时间换一个心底永远的记忆，那就是母校。每一位同学在进入校园开始大学生活，四年都是校园的相似经历。刚进入校园的稚气和军训时的坚持，寝室里的“卧谈会”和考试前挑灯夜战，食堂饭菜的独特味道和课桌、厕所上的信手涂鸦，体育场上的挥洒热情和艺术节上的比拼才智，校园角落美丽的邂逅和宿舍楼下痴情的表白，和同窗的畅谈、和师长的交流，毕业离校前的伤感等等。伤心、苦闷、冷落、孤独、纠结、郁闷是我们成长经历的过程；快乐、欣喜、幸福、温暖、欢聚是我们收获的结局，这一切都留在了校园的每一个角落。当我们回忆母校的一点一滴时，这些相似的经历让我们感觉亲切，无论我们来自五湖四海，无论我们走向天涯海角，这一份共同的集体经验连接着我们，这样一份对母校牵挂的情怀如同游子远走他乡时对乡音、乡情的激动和感动。

学生对母校某一校园文化或者价值观念的认同和接受的过程便是一个形成集体经验的过程，通过亲身参与校园活动过程，在活动中与母校的文化氛围有效互动进而形成的个人体验与集体经验的共鸣。在 2008 年“5 · 12”汶川大地震后的抗震救灾工作中，80 后大学生在灾难面前表现出来的社会责任意识形成了这一代学生在母校中独特的集体经验。从大地震发生的那一刻，四川大学锦城学院的赵紫东同学利用敏锐的新闻视角第一时间上传了自己拍摄的地震视频，向全世界传递了地震信息，成为汶川地震第一视频。地震后，全校学生在院领导老师的带领下从容应对并积极投入到抗震救灾活动中，义务献血、爱心捐款、自发的志愿活动等等，这样的场景、类似的场面，不断在街头出现，在菁菁校园中延展……在灾难面前，大学生们将青春融入血液、把理想存在心里，把责任担在肩上，学会感恩，珍惜现在。

(3)母校是一种教育人格的象征

我们每个人不能选择自然的故乡,但可以选择心灵的故乡,这就是我们的母校。母校给了我们做人做事的平台,充分发挥我们的兴趣爱好,让我们自我发掘、自我寻找、自我学习、自我成长。因此,母校是我们成长的摇篮、创造的源泉和心灵的故乡。

在大学校园,老师们用人类积累起来的文化成果,浇灌我们的智慧,培植我们的德行。在对知识的追求、对真理的探讨的过程中,我们享受着知识与智慧带来的无与伦比的乐趣,从而领悟宇宙的奥秘、人生的真谛。在大学这段宁静的时光,正是我们自由学习、充实自我的宝贵时机。在母校我们潜心钻研专业、博览群书、学习自己梦寐以求的爱好,学习为人处世之道,在毕业时候,我们能无愧母校的培养,能骄傲地告诉母校,这儿是我们人生梦想起飞的地点。

母校对我们的培养,除了知识技能上面的传授,更重要的是用人文、道德、情感的理念来塑造学生的精神世界和人格。母校给每个学生都打下了深刻的烙印,包括气质、性格、甚至举手投足。毕业之后,我们会在母校名称之后加上"XX 人",并以此为自豪,不同学校的毕业生在一起也常常聊聊彼此的不同。比如人们常会谈起,北大人是自由民主开放带有傲气,清华人是严谨勤奋稳重但活跃不够,人大人是务实活跃、社会活动能力强、政治素质过硬等等。

2. 母校的认同感和归宿感

(1)认同感和归宿感是感恩母校的基础

感恩的内涵,是指对自己之外的自然、社会、他人给予自己的恩泽和帮助,发自内心的认可并真诚回报的一种情感和行为。感恩本身便是一种认同,一种回报,也是一种钦佩,而对母校的认同感和归宿感正是感恩母校的基础。

母校认同是指学生对自己所读的学校产生的归宿感和荣誉感,是学生对所读的学校的历史来源、价值体系、学校校风的了解、理解;是对学校精神体系以及文化传统的自然接受和内化,是对学校的爱护和拥戴。母校认同对内表现为学生对学校办学风格、精神传承的理解和接受;对外则表现为学生主动维护学校名誉、维护学校尊严以及以学校为荣的自豪之情。在这样认同基础上,学生视母校为家,产生强烈的依恋、热爱、归宿感。

2011 年 11 月 11 日,"大学的文化自觉与文化自信论坛"在四川大学举行,会上学生代表、校团委学生副书记曾庆玺以《以母校精神气质强健川大学子的文化体魄——川大学子的文化认同与文化自信》为题,从一名学子的角度讲述了如何探寻母校的文化认同与文化自信,而这一点正是毕业学子感恩母校、回报母校的基本纽带,如果对自己的母校没有认同、没有自信,又何来归宿感,更难谈感恩回报。对大学文化的自信与自觉是现代大学的思想指针和价值凝聚,也是建构一流校风、严谨学风、严明教风的核心内涵。

中国青年报社会调查中心曾有一个关于“大学生对母校价值认同”的社会调查，调查数据显示当下的大学生对母校的价值认同越来越低。“毕业了，你还会对母校有感情吗？”不少受访的学生都表示对母校没有太多的印象，甚至只认为自己与母校“只是一场交易”而已。还有网友留言觉得“留念在学校同甘共苦的朋友，但对学校的感情不是很深。”在描述对大学母校的印象时，除了留恋和感恩外，“失望”、“和想象中不一样”、“没感觉”、“可算离开了”等词汇的使用率也相当高。高等教育问题研究学者熊丙奇认为，现在大学毕业生对母校的感情确实存在越来越淡的趋势，跟老一辈的大学生有较大的差别。这也反映出当前大学生感恩教育的缺失。无论我们母校的自然条件、人文条件如何，它都是我们成长的摇篮，是母校为我们提供了优越的学习环境，是母校使我们完成人生最美的蜕变，我们应该感恩母校；不会感恩的人是不能成为能承担责任的人。

(2)铭记校训精神是感恩母校的表现

校训是一个学校的灵魂，是学校历史和文化的积淀，是长期办学过程中形成的办学理念的集中体现，良好的校训是增强学生对学校认同的初步条件。我们要学会感恩学校校训对我们人生的启示，铭记校训精神并付诸实践即是在校学生感恩学校的一种体现，更是毕业学子将母校精神发扬光大的极好证明。

大学校训有着深厚的文化底蕴。清华大学“自强不息、厚德载物”、北京大学“爱国民主进步科学”、浙江大学“求实创新”、复旦大学“博学而笃志、切问而近思”、复旦大学“诚朴雄伟、励学敦行”、天津大学“实事求是”、中山大学“博学、审问、慎思、明辨、笃行”，南开大学“允公允能、日新月异”、四川大学“海纳百川、有容乃大”等，这些校训都体现出不同学校的不同的育人精神。如南开学校培养出了新中国两任总理，与南开系列学校“允公允能”的精神是分不开的。1934年，在南开创办三十周年校庆纪念会上，张伯苓先生正式宣布“公”和“能”为南开校训。“公”便是无私无我，“能”便是实干苦干。伯苓先生提倡“公能”教育，一方面是培养青年“公而忘私”、“舍己为人”的道德观念；另一方面则是训练青年“文武双全”、“智勇兼备”，为国效劳的能力。

校训对我们的成长成才具有重要的指引作用，绝大多数校友在毕业后多年回忆起母校对自己的影响的时候，都会谈到校训在人生道路上的指引作用。

(3)校友是母校一笔精神财富

母校是校友心中永远的精神家园，校友与母校之间具有“血缘”的亲情关系，这一不解情缘使得校友对母校有着无法割舍的归属感和认同感。

根据马斯洛需要层次理论将人的需要归纳为五大类，即生理和安全的需要，归宿和爱的需要，尊重和自我实现的需要。归宿和反哺是校友对母校的主要情感与精神需求。毕业校友与在校学生具有相似的教育背景和校园经历，易于学生所钦佩和认同，潜移默化地增强学生对学校的认同感，无形中也为在校学生树立起一座丰碑，激励学生树立“学习校友、为母校争光、感恩母校”的信念。

校友示范的方式多种多样，如成立校友基金会、组织优秀校友回校作报告、编撰校友刊物宣传校友事迹等等。其中，成立校友基金会是凝聚校友、关心母校、回报母校的一个重要平台。四川大学锦城学院校友基金会以“一点爱、一家人、一小时、一份力、一元钱”为理念，即校友为母校付出一点爱，关心在校学弟学妹的成长；为母校出一份力，花一小时，为在校学弟学妹们完成学业。学院院长邹广严教授在毕业典礼上曾对感恩母校有这样一段经典的诠释：“在这之前，你们还有两件事要做。一件是要感恩。感恩四年来，关心过你们、支持过你们、教育过你们的人们……给他们打个电话，发条信息，寄封感谢信，表达锦城学子‘滴水之恩当涌泉相报’的感恩情怀。另一件就是要和锦城校友会取得联系，留下你们的工作单位、电话号码和电子邮箱。从此之后，你们就是锦城的校友了。无论你是事业成功，还是普普通通，你们都是锦城的校友。锦城的校友想着锦城，锦城的校友回报锦城，锦城的校友代表锦城，锦城校友就是锦城！”

案例链接

爱真理也爱生活

大学的时光似乎转瞬即逝。此时此刻，大家有学业已成的欢乐与欣喜，也难免有同窗离别的惆怅与伤感；有走向未来的憧憬与忐忑，大概也有回顾过去的留恋与不舍。或许你们还在感叹文科图书馆的舒适便利，或是怀念“名厨进清华”带来的四方美味；或许你们还能记起入学时与家人在校园里的合影，而今天却穿上学士服，犹豫着究竟要摆一个什么样的雷人造型。——顾秉林，清华大学，2011 年

未来被华中大记忆

我知道，你们不喜欢“被就业”、“被坚强”，那就挺直你们的脊梁，挺起你们的胸膛，自己去就业，坚强而勇敢地到社会中去闯荡。亲爱的同学们，也许你们难以有那么多的记忆，也许你们很快就会忘记根叔的唠叨与琐细。尽管你们不喜欢“被”，根叔还是想强加给你们一个“被”：你们的未来“被”华中大记忆！

——李培根，华中科技大学，2010 年

让心灵在复旦展翅飞翔

一颗没有精神家园的心灵，不可能去思考自己生命的意义和价值，也就不可能对他人有真正的情感关心，对社会有真正的责任心。我们如此强调心灵，也是因为这是一所大学所能够给我们的学生最宝贵的东西。我希望每一个复旦人都知道复旦的追求，就是要使复旦成为心灵和想象力展翅飞翔的地方，我们大家都要奉献我们的心灵和想象力。

——杨玉良，复旦大学，2011 年

永远的重大人

亲爱的同学们，你们即将离开母校，各奔一方。“喊楼大战”上演最后的疯狂，“散伙宴会”两眼泪茫茫，“毕业留影”定格美好的回忆，“叫卖旧物”传承节约的风尚，无一处不流露出大家对大学生活以及老师和同学的眷恋与不舍。一朝重大人，永远都是重大人。请你们记住，无论你身在何方，无论你身居何职，当你成功时，请你告诉我们，母校会为你欢呼、与你分享；当你失落时，请你告诉我们，母校会为你分忧、为你祝福；当你思恋母校时，请你告诉我们，母校随时欢迎你，迎你回家看看。母校将是你们人生旅途中永远的港湾、坚强的后盾、温暖的家！

——李晓红，重庆大学，2012 年

敬业比专业更重要

图 4-2-1　毕业照

（图片来源：http://www.scujcc.cn/contents/31/1363.html）

在你们拥有专业能力、专业素质和专业岗位之后，敬业精神就显得更加重要了。南宋哲学家朱熹说：“敬业者，专心致志以事其业也。”敬业是在工作中全力以赴、使命必达的一种态度；敬业是在岗位上一丝不苟、尽职尽责，不做“差不多先生”的一种精神；敬业更是在困难中想尽办法，排除万难，坚持到底的一种信念。通俗地说，敬业就是积极努力，就是吃苦耐劳，就是早来晚走，就是少发牢骚多干活，就是全身心投入学习和工作，就是不怕一切困难完成任务。正如凤凰卫视行政总裁刘长乐所说：“天才的成就是上帝给的，普通人的成就是职业精神换来的。”那么，职业精神是什么？首先是敬业。敬业可以完成专业，敬业可以提升专业，敬业可以使专业更加专业！

——邹广严，四川大学锦城学院，2012 年

点评：毕业季校长致辞已成为每年 6 月高校的一道精神大餐，恩师们幽默风趣、

谆谆善诱的致辞成为母校送给毕业生人生最重要的礼物。

(二)我与母校话成长

1. 母校让我们幸福、快乐地成长

(1)母校为我们创造良好的成长环境

世界上最美的风景是什么?不同的人会有不同的答案,但在莘莘学子的眼中,母校无疑都是心目中的圣地,是世界上独一无二的风景。在探寻我们成长之路时,畅游其旖旎风光时,我们被母校自身的内在美和外在美所感动,这儿有深厚的文化底蕴、博大精深的文化积淀、古典与现代相融合的建筑物,这儿有知识的殿堂、思想的盛宴、师长的叮咛、同窗的心声。母校是一本厚重的书,只有当你置身其中的时候,你才能读懂她,一起饱览她的风姿、欣赏她无与伦比的魅力。

图 4-2-2　四川大学锦城学院

(图片来源:http://www.scujcc.cn/contents/29/2188.html)

无数毕业学子在谈及对母校的感受时,都会饱含深情地表达同一个心声:“我的身体是父母给的,精神却是母校给的。”母校给我们创造了良好的育人环境,身置这样的环境,我们耳濡目染、潜移默化。校园里的每一座教学楼、每一塑雕像、每一堵墙、每一块草地乃至每一株花都会“说话”;教学楼里的每一幅名言警句、每一张绘画写生、甚至一句温馨提示都可以激发我们的灵感;当我们漫步在校园的林荫小道,当我们沉浸在图书馆的书海里,当我们活跃在运动场的绿茵跑道上,我们愉快地生活在这里,在校园的每一分一秒,我们要用书本和墨香来充实我们的流年岁月。

美丽如画的校园环境是一本生动形象的教科书,丰富多彩的校园文化成了一副陶冶性情的艺术画,这样良好的环境是我们成长的沃土。在这样的环境中,自然有一种积极向上的氛围感染着你,促使你倍加努力地汲取知识的精华;浓浓的学习氛围激发我们强烈的求知欲望,并时时督促我们奋发向上;母校严格的管理、严谨的治学、良好的校风学风培育了我们踏实、认真、勤奋、细致的做人做事的态度。虽然生命的历程注定母校只是我们人生的一个驿站,但我们却从这儿获得了足以享用一生的财富。美丽的母校用智慧的手指,指引我们前进的方向;用鼓励的眼神激励我们奋勇拼搏,用温暖的手指抚平我们心灵的挫折。美丽的母校,您的春风化雨滋润了我们的心田,您的每一根银丝都见证了我们的成长,您的每一条皱纹,都深深地镌刻在我们心里。

(2)母校关注我们个体全面发展

母校如同我们母亲一样,从我们一入学就用关切的目光注视着我们,记录着我们每一步的成长。

当我们在跨入学校大门后,由于角色的转换、环境的更新、生活的改变,新鲜感过后,我们都会产生一系列的心理变化,当我们在为面临不同阶段的学习任务、人际困扰而烦恼的时候,当我们在对自己不自信、对前途感到迷茫的时候,是母校关注我们个体的全面发展,是母校给我们指明人生奋斗的航向,是母校给予了我们战胜困难的勇气和力量。

图 4-2-3　锦城学子

(图片来源:http://www.scujcc.cn/contents/29/2179.html)

什么样的教育才是最成功的教育,给予学生们一个平台的教育;什么样的母校最让学生难忘:学生在母校提供的各个平台上施展才华收获成长,学生在母校的怀抱中破茧成蝶。课堂讲坛是老师学者们传道授业解惑的地方,在这里,老师们将毕生所学毫无保留地教授给我们,不同风格的授课方式、不同的思想见解启迪我们的心智,孜孜不倦、奉献投入的精神感染着我们,“学高为师、身正为范”榜样作用影响着我们,

教会我们做人做事的本领。缤纷多彩的校园文化是我们挖掘潜能、发挥才干的广大天地。社团活动、课外实践、每个同学都在展示自己的才情和特长,每个人都在发挥自己兴趣爱好的空间,每个人都在扮演学生活动的主角。在母校,学生是校园的主人翁,一切的学校资源都为学生而配置,一切的工作重心都为学生而展开,一切的教育目标与措施都是为了学生的成长而制定。

在母校的精心培育下,我们一点一滴地成长起来。在母校我们受到了良好的教育和熏陶,我们也用行动书写母校的历史。在母校,我们从一个少不经事的毛头小子逐渐成长为成熟、干练、自信、自立的成年人;在母校我们学会了做人的内涵,有责任有担当、知恩图报;在母校我们接受了精湛的专业训练和广博的人文教育,学习了理论知识并掌握了运用知识的能力;在母校我们具备了走向社会的生存能力,为完成从“自然人”到“社会人”的成功转变做好准备。当我们再回首的时候,我们已能振翅高飞、搏击长空;当我们再回首时,我们饱含感激的热泪,感激母校的宽容和豁达给了我们宽阔的胸怀,感谢母校的严谨和自由磨炼了我们的意志,感谢母校见证了我们如凤凰涅槃般的成长。

2. 学生的成长和成才促进母校的发展

(1)每个学生是母校的名片

著名央视主持人白岩松曾在宁波大学的学术讲坛上对千万学子临别赠言:每个学生都是学校的名片,在校学生是如此,毕业校友更是如此。

学校培训学生的素质,学生塑造学校的形象。学校形象是任何一个学校宝贵的无形资产,它也直接关系到学校在社会认可中的知名度、美誉度,也关系到学校本身的发展。学生作为学校的重要组成部分,是学校形象最核心的展示,是重要的载体,是学校的名片。学校的形象包括硬件、校园设施、环境等有形部分和学校的办学理念、校园文化、校风等无形的部分。而学生是介于有形和无形之间,学生身上直接体现了学校形象的个性、价值观等综合特征,学生之间的凝聚力、责任感和使命感都决定了他们是否能维护学校的形象。同时他们身上的能力、水平、气质也标志上了母校的印记,凸显了母校的水平和能力。而遍布全部的毕业生更是母校流动的广告。社会公众对毕业生的评价从深层次上反映了学校在公众中的形象。

华中科技大学校长李培根教授认为,学生是学校最重要的“产品”,培养一批又一批好的“产品”是造福于国家民族、子孙后代的百年大计。学生作为一种特殊的“产品”,走上社会能否显现出与其他“产品”的不同和优秀,对个人、家庭、社会都有重要意义。一个学生经过多年的学习,可以用自己学到的知识为社会服务,为自己的发展奠定基础,为家庭带来欣喜和喜悦,这是无数家庭和社会所希望的。可以说每个毕业生都是学校的名片,他们的整体表现都在为学校作生动形象的宣传。不是只有清华、北大这些名校才能培养出优秀人才,实际上任何一所学校都可以有出色的学生,这些学生都可以给学校带来无限的荣光。同时学校关注学生的成长对于一个学校发展的重要性,为了让学生成长,学校会在硬件、软件等多个方面采取措施提高办学质量,学生受益于此自身的成长得到了很大的提升,同时这也促进了学校各方面的进步。

(2)毕业学子心系母校支持母校发展

岁月流转,改变的是我们的容颜,不变的是毕业学子对母校炽热的情怀。不管我们身在何方、从事什么职业,仍然心系母校的发展、感恩回馈母校。事业颇有成就、学术已有造诣的学子们或回母校讲学、为母校的发展献计献策,或为母校捐赠、成立奖助学基金;普普通通的学子们在自己的岗位上爱岗敬业,用自己默默无闻的付出让培育我们的母校感到欣慰。

香港信也集团创办人、东亚银行董事蒙民伟先生是抗战胜利后清华大学的首届毕业生,虽只受过清华大学两年的培养恩泽,但他对母校的情感却深厚绵长,时刻把母校的发展放在心中。他经过一番艰辛努力获得商业上的巨大成功,他对于清华事业发展的重要项目,一次又一次地慷慨解囊,直至生命的最后时刻。清华大学教育基金会副理事长、曾任常务副校长的杨家庆教授介绍,蒙民伟先生十数年间,对清华大学的捐款已经超过 4 亿元,除了资金支持之外,他把清华大学的事情当作自己的头等大事,把来自母校的师生当作终身挚友,他对清华大学的深厚情感和这种感恩的情结深刻地打动每一位清华人。同时他于 1984 年设立“信兴教育及慈善基金”以回馈社会,关注教育;在多个院校设立奖学金、资助修建教学楼、研究楼、图书馆等,大大提升了各校园的基础设施,令无数莘莘学子受惠。

二、大学是实现成长到成才的重要转折

名言警句:要有良好的社会,必先有良好的个人,要有良好的个人,就要先有良好的教育。

——蔡元培

(一)大学的含义及发展历程

大学的诞生是人类文明史上一种最具深远影响的文化现象,现代大学起源于欧洲中世纪,最早的中世纪的大学是以创立 12 世纪法国的巴黎大学、意大利的博诺尼亚大学为标志,而中国近代意义的大学始于 19 世纪晚期的清朝末年。

一般认为,西方的大学产生于中世纪,当时的教学科目主要是艺术、医学、法律和神学,中世纪的大学对西方大学的发展产生了深远的影响。

英国红衣主教约翰 · 亨利 · 纽曼对大学的理念有了一个系统的总结。纽曼认为

“大学是一种传授普遍性知识的场所”,大学的职能是教学,是为传授知识而设的;大学应该提供博雅教育和从事智力训练;大学教育的目的是训练良好的社会成员、提升社会格调。18 世纪末 19 世纪早期,德国教育家洪堡是为经典大学奠基起决定性作用的人物。他提倡大学应该有相对的独立性和学术自由,教学与科研的统一性,以及支持它们的通识教育等特征。20 世界初美国的教育学家弗莱克斯是现代大学教育的推动者,他认为“大学是一个复杂的有机体、是特殊的研究组织。”第二次世界大战之后,美国的教育家克拉克·科尔认为大学是多元化的巨型大学等。这些不同时期关于大学的理念都推动了西方大学的历史发展。

我国近现代意义上的大学是在向西方学习的过程中产生的,1895 年,天津中西学堂建立,后来改称北洋公学,或叫北洋大学堂,也就是现在的天津大学。1896 年,上海南洋公学建立。1898 年,京师大学堂建立。但中国的高等教育源远流长,西汉即开始设立太学、北宋起开始书院讲学。

大学何为“大”、何为“学”? 大学之为大,一有“大家”,二有“大师”,三有“大业”,四有“大度”,五有“大雅”,六有“大学生”。

“大家”,即思想解放、高瞻远瞩、勇于进取的大学校长。大学校长是教育家,是一所大学的灵魂和引路人,北大因蔡元培而兴,这也北大之幸也是中国之幸。在英文中大学校长和总统是一个单词(president),足见大学校长的地位和责任。“如果把很有造诣的教授称之为‘大师’的话,大学校长应该是‘大家’。他集大师的智慧与见识、大将的果断与坚毅以及教育家的魅力与艺术于一身”。

“大师”,即德高望重、造诣精深、诲人不倦的教授专家。“大学者,非大楼之谓,大师之谓也。”清华大学的老校长梅贻琦先生对“大师”这一精辟的解释早已家喻户晓。梅校长心目中的“大师”不但要“以己之专长之特科知识为明晰讲授”,而且还要为学生的“自谋修养、意志锻炼和情绪裁节”树立榜样。

“大业”,即环境优雅、校舍充足、设施先进、图书资料丰富的办学资源。一所大学的办学硬件条件是这所学校发展前行的必要保证之一。刚进入大学校园的新生跟以往的中学相比,对大学的第一印象往往是,大学的校园真大。一所大学常常也因它美丽优雅的校园环境成为一个城市的文化名片。

“大度”,即囊括大典、网罗众家、学术自由的大学内涵。北京大学老校长蔡元培先生曾说:“大学者,研究高深学问者也。大学者,囊括大典,网罗众家之学府也。”蔡元培先生提倡的“思想自由、兼容并包”不仅成为了北京大学的灵魂,也一针见血地指出了大学生命的真谛。

“大雅”,即博学厚德、求真务实、崇尚文明、美化人生的大学氛围。大学充满灵性和文化氛围,校园文化的魅力大器大象,使它彰显出无穷的生机和活力。

“大学生”,即风华正茂、全面发展、祖国栋梁的大学生主体。大学生既是高等教育的对象，也是大学校园的主体，需要全面发展自己，积蓄一种改造社会的后继力量。

大学教育最核心的理念就是教育，培养人的德行、浇灌人的智慧，促进、保护和增强社会的价值观念，这些永恒的价值正是大学永为它是“大”、“学”——“研究范围博大、研究学问高深、研究视野开阔。它保葆魅力的生命点，是‘大学之所以为大学’的生命之源”。大学之所以是大学，就因存、传递、创造与应用高深知识，使人类因此而走向智慧与光明前景；它胸怀宽广，大器大象，兼容并包，气度恢弘，充溢着一种大象无形的灵性氛围和神圣精神；它是人才的摇篮，也是人类智慧的摇篮。

（二）大学精神引领大学生成才

冯友兰先生在《论大学教育》中曾谈道：“一个真正的大学都是他自己的特点、特性。由于一个大学所特有的特征，由那个个大学毕业的学生，在他的脸上就印上了一个商标、一个徽章，一看就知道他是那一个学校的毕业生。”①这样一种独特的特质便是一所大学的精神所在，而我们也正是在大学精神的感召下，不断努力成长成才。

1. 大学精神的含义

大学精神是大学的独特灵魂，是大学的内在气质，在学校发展过程中发挥着不可替代的重要作用。大学精神是大学文化的最高表现形式，它赋予校园以生命、活力，具有巨大的感召力，陶冶师生情操、磨炼意志，使学校具有一种无坚不摧的力量。大学精神是一所大学表现出来的生命力、创造力和凝聚力的整体精神面貌，是一种独一无二、凝心凝力的精神品质。

世界知名大学都有自己独特的大学精神，这不仅是学校的一笔宝贵财富，也是大学独特魅力之所在，更是大学可持续发展的动力。牛津大学、剑桥大学、哈佛大学之所以成为世界著名学府和诺贝尔奖的摇篮，其根源在于它们始终保持自己独特的博雅教育传统，形成了博大恢宏、兼容并蓄、超然物外、追求真理的大学精神和品格。大学精神铸就了一所大学的个性和特色。例如，“自强不息，厚德载物”的清华大学精神，“兼容并包、学术独立、思想自由”的北京大学精神，“学为人师，行为示范”的北师大精神等。西南联大是中国大学的一段传奇，也是中国大学精神得到极致弘扬的典型。在国难当头、烽火连天的岁月，联大师生刚毅卓绝，肩负民族兴亡的责任，严谨治学、民主治校，充溢着一股民族精神的浩然正气；正是这样一种博大的精神让每一个联大人以校为自豪，众志成城共同书写了一段辉煌。

2. 大学精神的意义与价值

大学精神于大学本身而言，它首先是标志大学的理由，使得大学与其他类型、层次的教育相区别，有其独立存在的价值。大学精神于社会的进步来讲作用更是直接而显著的，一方面它通过培养人才满足社会发展的需要，另一方面它将引领整个社会

① 冯友兰：《论大学教育》，《三松堂全集》第14卷，郑州，河南人民出版社2001年版，第162－163页。

的风气向积极、健康的方向发展。大学精神更为重要的意义在于,它是大学生成长的沃土和人生的宝贵资源;大学精神不仅塑造了一所大学与其他机构不同的特质,更培养了大学生与他人迥异的精神气质。

(1)价值引导和目标引导作用

面对现在社会价值多元化和自由化,很多学生在入校后都会觉得迷茫,“上大学到底上什么”、“怎样才算是真正的人才”,大学生也正处于价值观、世界观的形成时期,如果没有正确的价值引导,大学生往往会发生认识的偏差。而大学精神正应当是大学生学校生活的主导精神。大学生精神为大学生成才确定了目标,并指引具体的成才路向。

(2)教育感化和精神激励作用

大学精神通过存在于学校的物质环境和精神环境来教育感化成长于其中的大学生,这种无声的教育滋润着学生的心田、精华思想和提高精神境界。同时大学精神当被内化为师生的道德规范和学术良知时,就会产生一种力量激励着大学生去扩展知识、追求真理。这种精神形成成为大家的动力,将“大学精神”薪火相传。

(3)大学精神是人生的宝贵财富

北京大学 90 周年校庆曾出版一本名为《精神的魅力》的纪念文集,该书以“精神的魅力”传神地概括了北大精神对北大人的深远影响。“精神的魅力”一词同样传神地描述了整个大学精神对于一代又一代的大学生产生的引领作用。因为大学精神的作用并不仅仅限于人的大学时期,在人的一生中无时无刻不受到大学精神的影响,因为它为人确立了一种基本的生活态度、形成一种健康的人格。大学生在校要学会做人、做事、做学问,而大学精神则是做人、做事、做学问的核心体现。这种做人、做事、做学问的精神将终身受用。

3. 大学精神的习得与践行

大学精神引领大学生成才,作为大学生的我们如何发现、领悟和践行大学精神呢?

(1)做有心人时刻感受大学精神

大学精神蕴含在整个大学的文化中。校训、校徽、校歌、校风、学风、口号、标语、各色活动等等都是大学精神的标志和展示。我们生活在这样一种校园氛围中,只要做一个有心人便会时刻感受大学精神的存在,时时会产生对这种精神的向往,也就会自觉或者不自觉地将大学精神的某些内容变成自己的行为取向,并使自己习得的大学精神在实践中逐步走向完整和成熟。

(2)做用心人善于领悟大学精神

大学是学习的殿堂,向大师学习是大学生习得大学精神的直接途径。在大学中,要有大师才称得上大学,大师受到大家的景仰,正因为大师就是大学精神的载体,是大学精神的化身。我们从大师的身上可以追寻大学精神的踪迹、感受到大学精神的感召。同时要博览群书、修身养性，“多读书其义自见”，多读书启迪我们的智慧，既可以习得大学精神，也是践行大学精神的过程。

(3)努力成才实现人生价值

努力成长成才是践行大学精神最好的方式，我们要了解大学精神对我们一名大学生成长的未来要求。我们在经过大学的学习要成长为具有通识背景的专门化人才、应用型人才，技能知识和人文素养要有机地结合起来，创新和实践结合起来，做人第一、能力至上等等。这都是大学生实现其人生价值的关键点，而这正是大学精神在学生身上的最好体现。

(三)我的大学

从大学生成才的角度出发来理解大学的含义，大学是人生中最后一次系统性地接受教育的机会，是学习一定专业知识和相关专业知识相结合的过程，是一个大学生在学习知识的同时心理不断成熟的过程，是每个人成长到成才的重要转折。大学对我们来讲，意味着很多“第一次”，也预示着很多“最后一次”。

1. 大学是我们独立的起点

进入大学，你第一次放下高考的重担，第一次开始追逐自己的理想和兴趣；进入大学，你离开父母开始集体生活，第一次独立参加社团和社会生活；进入大学，你第一次可以有足够的自由处理生活和学习中的各种问题……太多的第一次让你明白，大学跟高中不同，它是独立的代名词。

2. 大学是我们系统学习专业知识的过程

大学以知识为中心，大学提供专业教育，教给学生谋生的知识和本领。大学这段宁静的时光正是我们自由学习、充实自己的宝贵时机，这是一段集中精力塑造自己的成长历程。我们不仅学会和运用书本上的专业知识，我们还从师长前辈那里学到研究事物的态度、科学的思维方法和人生的智慧。从某种程度上，这比“专业”更为“有用”。

3. 大学是我们心理成人的场所

进入大学这个新环境，我们会面临很多的变化和挑战。大学课堂授课方式的灵活多样和学习方式的转变，生活环境的变化如远离父母的监督和照顾，和不同观念、生活方式、行为习惯的人相处带来的人际关系的变化，在“高手如云”的大学校园对自我认识的变化等等。这些变化和挑战都会给我们的心理成长带来一定的影响。在应对这些变化的同学，我们的心理也在不断地成熟起来。大学的使命在于既关心学生知识的获得，更重要的是注重学生的心灵成长、强调学生的心理成人。

案例链接

中国青年报刊登了一位同学的来信，写信的是江西农业大学的一名大三学生。这名同学在信中坦诚地诉说了他目前的迷茫和焦虑：他曾经是社会活动的积极分子，但忙忙碌碌之后又觉得失去了自我；他不愿意被动地为了就业去加入考证大军，但又常常担心将来找不到工作；他想按自己的意愿简单生活，可又不知道该往哪个方向走，找不到奋斗目标。在信中杜克海说道“老师，我有点害怕。我不知道该不该坚持自己想要的东西，也不知道是否有勇气坚持下去，不知道坚持了以后会怎样，不知道不坚持又会怎样，不知道怎样坚持，不知道坚持意味着什么。”

在李开复先生的大学生网站上，公布了这样一封大学生写给他的信。信中说：“我要毕业了。回头看看自己所谓的大学生活，我想哭，不是因为离别，而是因为什么都没学到。我不知道简历该怎么写，若是以往，我会让它空白。最大的收获也许是……对一无所有的忍耐和适应。”这封信的确道出了不少即将离开大学的大学生的心声，要毕业了还有人没有明白大学生活应该怎么过。大学期间，有许多学生放任自己、虚度先阴，还有许多学生始终也找不到正确的学习方向。

点评：每个学生入校后要合理规划自己的大学四年，树立远大的目标和可执行的方案，从被动走向主动，把“迷茫”消灭在萌芽状态。

第三节　为国争光 为母校添彩

一、感恩祖国 乐于奉献

名言警句：为什么我的眼里常含泪水？因为我对这土地爱得深沉。

——（中）艾青

——（法）卢梭

我们感恩祖国，是因为我们对祖国母亲有最深沉的爱；因为祖国，我们才有了明媚的阳光、温润的土壤、生命的甘泉；因为祖国，我们才有了悠久的历史、灿烂的文化、光辉的传统；因为祖国，我们才能独立、自强、奋发、前进。每个人可能有“三个母亲”来塑造他的品格，自然品格是母亲给的；民族品格是祖国给的；文化品格是母校给的。常怀感恩之心，我们才会存“立志—成才—报效”之信念与决心，用我们乐于奉献、尽职尽责的实际行动来诠释我们对祖国、母校的感恩之心。

(一)学习和工作 尽职尽责

1. 感恩—尽责—感恩

有一种品德叫感恩,有一种担当叫责任。在社会中,每个人都会肩负一定的责任,对家庭、对工作、对朋友、对社会,正因为这样那样的责任才会让我们的行为有一定的约束。心存感恩,就是让我们承担起报答恩惠的责任,只有懂得感恩的人才能肩负责任的重压。感恩意识和责任感,在这个社会上是相互影响的、相互推动的。

有句话是这样讲的"因为别人的爱,我们幸福的生活;因为别人的爱,我们感恩;因为别人的爱,我们爱别人;因为别人的爱,我们要承担生活的责任。"我们要学会感恩,在感恩中去对待周围的人和事,因为接受恩惠而感恩,所以应该更加负责。因为更加负责,我们会更加努力地改善我们身边的一切,从而使我们身边的人感恩我们的改善和付出,从而他们也会投入到"感恩—尽责—感恩"这样的良性循环中。

勇于承担责任,就是将我们内心的感动付诸行动。当奥运火炬在法国受辱时,海外华人勇护圣火,国内华人抵制法货,全球华人众志成城的爱国心表现得淋漓尽致。这就是每个中国人强烈的感恩祖国的情怀,表现出来的自觉爱护祖国名誉的高度责任心。感恩是水,责任是山,让我们心怀水一般的感恩,肩负山一样的责任,以振兴中华为己任、化爱国之心为报国之行,立足现实、投身实践,在学习和工作中爱岗敬业、兢兢业业,任劳任怨。

2. 全身心投入学习

学习是永恒的主题,全身心投入学习是学生的第一要务,作为一名大学生,必须把读书学习作为主要任务。

我们为什么读书?约在一个世纪前,有一个瘦弱的学生充满自信地说出"为中华之崛起而读书"的誓言,并用毕生的精力实现了他的诺言,赢得了全中国乃至全世界的敬重,他就是我们敬爱的周总理,而这一年周总理只有 12 岁。对于有抱负的有志青年,读书是"立志—成才—报效"的重要途径,我们为明辨是非而读书,为陶冶情操而读书,为坚守正义而读书,为感恩父母、感恩母校、感恩祖国而发奋读书成才。这样的豪情壮志并不是年少时的轻狂,而会随着人生阅历的增加而愈久弥香。

中学的时候,老师和父母总会告诉我们,大学是"自由的天堂,进入了大学就如同拿到了打开未来成就的保险箱的钥匙"。应试教育使得很多学生上了大学之后产生这样的误区,认为只要考上大学就可以松懈了,就不用再像中学生那样老老实实地坐在课堂上认真读书学习了;只要进入大学就可以松松垮垮地混个文凭。而正如很多教育专家指出的,中国大学生放松的这 4 年恰好是美国大学生最勤奋的 4 年,是积蓄人生能量的黄金 4 年。对一名大学生来讲,大学不全意味着自由,上了大学不等于是打开未来保险箱的钥匙,因为自由永远是相对的,而这把钥匙如果不常磨砺是会生锈的。

学会学习对于大学生来讲仍然是一个很重要的问题，尽管在这之前我们已经“学习”了很多年。大学的学习和中学的学习有很大的不同，比如说内容多了、自习多了、没固定教室了、讲课快了、老师管得相对少了等等。及时转变学习方法、适应大学教法和学习是大一新生适应新环境必然面对的问题。学会学习至少首先要从三个方面苦下工夫：构建合理的知识结构、掌握学习规律和学会管理时间。构建合理的知识结构，专业知识要精深，并掌握有关横向知识和综合知识，通识和专业相结合。掌握学习规律和特点，比如说文科学习的特点偏重于分析和理解，更多地强调自学、积极从事社会实践，理科学习的特点偏重于逻辑性很强，一般都要求有较好的数学基础、操作性强实验多。关心我们的时间，鲁迅曾说过：“时间，每天得到的都是 24 小时，可是一天的时间给勤勉的人带来智慧和力量，给懒散的人只能留下一片悔恨。”每个人每天的时间都是一样的，如果能利用好零碎的时间，时间是可以增加的；时间管理好的人是一个忙碌的人，忙而有序，忙而有效。尤其是大学生在校时间相对宽松和自由，如果你比别人多一点时间在学习上而非游戏上，你的成效是惊人的。制定一个适当的学习计划、合理分配时间和提高时间利用的效率对大学生来讲是非常重要的。

案例链接

美国学者加德纳在《大学生学习与生活全攻略》一书中说：“对任何一门课程，如果你要取得好成绩的话，就必须掌握三种技巧：听讲、做笔记和主动参与。”

学校和教师有责任指导学生学会使用科学的、行之有效的方法学习；有责任促使学生从“不爱学”到“我爱学”的转变，从“不会学”到“我会学”的转变。

四川大学锦城学院在全院范围内推介“十种学习法”，即预习设问法、系统认知法、参与互动法、合作学习法、温故知新法、学思结合法、学用结合法、循序渐进法、专注学习法、举一反三法。

学院 2008 级 ACCA 专业李彬获得“院长特别奖学金”“国家奖学金”同学以图书馆为家，全身心投入学习，采用多种有效的学习方法，大学期间顺利通过 ACCA14 门考试。三年来，她一直坚持每天早上六点起床，晚上十二点睡觉，中午从不休息，并坚持每天有不低于 8 小时的时间在图书馆学习钻研，图书馆已悄然成为她的“第二寝室”。

不管是掌握好的学习方法、养成良好的学习习惯，还是管理好我们的时间，这些都需要我们全身心地投入其中。世界上没有“天大的问题”，只有不够投入、不够努力造成的遗憾，今天的成就是因为昨天的积累，明天的成功有赖于今天的投入。全身心投入是尽责的体现、是感恩的体现，因为它们都是一种积极对待人生的态度，都能够帮助你最大可能地实现人生的价值。

点评：不管在什么专业，学习的本质都是一样的，掌握好好的学习方法、养成良好的学习习惯、学会管理时间，这都会让我们的大学学习充实而有效。

3. 全身心投入工作

当我们告别大学生活，从“学场”走向“职场”，开始我们的职业生涯的时候，我们开始从“‘全身心投入学习’向‘全身心投入工作’转变”。

很多人在抱怨自己经验不足，在抱怨工作的机械重复，在抱怨职场的疲惫等等的时候，往往是因为缺少全身心投入所致，投入首先是一种态度。在工作中，如果你能够常常比别人多走出一步、多投入一点，并渐渐将这种习惯应用于你的所有工作，你将会得到千百倍的回报。要获得经验的办法很简单，就是去经历一下、亲身投入其中。在工作中感到疲惫常常也是因为没有全身心地投入到工作中，没有感受到工作给予我们的快乐和享受。当你在工作中投入了巨大的激情，把自己完全融入到工作当中的时候，往往感觉不累，反而会觉得精力充沛。凤凰卫视行政总裁刘长乐曾说：“天才的成就是上帝给的，普通人的成就是职业精神换来的。”职业精神最重要的便是全身心投入工作、一丝不苟、尽职尽责。因为从来成功便没有捷径可走，除了投入还是投入。全身心投入意味着勤奋卓绝、意味着永不放弃，需有“头悬梁、锥刺股”的古人精神，也需有“不抛弃、不放弃”现代许三多精神。如今，很多人很欣赏乔布斯引领全球平板电脑风尚的魄力和魅力，他中途辍学自主创业的经历更是让人津津乐道，毋庸置疑，他是一个有天赋的人，但我更相信他是一个勤奋的人、专注的人、投入的人。专注是《乔布斯传》的关键词之一，乔布斯的成功在于他的专注和投入。

案例链接

说到徐悲鸿笔下的马，就如说到齐白石笔下的虾，傅抱石擅长勤山水一样。在徐悲鸿一生创作的各种体裁、主题的绘画作品里，无一不流露出他那犹如鸿雁哀鸣的激情和强烈的爱国主义精神。

徐悲鸿1919年到欧洲留学，有个洋学生向他挑衅说：“中国人愚昧无知，生就当亡国奴的材料，即使把你送到天堂里去深造，也成不了才。”这话激怒了徐悲鸿。从此，徐悲鸿怀着为我中华民族争光的坚定决心，刻苦努力。“有志者事竟成”，在他进入巴黎国立高等美术学校的第一年，他的油画就受到法国艺术家弗拉蒙先生的好评。1924年，他的油画《远闻》、《根望》、《策声》、《琴课》等在巴黎展出时，轰动了巴黎美术界。

1941年，“皖南事变”爆发后，徐悲鸿怀着一颗爱国心拿起笔来，用自己的方式痛斥蒋介石的倒行逆施。《怒猫图》的问世足已显示出他当时愤怒的心情：图中一只小老虎似的雄猫站立于巨石，竖起双耳，怒目圆睁，咬牙切齿，像要扑出纸面，跃跃欲试。

田汉还用遒劲的书法在画幅上做诗，对徐悲鸿爱憎分明的正义感给予褒扬。诗云："已是随身破布袍，那堪咽咽哨连宵，共睡鼠辈骄横其，难怪悲鸿写怒猫。"

点评：虽然我们生活的时代不同，但我们都受到同样的爱国教育，报效祖国、强我中华是我们每位大学生成才的强大动力。

图 4-3-1　徐悲鸿的爱国情怀（图片来源：http://www.artsbj.com）

（二）热心公益 身体力行

1. 识恩—感恩—施恩

恩情是联结人与人之间的一个良好的纽带，一个人只有懂得感恩才会铭记恩情、友情，才会铭记社会的培育之恩，回报他人、回报社会。首先要识恩，识恩是感恩的前提，我们每个人从出生到现在都是一个在向外界或者他人的索取的过程中成长起来，我们所获得的一切并不是天经地义、理所当然的。在这样一种认知的基础上衍生出来一种愉悦、温暖和幸福的情感，便是感恩的情感。施恩是人类的高级情感的需要，也是社会文明的表现，一个人不仅应当知恩、感恩，而且还应当施恩，应该怀着同情心、怜悯心、慈悲心去帮助他人；施恩是主动的付出，是不求回报的付出，"施恩勿念"、"施恩不图报"。

公益是有关社会公众的福祉和利益，公益活动是一种报答自己得到的恩惠、回报社会的活动。公益活动的范围很广泛，包括如社区服务、环境保护、知识传播、公共福利、社会援助、慈善、社团活动、文化艺术活动等等。公益活动的根本目的显示爱心、给他人提供帮助，积极参加公益活动是感恩施恩的体现，因为爱本身便是感恩的原动力也是感恩的根本内涵。以一颗感恩的心积极地投身公益活动，是我们爱的力量的凝结，是我们众志一心的力量。尤其是在经历了汶川、玉树抗震救灾的爱心感召之后，我们知道，奉献一份爱心，这是一份责任，一份感恩的责任，一份回报社会的责任。在内蒙古有这样一对年过七旬的平凡夫妇，有着近 40 年的老党龄，捐赠了毕生积蓄 30 万元用于资助当地的贫困学生。他们夫妇二人热心公益，常常为老弱病残上门义诊、减免医疗费、为社区贫困家庭捐款……其实他们并不是富裕之人，夫妇俩热心公益也并不是要为自己博一个好名声，"是新中国的成立和改革开放的好政策，让我家过上幸福安康的好日子。我们俩作为老党员，常怀一颗感恩之心，总觉得有责任回报社会。"

2. **大爱无声—志愿者精神**

词典里这样解释：志愿，就是志向、愿望和自愿；志愿者，就是自愿为社会公益、活动的人。起源于19世纪西方宗教团体慈善服务的“志愿者”，是指不计报酬，基于良知、信念和责任，自愿为社会和他人提供服务和帮助。80年代初，这一概念开始引入中国。但是真正让国人知晓何为“志愿者”是在汶川地震之后。“汶川地震，开启了中国的‘志愿者元年’”。在巨大的灾难面前，“以志愿者为代表的公民行动向全世界证明了，中国人如何懂得热爱自己的国家和民族，也懂得如何践行公民责任和普世价值。”

“背上行囊、带上干粮、怀着满腔热血，听从内心的声声召唤——到汶川去、到灾区去”，这是志愿者们的神圣使命。从繁华的城市、宁静的乡村直至寂寥的边疆、遥远的海外，无数的人以这样自发的姿态奔赴四川。从前往成都的飞机、火车、飞机上，满载数不清的志愿者们。从幼童到老人、从平民到富豪，学生、医生、工人、明星、企业家等等，在这个特定的历史时刻，年龄、身份、职业、地位、贫富等外在标签统统失去了意义，他们有一个共同的名字：志愿者。他们搬运救灾物资、护理伤残、走访灾民、心理辅导，他们没有报酬也没有名分却乐此不疲。很多“80后”、“90后”的青年志愿者让大家重新认识这“垮掉的一代”，许多青年一代也在这样的磨炼中，收获了宝贵的人生感悟。一位在都江堰担任志愿者的大学生在博客中写道：“这3天是我二十年来过得最震撼、也最有意义的3天，这段经历将是改变我一生的无价财富，它教会我开始思考生命的价值和意义，教会我关爱别人，也教会我感恩。”

在灾难面前，志愿者们自发汇聚成大爱的力量，大爱的火热温暖着每颗心，大爱的言行激发着每一个人，大爱的力量来自于一种伟大的精神——志愿者精神，自觉能动的自主性、勇于担当的责任感、扶危济困的慈悲心、无私奉献的牺牲精神。

3. **接过支教扶贫的接力棒**

“我愿做一滴水，我知道我很微小，当爱的阳光照射到我身上的时候，愿意无保留地反射给别人。”这是2004年“感动中国”十大人物之一、华中农业大学研究生徐本禹日记中的一句话。

这位22岁的小伙子一年前保留研究生学籍2年，志愿到贵州贫困山区义务支教。一年多来，他忍受着孤独和寂寞，用爱心精心栽培和呵护贫瘠土地上的花朵，用真诚和行动实践着一名当代大学生的社会责任和感恩社会的神圣使命。家境贫寒的他在幼小的时候受到过很多好心人的帮助，这让他从小就有一颗“当别人需要帮助的时候，伸出你的手”善良感恩的心灵，为了能够把爱心传递出去，本就生活拮据的他还频频向弱者伸出援助之手，并在大一的时候就立志帮助和自己一样贫困的孩子，以此回报别人的关心。在贵州山区支教的时候，徐本禹克服了难以想象的艰苦的生活条件，尽自己最大的力量帮助当地的孩子圆梦。当徐本禹的事迹被报道后，无数的

人因为徐本禹而感动,也因为感动而行动。始终心怀感恩的徐本禹,像一根小小的火柴点燃千千万万人的爱心。

还有很多这样徐本禹式的大学生,他们凭借着自己的信念搭建起一座桥梁,一面寻找缺少教师的农村学校,一面组建优秀的大学生支教团队,将两者连接起来。北京大学一届一届在读研究生,12 年来,在雪域高原、在大漠深山、在革命老区,展开了一次次支教活动,谱写了一曲曲动人的青春之歌。2010 年,18 位研究生接过学长传下的接力棒志愿到西部地区开展一年的支教扶贫。8 个月后,大家把自己收获的刻骨铭心的感受和体悟写成满满的三页纸装进信封,寄往中南海。胡锦涛总书记亲自给北大支教团的学子回信,在信中总书记希望当代大学生坚持把支教扶贫的接力棒传递下去,让更多的青年投身祖国西部的建设,报效国家、报效母校。

案例链接

图 4-3-2　温燕同学

(图片来源:http://www.scujcc.cn/contents/31/1363.html)

温燕,2007 级学生、院青年志愿者协会原副主席,以自身乐观积极、顽强拼搏、自强不息的感人事迹荣获 2010 年度"中国大学生自强之星"提名奖的荣誉称号及"团中央大学生自强奖学金"。2010 年 8 月,温燕同学积极参与抗击映秀特大山洪泥石流灾害,四进映秀。在救灾过程中,不畏艰险,不畏辛苦,去到救灾一线参与救援行动,事迹相继被 CCTV、中国新闻网、人民网、中国青年报等三十多家主流媒体重点报道。下面摘选部分来自温燕同学的志愿服务经历。

8 月 14 日，汶川县映秀镇发生了特大泥石流灾害，灾情发生后，大家都很关心灾区的情况，我也是每天都守在电视机前收看灾区的最新情况，可心里总觉得不够，总希望能够亲自到一线去，尽自己的一份力，当得知学院团委要组建大学生志愿者服务队赶赴灾区参加抢险救灾志愿服务工作的时候，我强烈要求参加。在我的恳求下，学院终于同意我带队参加此次行动。我们通过 QQ 群、论坛、志愿者博客等多种途径招募、挑选了 23 名志愿者组成四川大学锦城学院“抢险救灾红旗团”应急志愿者服务队，赶赴映秀。

我们是第一支进入映秀的大学生志愿者服务队。我们下车后不敢有半点儿懈怠，马上投入到工作中。在团省委和学校带队老师的指导下，迅速开展工作。不管是疏导组、后勤组、物资组还是在厨房帮忙做饭的志愿者，大家工作起来一点儿不含糊。8 月 22 日，天蒙蒙亮我们又往映秀进发了。这一天，我们又有了新任务——协同成都军区某装甲旅、武警四川总队第一支队、阿坝州消防支队、黑水、汶川民兵开展映秀新镇的清淤工作。8 月 25 日，我们 20 人又一次踏上了去映秀的路，依然我是队长。这一次的映秀之旅，对于我们大家来说，又是新的人生经历。我们一下车，就马上分组。这一次是三位同学留守四川大学生志愿者服务站，两位同学在组织部帮忙，剩下的同学要跟随其他志愿者上山排险。

在这次的救灾过程中，我们收获了人生中难得的精神财富和宝贵经验。我们所有的队员都是来自不同的年级、专业，之前并不认识，但是在这次志愿者活动中，我们亲如兄弟姐妹，我们一起流血流汗，收获了深厚的友情。也让我们重新理解了奉献、友爱、互助的内涵。让我们理解了人类力量的强大，面对自然灾害，我们绝不畏惧。

点评：燃烧自己的青春为志愿活动贡献自己的一份力，虽然平凡但却伟大。感恩的心，感谢所有人的帮助，将这样一份感激回馈他人、回馈社会。

二、热爱母校 珍惜校园生活

（一）规划好自己的未来

一个人若看不到未来，就把握不了现在；一个人若把握不了现在，就得不到未来。一个人的人生历程由若干个阶段组成，大学阶段是人生中最重要的阶段之一，如何从大一起就规划好我们的未来至关重要。

1. 让“遗憾体”不再遗憾

毕业季，一种“遗憾体”在网络间盛行，大量毕业生纷纷以这种方式缅怀即将逝去的大学生活，一时间手持各种“最遗憾……”字样的纪念照成为告别校园的一种独特的方式。

“大学里最遗憾的事就是没泡过图书馆，毕业未过四六级，减肥大业未成功，没谈过恋爱……如果只能说一个，就是凡事未尽力。”发自内心的遗憾，是对过去的言行进行总结与反省，对于每一个“遗憾体”的作者来讲，每一个遗憾都是真实的，因为无法从头再来；对于每一个旁观的人来讲，每一个遗憾都是宝贵的，因为那些都是前车之鉴，时时警示自己，把握每一个现在，不让光阴虚度，不让遗憾重演。

“遗憾体”风行校园和网络，虽有调侃意味，但却是在校大学生最好的警钟。每一个大学生要珍惜校园生活，规划好自己的大学生活，规划好自己的未来，确立目标并为之坚持努力奋斗。四年前，当我们迈进大学校园，初入象牙塔的兴奋夹杂着对未来的憧憬和希望，我们畅想未来、踌躇满志。但很快，我们开始迷茫，没有明确的目标、没有动力、没有行动。大一“彷徨”：整天浑浑噩噩，不知道自己要干吗，大把自由的时间不知道怎样安排。大二“呐喊”：开始奋起，有强烈证明自己的欲望。大三“沉沦”：思考总结三年来学到的知识，迎接人生另一个阶段。大四“朝花夕拾”：似乎只有在离别的时候才知道大学该怎么过。李开复先生在针对大学生中普遍存在的“迷茫、没有目标”等心理焦虑症候群，分析指出我们在上初中高中的时候，目标都是别人定好的，那就是努力考上大学，目标很明确、不会迷茫。进入大学之后，目标要由我们自己来定，自己去寻找、发现，明确自己的理想并积极行动起来，给自己一个目标、做最好的自己。

2. 凡事预则立

古人说：“凡事预则立，不预则废。”人生需要规划，因为生命短暂，没有时间走弯路。“你今天站在哪里并不重要，但是你下一步迈向哪里却很重要。”越早规划你的人生，你就能越早走到你想要到达的地方。

有这样一个励志小故事，讲的便是人生规划决定命运。有四只毛毛虫各自去森林寻找苹果吃。第一只毛毛虫终于来到一颗苹果树下，但它并不知道这是一颗苹果树，也不知道树上有苹果可以吃，就稀里糊涂地往上爬，也许它能够找到一个苹果幸福地生活，也许在树叶中迷了路过着悲惨的生活。第二只毛毛虫来到苹果树下，它知道这是棵苹果树也知道它的目标是要找到大苹果，但它并不知道大苹果会长在哪个地方；最后它以为自己找到了最大的苹果，放眼望去这个苹果确是全树最小的。第三只毛毛虫也来到树下，它知道自己想要的就是大苹果，还准备了一个望远镜，先用望远镜望了一番，知道大苹果在哪儿；同时它还找到很多分支上去，尽管它有自己的规划但行程太慢，等它上去的时候苹果不是被别的虫捷足先登，就是已经烂掉。第四只毛毛虫不是一只普通的虫，它做事有自己的规划，它带着自己研制的望远镜，它的目标并不是一个大苹果而是一朵含苞待放的苹果花，它计算着自己的行程，估计它快到的时候，苹果刚好成熟，结果它如愿以偿得到一个最大的苹果，过着幸福的生活。

其实我们的人生就是毛毛虫，而苹果便是我们的人生目标，爬树的过程就是我们职业生涯的道路。规划决定未来，有什么样的规划决定什么样的人生。要想得到自己喜欢的苹果，想改变自己的人生，就要先从改变自己开始，做好自己的规划，包括大学四年生涯规划，也包括我们毕业后的职业生涯规划，做第四只毛毛虫。

哈佛大学曾对一群智力、学历、环境等客观条件都差不多的年轻人做过一项长达25年的跟踪调查，调查内容便是规划对人生的影响。25年后，3%有清晰长远规划的人几乎从未曾改变自己的人生目标，最后他们都成了社会各界顶尖的精英人士。10%有清晰短期目标的人生规划者，大都生活在社会的上层。另外87%的人生规划模糊的人，几乎都生活在社会的最底层。命运掌握在自己手里，要想实现自己的理想，就先要从改变自己开始，做好自己的人生规划。尤其是大学生在校的四年要为以后走入职场做好充分的准备，确立自己的规划，并努力为之奋斗。被青年人称为“一代人生导师”的新东方教育科技董事徐小平，曾说过这样一句话：“不做人生规划，你离挨饿只有三天。”

3. 目标与行动

成功的道路是目标铺出来的。一位哲人曾说过：“伟大的目标构成伟大的心灵，伟大的目标产生伟大的动力，伟大的目标形成伟大的人物。没有远大的目标会使人失去动力，没有具体的目标会使人失去信心。”我们每个人要有人生的目标，一个时期的目标，一个阶段的目标，一月的目标，一周的目标，甚至一天的目标。心理学上有这样的结论，当我们的行动有了明确目标的时候，并能把行动与目标不断地加以对照，进而清楚地知道自己的行动进度与目标之间的差距，人们行动的动机就会得到维持和加强，就会自觉地克服一切困难，努力地达到目标。

大学生应该怎样根据自己的实际情况，规划好自己的大学生活，有长远目标也有短期目标，并付诸行动。大一为适应期，这一年你要对自己的专业有所了解，可以通过与老师、辅导员、学长学姐的交流来了解，在随后的三年应该怎样合理安排。大二确定方向，掌握扎实的专业知识。可以通过自我分析等方法了解自己的职业倾向，有针对性、侧重地学习。大三为冲刺期，临近毕业，是选择求职还是继续深造，这个时候要有一个决定，这样才能在大四的时候放手一搏。在这样一个过程中，我们会遇到很多的困难，我们应发挥我们的激情青春，去拼搏自己的未来。大学是我们为自己未来打基础的地方，抓住机遇、付诸行动，不管遇到怎样的挫折我们都要努力去克服，为自己的精彩未来去拼搏。

（二）丰富、充实和提高自我

1. 培养情商学会励志（学会做人）

情商它主要是指人在情绪、情感、意志、耐受挫折等方面的品质。汉语意思是“情绪智慧”，又称“情绪智力”，主要包括5个主要领域：了解自身情绪、管理情绪、自我激励、识别他人情绪、处理人际关系。良好的情商能给我们带来健康的身心、和谐的人际关系，能使我们正确地认识自我，适应社会的竞争，情商是一个人有效生活、学习和工作的保障。

在大学生群体中经常流行一个词“郁闷”，这也从一个侧面反映出大学生不善于表达情绪、情绪波动比较大、时常感到郁闷、矛盾。“郁闷是一种笼统的心理亚健康情绪的反映，大学生郁闷如果长期积累，肯定会给自身成长带来不利影响。”中国大学生心理咨询委员会委员沈健教授这样说。美国著名情商培训专家摩里·克里斯汀说：“情绪是我们心中的一片海洋，高情商者收获丰富，低情商者自我埋葬。”因此主动认知和管理情绪对我们成长是很重要的。

首先要拥有健康的心态，情绪好的人接纳自己，接纳自己是对自己的优缺点和所处境遇欣然接受的一种态度。在接纳自己的基础上，锻炼自己，让自己充满自信，当我们自信满满的时候，就会乐观看待周围事物，事事顺利。当我们在某些情况下，负面情绪、极端情绪较强的时候，一定要学会理性管理，冷静沉思、改变思维、适当宣泄，如写情绪日记宣泄压抑的负面情绪。有效控制不良情绪，营造良好的心境，增强抗挫折能力，当我们遇到挫折和困难时，正视挫折，坦然接受它们。生活中有太多的逆境，但我们需要有一颗感恩生活的心，学会感恩让人心态平和，才能获得发自内心的快乐。生活是面镜子，学会感恩，对生活时时保持，生活也会还你微笑。多阅读优秀读物，尤其是人生励志类的书籍可以唤起人们乐观向上、积极进取的美好情感。学会与他人相处，培养友情，培养自己的表达能力，在校期间多争取实践锻炼机会，只有学习与协作才能增加你的情商，提高与人沟通的能力。

2. 学会自主学习和独立思考(学会做学问)

读大学，我们到底读什么？读大学，我们要学会学习、学会做人、学会做事、学会做学问，我们要读课堂、读老师、读图书馆、读同学、读自己等等。在大学，学习仍然是永恒的主题，如何真正学会自主学习和独立思考。

大学里“学习”的内容是包罗万象的，只要你有心，什么都可以成为学习的对象：专业知识、实践能力、做人做事、日常生活等等。大学的学习也是独立自主的，也是多元开放的，首先我们培养自己自主学习的能力。在大学四年，要学会从一个被填充知识的人，变成自学知识的人；要从中学时代的被动学习，变为主动学习。《燕园时报》有这样一句话：一个人在大学阶段若培养起了自主学习的兴趣和能力，找到了真正吸引自己的学科方向和问题领域，那么，他的大学教育可以说是出色地完成了。”充分利用图书馆和互联网，培养独立学习和研究的本领，为适应今后的工作或进一步的深造做准备。除了学习老师规定的课程以外，我们一定要学会查找书籍和文献，以便接触更广泛的知识和研究成果。例如，当我们在一门课上发现了自己感兴趣的课题，就应当积极去图书馆查阅相关文献，了解这个课题的来龙去脉和目前的研究动态。熟练和充分地使用图书馆资源，这是现在大学生必备技能之一。其次，在书本之外，互联网也是一个巨大的资源库，可以借助搜索引擎在网上查找各类信息。自主学习“八勤”：勤于上课，勤于预习，勤于笔记，勤于思考，勤于提问，勤于复习，勤于阅读，勤于创新。

3. 积累个人核心竞争力(学会做事)

我们每个人大学毕业后都要走向社会，接受社会的检验，现在社会越来越看重的是能力，在校期间从各方面积极锻炼做事的能力，为以后事业的成功积累个人核心竞争力。如果我们能以自有的专长、丰富的知识、卓越的才能、不断创新的精神给社会或者企业带来较大的价值，那么我们也就赢得了个人核心竞争的优势。换句话说，个人核心竞争力即是我们在利用大学期间为以后的职业技能和职业素质所做的准备。

理性的自我认知，了解我喜欢的是什么、我的实力和优势在哪里、我还需要做哪些准备等等；在这个基础上对自己形成一个正确的自我评价，给自己一个合适的定位。尽早建立职业准备意识，善于给自己的生活做出计划的人往往比较勤奋、进取。没有做准备的意识就不清楚自己的面前将有多少任务要一步一步地完成。在实践中完善自己的能力结构，自我发现与设计在能力上做好充分的准备，并积累实践财富。在实践中学会做事，学会从小事做起，细节决定成败。很多刚毕业的大学生常常自以为是，只想马上就拥有一份光鲜亮丽的工作，不愿意或者不屑于到基层做最平凡的小事。其实“工作无小事”，只有做好每一件小事，才能在工作中积累经验；只有踏踏实实地做好每一件小事，才能在做事的过程中找到乐趣。脚踏实地，避免成为浮躁贪婪的人。不要认为可以侥幸成功，这种成功即便得到了也是短暂的。正如乔布斯一生的座右铭：求知若饥、虚心若愚，脚踏实地方可收获成功。

三、学有所成　回报母校

1. 我为母校添光彩

首先我们要知校情、晓校史。爱校从了解校史、校情开始。一个学校的历史存在于什么地方呢？在书面的记载里，在建筑的实物上，但它同样存在于我们的记忆中。我们铭记校史、知晓校情，母校更具体、生动，甚至惊心动魄地存在于我们的记忆中。

季羡林先生在母校北京大学九十华诞的时候，为北京大学为纪念建校九十周年所编辑的《精神的魅力》一书作序。季老先回顾北大九十年的历史，“九十周年是一个很长的时期……我们的校史，还有另外一种计算方法，那就是从汉代的太学算起。……这样一来，我们的校史就要延伸到两千来年，要居世界第一了。”①在此书中收集了如梁漱溟、冰心、冯至、费孝通等知名大家的多篇忆北大精神的美文，他们深深地爱着自己的母校，母校像一块大磁石吸引住他们的心，让他们那记忆的丝缕永远同母校挂在一起。北大学子们身上秉承了“科学、自由、民主”的北大精神，在自己的岗位上

① 季羡林：《精神的魅力》，北京，北京大学出版社，1988。

对祖国的建设事业作出了自己的贡献，不管走得多远，他们懂得梦永远萦绕在未名湖畔。正如一句诗所描绘的那样“你无论走得多么远也不会走出了我的心，黄昏时刻的树影拖得再长也离不开树根。”

很多学校在新生入学的时候都会有一个“校史教育”，包括参观校史陈列馆、举办校史讲座、开展校史知识竞答、校史主题交流活动，同时也有对学校“校风、学风、校训”等相关校情的深入讲解等等。这能激发学生对母校的关注、关心，他们的使命感、自豪感和热爱母校的集体荣誉感会油然而生，如此的爱校情怀会伴随着学生的一生。

其次我们要主动维护母校名誉。主动维护母校名誉是每一个在校或者毕业学子应尽的责任。在我们的人生履历的表格上，有两样标志性的事物会一直陪伴我们，一个是我们的出生籍贯，另一个便是我们的毕业院校。在校的时候，也许我们对母校有诸多抱怨，这样的抱怨是善意的、是关怀的。但是很多时候因为不了解往往容易产生误会，因为误会往往又容易以讹传讹。当他人恶意中伤我们的母校时，我们不能坐视不理，更不能毫无理智地附和，我们要第一时间勇敢地站出来维护母校的名誉。这正是根叔所讲“什么是母校？就是那个你一天骂他八遍却不许别人骂的地方。”

再者，我们奋斗的动力源于回报祖国和母校。母校，是我们成长的摇篮，更是我们眷恋的精神家园。我们走出校园身负着母校的重托，满怀豪情，奔向祖国的四面八方；我们用智慧和汗水，为母校增光添彩。在学习上以勤奋创新、如饥似渴的精神，孜孜不倦地学习知识；在生活上，要提倡艰苦朴素、勤俭节约；在工作上，要自力更生，奋发图强，不怕困难地去完成各项任务，到祖国最需要的地方去，到改革和建设的第一线去，到艰苦的地方去。

2. 事业有成 回报母校

校友情结是我们对母校的一种深厚感情，从某种意义上讲，校友情结是以感恩母校为基础，是情感和思想性的交融。

美国密歇根大学校友会前执行董事罗伯特·弗尔曼曾说：“谁将给校友提供永久的支持？答案是‘校友’”。校友对母校有一种天然的学缘联系，校友一生中最美好的时光在大学中度过，学到了专业知识，甚至改变了自己的命运，校友在学校生活和成长的历程一般都会使校友对母校产生深厚的感情。踏入社会之后，这种母校情结强烈地表现出来，他们总是希望用某种方式报答母校，为母校的发展做贡献。

钱学森，中国航天之父，12 岁考上北京师大附中，18 岁求学上海交通大学，80 载母校情深，他用一生的时间诠释了心底的家国情怀，延续着与母校绵长的缘分。钱学森晚年回顾成长经历的时候曾说，在他一生的道路上，在师大附中和萌生了为中国人争气的豪情壮志、勇于攀登科学技术高峰的顽强毅力。在上海交通大学就读的时候，成绩优异多次受到校级表彰。1989 年 11 月，1934 届学生举行毕业 55 周年纪念活动，钱学森回顾了他在上海交大生活的5年，称赞交大“把麻省理工学院搬到中国来了”。钱学森关注母校的发展，思源爱校，一往情深，不时为母校带来指导和建言。学子的荣耀也是母校的荣耀。在2009年4月举行的建校113周年庆祝会上，钱学森荣获上海交通大学“杰出校友终身成就奖”。

校友捐赠是回报母校的重要方式之一，一般包括如捐献、捐建纪念性的教学楼、图书馆，捐赠资金、图书或者实验器具等等。对母校内心深处延绵不断的特殊感情是校友捐赠的内在动力。校友对母校有终生的义务，校友是母校坚定的支持力量，源于他们对于母校的爱。

对母校的回馈和捐赠在很大程度上也影响其他校友（包括在校校友），激励广大校友心系母校，关心母校的建设和发展。哥伦比亚大学有座校友捐赠的“大学灵魂之母”，现在已经是学校的象征，每年毕业典礼，毕业生都在这尊雕像前行礼和庆祝。由于这种深厚的校友情结的存在、传承和不断积累，使蕴藏在广大校友心中的资源能够转化为现实的为母校发展的宝贵财富。

捐赠的多少并不能作为校友对母校热爱程度的标准，这片心意是物质金钱不能衡量的。1937年走进哈佛大学的校友德怀特·泰勒曾说：“哈佛给我一个教育的经历，完全改变了我的一生，而且还给我一些一生美好的朋友；要是捐给哈佛5 000万美元，我当然不能因此感到优越，因为它仍然不能偿还哈佛为我所做的一切。”校友文化不完全等同于校友捐赠，如果过度地关注校友捐赠的金额，甚至设置过高的标准，那这样就失去了校友感恩回报的最初意义。有句俗话这样讲：有钱出钱、有力出力，有钱的捧个钱场、无钱的人捧个人场。不失时机地为母校叫声好，这也是一种贡献、一种回报。

关注母校的发展是每一位校友的责任，怀着对母校的深厚感情，许多校友利用他们的社会影响力和人际关系，为母校的发展拓展渠道、牵线搭桥、出谋划策。还有很多参加工作后的校友希望再次回到学校继续接受教育，同时，母校也希望校友能回到学校，提高校友对母校的凝聚力、向心力，以感染、激励在校学生。校友的奋斗之路本身便是母校一笔宝贵的精神财富。

案例链接

感恩母校、回馈母校，我院土木与建筑工程系2006级土木工程专业何峰校友，近日为母校奉上一份力所能及的心意，向校友基金会捐款200元。对于毕业不到一年的2006级校友来说，这笔数目不大的捐款倾注了他对母校深深的眷恋和无限的感激，是为四川大学锦城学院的建设和发展出一份力，为帮助学弟学妹在锦城学院求学成才献一点爱。

何峰同学在校期间有自己明确的目标和行动。“业精于勤荒于嬉，行成于思毁

于随”是他一直坚持的座右铭。大一、大二打好学习基础以及多在学生组织里面锻炼，提升自己的综合能力；大三在专业上多下工夫，大四就专心找份好工作，做好毕业设计。在大三的时候，他便经常在网上投放简历，并参加了很多招聘会，累积经验。虽然都是失败而返，但他却把这当作是成功道路上必须经历的磨炼，不断地总结着经验教训，以此激励自己更加努力。皇天不负有心人，在一次学校组织的华西集团招聘会中，他过硬的专业素质和良好的现场发挥博得了华西集团的青睐，华西集团上海公司向何峰伸出了橄榄枝，并最终与他签订了就业合同。

在工作单位，何峰同学利用在校所学的专业知识和平时练就的综合素养，已经成为企业骨干员工。在2010年7月至2011年1月负责上海诺雅克电器生产基地项目的现场施工管理，该工程荣获“上海市优质结构工程”；2011年1月至今，担任公司上海美兰湖硅谷中心高尔夫别墅工程项目的现场施工主管，独立管理一支200人的施工队伍。

何峰同学心系母校，作为一名已毕业的锦城学子，不管与母校相隔有多远，心中都时刻关注母校的发展与变化，并且将这份情感换作实际行动。他主动担任了学院校友基金会理事、2006级毕业生干部联谊会秘书长，并且正在积极筹办四川大学锦城学院校友会上海分会，担任上海分会会长。

点评：校友是每个学校宝贵的一笔财富，关注学校的发展也是每位校友应尽的责任，守护母校，关注母校，与母校共荣辱共进退。

思考与练习

阅读书目

1. 吕思勉. 中国通史. 西安：陕西师范大学出版社，2010.
2. 罗伯特·柯里尔. 秘密. 北京：中国华侨出版社，2008.
3. 李开复. 做最好的自己. 北京：人民出版社，2005.
4. 长安遥遥. 读大学怎么读. 武汉：武汉出版社，2010.
5. 石磊. 世界上最佳的感恩美文. 武汉：华中师范大学出版社，2012.
6. 张寄谦. 联大往事. 北京：新星出版社，2010.
7. 洛厄尔. 哈佛校长毕业演说辞. 北京：电子工业出版社，2013.
8.《先生》编写组. 先生. 北京：中信出版社，2012.

思考题

1. 对于你自己来说,祖国和母校意味着什么?

2. 作为当代大学生,应该怎样把感恩母校和感恩祖国结合起来,用实际行动践行感恩呢?

视频链接

1. 航天员景海鹏感谢祖国

图 4-4-1 航天员景海鹏

(视频链接:http://tv.sohu.com/20120629/n346865137.shtml)

2. 在地震中失去双腿的"最美舞者"廖智的演讲

图 4-4-2 美丽舞者廖智

(视频链接:http://tv.cntv.cn/video/C16741/780d3b077a444f6099b4845734244ec8)

案例讨论

著名华人导演李安今天获母校台湾艺术大学颁发荣誉博士学位。李安说,回到

图4-4-3　李安

（图片来源：http://pic. sogou. com/pics？ query = % C0% EE% B0% B2&p = 0504&dp = 1&di = 2&_asf = pic. sogou. com&_ast = 1393942463&w = 05009900）

母校让他百感交集，“这是我最钟爱的一所学校，学校生活是我最珍惜的一段时光”。据报道，34 年前从台湾艺术大学（原台湾艺专）毕业的李安，30 日上午重返母校，穿上博士服，由校长黄光男颁授台湾艺术大学荣誉博士学位。获得母校荣誉学位，李安提醒后辈，人生是不断学习。他说：“我从没有一天觉得我学够了，我们一直在应付眼前的状况，试着跟上脚步，失败是我最好的老师。”他也强调，教育不是人生的过程，而是人生的目的。

图4-4-4　张金麟

（图片来源：http://today. hit. edu. cn/articles/2007/12 – 29/12152223. htm）

中国工程院院士张金麟在哈工大 90 周年校庆之际，重返母校，做客“90 周年校庆 90 周年讲坛”。对于母校“规则严格功夫到家”的校训，张金麟有着自己的体会，尤其是扎实的基础课，是他在母校最大的收获。回顾在母校的经历，张金麟说道“无论走到哪里，那种集体荣誉感都一直激励着我，为了集体的荣誉，我要不断地走下去。

思考问题：

请谈谈对校友工作在感恩母校中的重要性。

热点讨论

1. 成都晚报为其不实报道向四川大学锦城学院道歉

2013 年 11 月 1 日，《成都晚报》在其第六版发表了名为《川大锦城学院奇葩校规 大学生上课必须背书包》的报道，该报道捏造事实、文风轻佻，致使社会部分不明真相的群众对该院产生了负面评价，降低了学院的社会声誉，引起该校师生的强烈愤慨。11 月 8 日上午，成都晚报编委李雷率领当事记者来校对该报道对锦城学院造成的负面影响诚恳道歉。

母校声誉和荣誉是学生的第二生命，我们应该倍加珍惜和保护。爱惜学校荣誉就是爱惜自己的前途。

2. 湖北省政府奖励李娜 80 万元引争议

李娜回国后领受湖北省政府奖励 80 万元的照片今天出现在各大网站上，李娜冷淡的表情看似并不乐于领受这份奖励。很多网友形容这一幕为“热脸贴了冷屁股”，有业内专家指出，这尴尬的一幕是对中国竞技体育的一个警醒，别再以体制内的惯性思维去看待职业体育，物质奖励对于职业运动员来说，只是最低层次的需求，对体育精神的实践、对自我价值的实现才是职业运动员更高层次的追求，而这些，却是“拜金主义”主导下的中国竞技体育最欠缺的。

李娜不情不愿“被奖励”的一幕在网络上引发质疑，“这样用纳税人的钱，有审批渠道吗?”、“李娜不缺这 80 万元，把钱用在急需的地方不更好吗?”、“除了金钱奖励，就没有别的向李娜祝贺、致敬的方式吗?”

思考问题：

1. 作为当代大学生我们应该怎样主动维护母校的荣誉，用实际行动感恩母校?

2. 如何看待李娜领取奖金事件?

3. 你认为领取政府颁发的奖金需要感恩吗?

践行建议

1. 在校期间规划好自己的大学生活，有目标有行动，合理分配管理好时间，让自己成才是对祖国和母校最好的回馈。

2. 毕业后努力成为对社会有用的人才，为祖国和母校增光添彩，传承中华民族的优良美德并发扬母校的光辉传统。

参考文献

[1] 许慎.说文解字(现代版)[M].宋·徐铉,校.王宏源,勘.北京:社会科学文献出版社,2005.

[2] 刘向.说苑·复恩[M].向宗鲁,校.北京:中华书局,1987.

[3] 孔丘.论语[M].张燕婴,译.北京:中华书局,2006.

[4] 刘向.战国策[M].缪文远,译.北京:中华书局,2006.

[5] 潘岳.潘岳集校注[M].董志广,校.天津:天津古籍出版社,2005.

[6] 胡平生.孝经译注[M].北京:中华书局,1996.

[7] 万丽华,蓝旭.孟子[M].北京:中华书局,2006.

[8] 王国轩,王秀梅.孔子家语[M].北京:中华书局,2006.

[9] 梁启超.新民说 [M]//梁启超.饮冰室合集:专集之四.北京:中华书局,1989.

[10] 马融,陈才俊.忠经全集[M].北京:海潮出版社,2011.

[11] 张树国.礼记[M].青岛:青岛出版社,2009.

[12] 中国佛教文化研究所.中阿含经[M].北京:宗教文化出版社,1999.

[13] 王丽芳,王海明.大智度论(敦煌写经历代小楷精选)[M].杭州:浙江教育出版社,2004.

[14] 李叔同.李叔同说佛(插图本)[M].郑州:中州古籍出版社,2011.

[15] 吕振中.圣经[M].香港:香港圣经公会出版社,1970.

[16] 吕亚萍.传统感恩节[J].法律与生活,2011(12).

[17] 喻承甫,张卫,李董平,等.感恩及其与幸福感的关系[J].心理科学进展,2010.

[18] 约翰·D.洛克菲勒.洛克菲勒写给儿子的38封信 [M].徐杰,译.北京:金城出版社,2011.

[19] 白居易.白居易诗集[M].长春:吉林大学出版社,2011.

[20] 唐晓龙.感恩的心[M].北京:人民出版社,2006.

[21] 王志艳.学会感恩懂得爱[M].北京:中国纺织出版社,2008.

[22] 宿春礼,邢群麟.赢在感恩[M].北京:华夏出版社,2008.

[23] 刘宝楠.论语正义[M].北京:中华书局,1986.

[24] 鲁迅,等.大爱无价:名人的父母亲情[M].上海:中国少年儿童出版社,2013.

[25] 稻盛和夫.活法[M].曹岫云,译.北京:东方出版社,2012.

[26] 杰克·坎菲尔德,马克·维克多·汉森,艾米·纽马克.心灵鸡汤[M].郑峥,译.长沙:湖南文艺出版社,2012.
[27] 周震宇.声入人心[M].北京:中信出版社 ,2011.
[28] 张胜华.师恩是一条河:感恩师长卷[M].北京:首都师范大学出版社,2008.
[29] 科琳·塞尔.师恩难忘(英汉对照)[M]. 张德玉,等,译.青岛:青岛出版社,2007.
[30] 王凡.感恩老师,师恩难忘[M].长春:吉林大学出版社,2010.
[31] 大卫.名师笔下最难忘的师恩[M].北京:石油工业出版社,2007.
[32] 张德玉.感恩老师:让你受益一生的师恩故事[M].长春:吉林大学出版社,2010.
[33] 戴尔·卡耐基.友谊的秘密[M].王红星,译.呼和浩特:内蒙古人民出版社,2003.
[34] 卡勒德·胡赛尼.追风筝的人[M].李继红,译.上海:上海人民出版社,2006.
[35] 埃德蒙多·德·亚米契斯.爱的教育[M].沈瑜,译.北京:北京少年儿童出版社,2007.
[36] 张瑜.感恩折磨你的人[M].北京:电子工业出版社,2012.
[37] 靳鹤琼.感恩对手:成功背后的99个秘密[M].北京:光明日报出版社,2009.
[38] 冯友兰.论大学教育[M]//冯友兰.三松堂全集:第14卷.郑州:河南人民出版社,2001.
[39] 季羡林.精神的魅力[M].北京:北京大学出版社,1988.
[40] 石磊.世界上最佳的感恩美文[M].武汉:华中师范大学出版社,2012.
[41] 张寄谦.联大往事[M].北京:新星出版社,2010.
[42] 洛厄尔.哈佛校长毕业演说辞[M].秦传安,译.北京:电子工业出版社,2013.
[43] 《先生》编写组.先生[M].北京:中信出版社,2012.

后　　记

经过作者们的共同努力，本书终于完成修订并印刷出版，奉献在大学生的面前了。我们编写此书的目的就是让大学生在学习、生活中，懂得感恩的意义，不仅学会识恩、知恩、记恩、谢恩，知恩图报，更善于承担责任，施恩不图报，培养高尚的道德情操。在编写过程中，我们力求解决大学生成长过程中所面临的种种难题，贴近实际，贴近生活，突出针对性、实效性和可操作性，同时我们还力求本书有可读性、吸引力和感染力，让大学生在阅读中学有所获。

本书撰写工作分工如下：前言和后记由华宪成撰写；第一章由郭娜编写；第二章由聂瑜、肖捷飞编写；第三章由姜飞、周莉编写；第四章由姜飞、李林霞编写。郭娜老师作为本书的副主编，在书稿的编写过程中，协助主编做了许多具体工作。全书的编写工作得到了锦城学院领导的大力支持，邹广严院长和王亚利副院长在百忙中对大纲的审定和编写工作给予了许多指导；邹广严院长还为本书作序，天津大学出版社崔成山主任编辑为书的顺利出版做了大量工作，在这里，我们参与编写工作的每一位作者，对来自方方面面的支持和帮助，表示深深的谢意。

在编写过程中，我们引用了许多资料或图片，在这里我们对这些资料或图片的原创者也表示深深的谢意。尽管我们主观上希望本书能成为一本高质量的大学生思想道德修养教材，在编写过程中我们也一直以这样的标准来要求自己，但由于参与教材编写工作的老师，都是从事学生工作的年轻的辅导员，他们除工作十分繁忙之外，有的因为家庭生活琐事缠扰，总感时间不够，精力不足，在一定程度上难免尚有不足之处。

对本书存在的某些不足之处，我们诚恳地希望使用和阅读该书的读者，对我们提出宝贵的意见和建议，让我们修订时，能把这本书修改得更好。

编　　者

2018 年 6 月 19 日